국제이해교육 총서 3

국제이해교육과 신식민주의 비평

김대현 · 진시원 · 주재홍 · 김영천
김아영 · 김복영 · 허창수 · 강이화 공저

학지사

| 머리말 |

리비아를 아는가? 리비아가 어느 대륙에 있는 나라인지 알고 있는가? 리비아가 이집트, 알제리, 튀니지, 니제르, 차드와 국경을 마주하고 있으며, 지중해 연안 국가라는 사실을 알고 있는가? 튀니지에서 시작한 민주화 혁명이 이집트를 거쳐서 리비아를 휩쓸고, 독재자 카다피가 탱크와 비행기까지 동원하여 자국의 반대 세력을 억압하고, 영국과 프랑스를 포함하여 NATO(북대서양조약기구) 소속의 국가들이 미사일과 폭격기를 이용하여 반군을 지원한 사실을 알고 있는가?

리비아와 우리나라가 1978년부터 정식 외교 관계를 맺었으며, 국내의 건설업체가 1977년부터 2011년 현재까지 리비아에서 무려 366억 달러의 건설공사를 수주했다는 사실은 알고 있는가? 한국의 동아건설이 남부 사하라 사막의 지하수를 끌어올려 지중해 연안에 있는 도시에 물을 공급하는 대수로 1, 2단계 공사를 완공했으며, 한때 약 2만 명 이상 한국의 건설 인력이 리비아에서 일을 했다는 사실을 알고 있는가?

현재 리비아의 민주화를 바라는 사람은 누구인가? 막대한 전쟁 경비와 인명의 손실이 예상됨에도 불구하고, 리비아 반군을 지원한 국가들이 바라는 것이 리비아의 민주화뿐인가? 다른 속셈은 없는가? 카다피의 전폭적인 지원을 얻어 거대한 규모의 건설 수주를 해 온 한국의 기업들은 리비아의 민주화에 어떤 영향을 미쳤는가?

이처럼 리비아에서 전개되고 있는 독재자 퇴진 운동은 그 지역에서 시작된 것도, 그 지역 내에서 깔끔하게 해결될 수 있는 사건도 아니다. 리비아 사태는 아프리카 전역에서 일어나고 있는 민주화 운동과 연관되며, 리비아의 석유 산업과 대규모의 건설 사업, 그리고 이들을 둘러싼 각국과 기업의 이해관계 등이 복잡하게 얽혀 있다. 바야흐로 우리는 어느 한 지역에서 일어난 일이 그 지역만의 문제가 아니라 지구상의 다른 많은 지역에도 동시에 영향을 주고받는 세계화 시대에 살고 있다.

1492년? 무슨 일?

초등학교 시절, 1492년은 콜럼버스가 아메리카 대륙을 발견한 해라고 배웠다. "콜럼버스가 아메리카 대륙을 발견한 해는?" 이라는 시험도 보았다. 그 덕분에 지금도 연도를 기억하고 있다. 그런데 1960년대 한국의 초등학생이 이러한 내용을 왜 배웠어야 했는지 지금도 궁금하다. 나아가 콜럼버스가 아메리카 대륙을 발견했다니? 콜럼버스는 당시 에스파냐(현재 스페인)를 통치했던 이사벨 여왕을 설득하여 자신을 해군 제독으로 임명하고 발견물의 1/10을 자신의 소유로 한다는 조건으로 인도를 향하여 출항했다. 1492년 8월 그는 중앙아메리카 쿠바 북동쪽 카리브 해에 있는 한 섬에 도착했다. 그런데 콜럼버스가 도착하기 전에 아메리카 대륙에는 학자들마다 추정치가 다르기는 하지만 수천만 명의 사람이 살고 있었다고 한다. 그런데 사람이 살고 있는 땅에 가서 그 땅을 발견했다니! 어이가 없는 일이다. 서양을 중심으로 보면 발견한 것이고, 아메리카 원주인의 입장에서 보면 침략한 것이며, 중립적 관점을 견지한다면 도착한 것이 된다. 그런데 아메리카 대륙에서 멀리 떨어진 한국의 학생들이 콜럼버스가 아메리카 대륙을 발견했다고 배우고 그것을 시험에까지 출제하여 외우게 했으니 지금 생각하면 참으로 이해가 가지 않는 일이다.

그런데 문제는 이것이 이미 지나간 과거의 일이 아니라는 데 있다. 현재 우리의 학교에서 사용하고 있는 지리, 세계사, 일반사회 교과서를 분석하면 이와 같은 서구 중심의 교과서 서술이 적지 않게 발견된다. 신식민주의 이론과 비평은 이러한 문제점을 찾고 개선점을 모색하는 데 도움을 준다.

이 책은 우리가 세계화 시대에 살고 있음에도 불구하고 교사양성 과정이나 교사재교육 과정에서 이 문제를 제대로 다루지 못하고 있다는 점에서, 2008년 한국연구재단(당시 한국학술진흥재단)의 지원을 받아 부산대학교 국제이해교육팀이 발간하는 국제이해교육 시리즈 중의 네 번째 간행물이다.

이 책은 크게 3부로 구성된다. 제1부에서는 국제이해교육의 개념과 성격을 규정하는 데 초점을 두고, 세계화 시대의 교육의 방향과 과제(김대현), 국제정치교육과 국제이해교육의 관계(진시원) 등 두 편의 글을 실었다.

제2부에서는 신식민주의 관점에서의 국제이해교육을 재규정하는 데 중점을 두고, 학교의 국제이해교육 과정에 대한 탈식민주의적 비평(주재홍 · 김영천), 교과서에 나타난 신자유주의적 세계화에 대한 탈식민주의적 시각(김아영), 영화 속에 재현된 이주여성의 이미지(김복영), 비판이론의 시각에서 바라본 국제이해교육(허창수) 등 네 편의 글을 게재하였다.

제3부는 한국에서 유학생활을 하는 대학생과 대학원생의 학업과 삶을 조명하는 글(강이화 · 김아영 · 김대현)을 실었다. 학회지에 발표된 세 편의 글을 묶어서 소개함으로써 문화와 언어가 다른 외국인에 대한 이해를 이끌어 내고, 이를 바탕으로 어떤 도움이 필요한가를 같이 생각해 볼 기회를 제공하였다.

부디 이 책이 예비교사와 교사들이 국제사회의 냉혹한 현실을 올바로 파악하고, 그것을 둘러싼 지배와 억압의 현상과 구조를 이해하며, 나아가 이를 개선하기 위하여 노력하는 데 조금이라도 도움이 되었으면 한다.

2012. 1.

저자 대표 김대현 배상

차 례

제2부 신식민주의 관점에서의 국제이해교육

제3부 한국에서 유학생활을 하는 대학생과 대학원생의 학업과 삶

제1부

국제이해교육의 개념과 성격

제1장

세계화 시대의 교육의 방향과 과제

- 김대현 -

2011년 3월 일본 동부 지방 근해에서 발생한 지진으로 수만 명이 죽거나 실종되었다. 또한 지진의 여파로 인하여 원전 시설이 파괴되어 일본 국민은 물론이고, 전 세계가 방사능의 유출로 인한 피해를 입을 것에 대해 두려워하고 있다. 일본과 지리적으로 가까운 우리나라에서는 바람을 타고 날아오는 방사능의 낙진뿐 아니라 해류와 어군(魚群)의 이동으로 인한 바다와 수산물의 오염에 더욱 긴장하고 있다. 이와 함께 각종 기계류의 완제품이나 부품의 조달과 수출에도 비상이 걸려 우리나라의 경제에도 큰 타격이 있을 것을 염려하고 있다.

이와 같이 다른 나라에서 일어나는 일이 자국은 물론이고, 이웃나라, 나아가 전 세계의 경제나 사회, 심지어 자연환경에 영향을 끼치는 일은 비단 일본에서 일어난 지진뿐 아니라 셀 수 없을 정도로 많다고 할 수 있다. 우리는 한 지역에서 일어난 일이 그곳을 벗어나 전 세계의 수많은 지역과 나라에도 큰 영향을 끼친다는 점에서 '우리는 하나의 세계 속에서 살고 있다' 라고 말할 수 있다. 다시 말하면, 우리는 세계화 시대에 살고 있는 것이다.

하지만 그동안 우리나라 학교에서는 이러한 세계화 시대에 걸맞은 교육을 해 왔다고 보기 어렵다. 또한 교사들의 의식과 행위 또한 세계화 시대의 삶과는 다소 거리가 있는 것처럼 보이기도 한다. 따라서 여기서는 '세계화 시대의 교육의 방향과 과제'라는 큰 주제 아래, 먼저 세계화의 개념을 제시하고, 세계화의 현실과 과제를 경제 · 정치 · 문화 면에서 검토하며, 이를 바탕으로 세계화 시대의 교육의 개념과 과제를 제안하려고 한다.

1. 세계화의 개념

세계화가 언제 시작되었는지에 대해서는 의견이 분분하다. 15세기 콜럼버스의 아메리카 대륙 도착과 세계 신항로 개척으로 보는 입장에서부터, 18세기 산업혁명과 교역 증대를 바탕으로 서구 제국들이 식민지 개척에 착수한 시점으로 보는 입장, 제2차 세계대전 이후 국가 간에 분쟁을 줄이고 평화 정착을 목적으로 국제연합을 결성한 것으로 보는 입장 등 세계화의 시작 시점에 대해서는 다양한 의견이 제시되고 있다.

하지만 여기서 논의하고자 하는 세계화는 세계 여러 나라와 지역에서 일어난 변화가 역사상 비슷한 사례를 찾기 어려울 정도로 많은 나라의 법규와 제도, 지역 주민의 삶과 관습, 그리고 그들이 살고 있는 사회적 · 자연적 환경에 지속적이며 광범위하고 심도 있는 영향을 끼치고 있는 과정과 그 결과를 가리킨다.

이러한 의미의 세계화는 선진자본주의 국가들이 생산기술의 획기적 발전과 포스트포디즘 생산체제를 채택하고, 1970년대 이후 발생한 자국의 경기침체를 타개하기 위하여 경쟁력과 효율성을 강조하는 신자유주의 정책을 도입하며, 1990년대 세계무역기구(WTO)를 설립하여 생산, 교역, 자본의 국제적인 유동성을 강화하는 등 경제 분야의 세계화에서 비롯되었다. 또한 세계화는 교통과 운송수단의 지속적인 성장과 미디어와 인터넷 등의 정보통신기

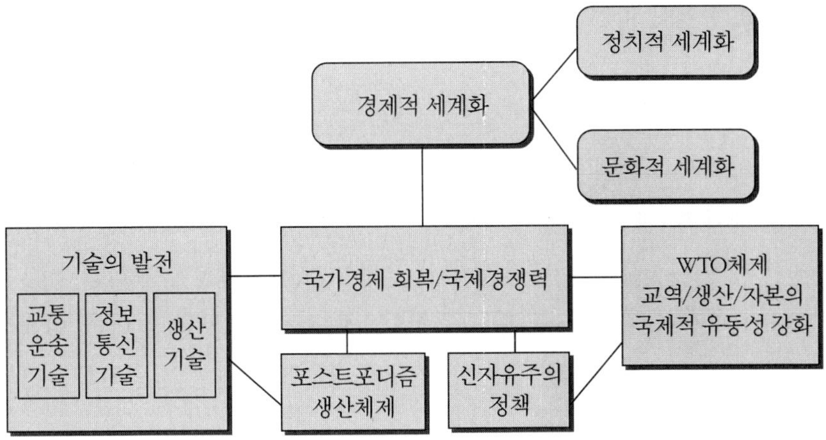

[그림 1-1] 세계화와 신자유주의의 관계

술의 획기적인 발전으로 인적 교류가 전례 없이 확대되고, 상품 및 서비스의 교환이 광범위하게 이루어지며, 정보 · 지식 · 기술이 실시간으로 생산 · 가공 · 축적 · 교환되는 과정 등 과학기술의 발전에 의하여 이루어졌다.

그러면 선진자본주의 국가를 중심으로 시작한 신자유주의적 방식의 세계경제 개편과 교통 · 운송 및 정보통신기술의 발전은 국가와 지역의 제도와 규범에 어떤 영향을 미쳤으며, 그 속에 살고 있는 사람들의 생활과 관습, 그리고 그 터전이 되는 사회 · 자연환경에 어떤 결과를 가져왔는가?

긍정적이고 낙관적인 입장에서 보면, 세계화는 무한경쟁 속에서 후진자본주의 국가들의 경제성장을 촉진하고, 양질의 상품을 사용하고 서비스를 받을 기회를 제공하며, 온라인과 오프라인에서의 교류와 접속을 통하여 문화적 교류의 확대와 민주적인 생활양식을 확산시키는 성과를 가져왔다.

반면, 부정적이고 비판적인 시각에서 보면, 세계화는 제동장치가 없는 시장의 자유를 통하여 사회의 양극화(선진자본주의 국가와 후진자본주의 국가, 자본가 계급과 노동자 계급, 백인과 유색 인종, 남성과 여성 등의 격차를 더욱 벌림)를 초래하고 민주주의를 후퇴시켰다. 또한 강력한 자본을 바탕으로 문화를 산업화하고 동질화시키며, 자원 개발과 유전자 조작 등을 통하여 자연환경을 파괴시켰다.

세계화에 대하여 긍정적인 입장을 취하면, 세계화는 우리가 지향해야 할 중요한 사회적 목표가 되며, 부정적인 입장을 받아들이면, 우리가 적극적으로 거부해야 할 대상이 된다. 세계화는 이 두 가지 모습을 모두 가지고 있다. 하지만 세계화는 근래 들어 우리가 살고 있는 생활 세계를 규제하는 가장 강력한 사회적 힘(social force)으로 원천적으로 거부가 불가능하다는 점에서, 세계화로 초래될 수 있는 부정적인 측면을 줄이고 긍정적인 측면을 신장하기 위한 노력이 필요하다.

그동안 세계화에 대한 연구를 보면 그 영향력이 국가와 지역, 그리고 집단이나 개인에 따라 다르다는 것을 알 수 있다. 또한 이들 기관이나 집단에 미치는 세계화의 영향력이 경제 · 정치 · 문화 등 사회의 각 부문에 다르게 나타난다는 것을 보여 준다. 이러한 차이는 세계화의 수용자이면서 동시에 행위자가 되는 기관이나 인사가 세계화를 받아들이는 자세가 다르고, 그들이 처한 환경이 다르기 때문에 생긴다. 다시 말하면, 세계화 현상은 세계화를 유발하고 촉진시키는 힘을 어떻게 매개하느냐에 따라 국가나 지역이나 개인 차원에서 일어나는 세계화 현상이 다르게 나타난다는 것이다.

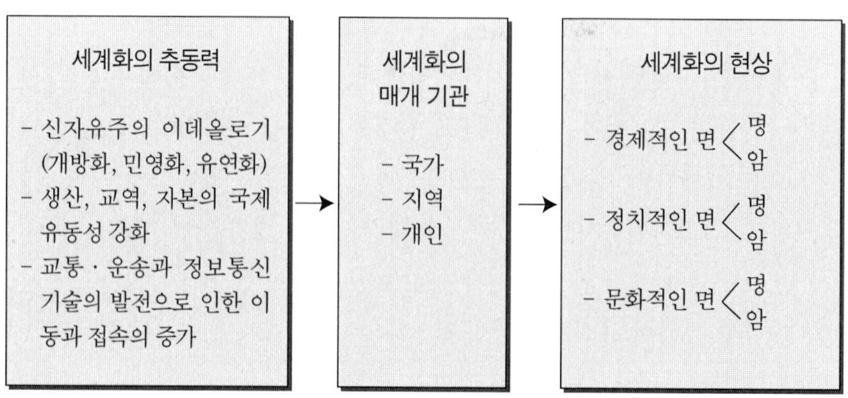

[그림 1-2] 세계화 현상의 발생 기제

2. 세계화의 현실과 과제

1) 경제적인 면

1960대 말 미국을 비롯한 선진자본주의 국가들의 경제 불황은 포디즘과 케인스주의의 축적 한계 그리고 브레튼우즈체제의 고정환율제 붕괴 등에서 비롯되었고, 이를 해결하기 위하여 이들 국가는 대내적으로는 포스트포디즘 생산체제를 채택하고 변동환율제를 수용하였다. 그리고 탈규제와 유연화를 통해서 시장의 기능을 극대화하고, 국·공기업을 사유화 또는 민영화하며, 기업의 조세 부담을 경감시키고, 복지 감축을 통하여 재정 긴축을 도모하는 것을 골자로 하는 신자유주의 정책을 실시함으로써(강상구, 2000) 국가적으로 경제를 회복하고 경쟁력을 확보하고자 하였다.

그리고 대외적으로는 생산기술, 교통·운송, 정보통신기술의 발전에 힘입어 생산과 자본의 국제적 유동성을 더욱 강화하고, 신자유주의적 이데올로기 유포를 통하여 이를 정당화하고자 하였다.

즉, 경제적 세계화는 선진자본주의 국가들이 자국의 경제 회복과 국제 경쟁력을 강화하기 위하여 경제논리(생산, 교역, 자본의 국제적 유동성 강화)와 경제이념(신자유주의적 이데올로기)과 기술(생산기술, 교통·운송, 정보통신)을 결합시킴으로써 개별 국민국가의 경제제도 및 사회제도에 변화를 일으키는 과정과 결과를 의미한다.

이러한 세계화 과정은 후진자본주의 국가들에게 생산의 세계화를 추진하고, 신자유주의 이데올로기를 수용하며, 정보·통신 기술의 개발에 박차를 가하도록 하는데, 이 과정에서 허약한 경제가 더욱 악화되기도 한다.

요약하면, 세계화의 핵심은 선진자본주의 국가들이 자국의 경제 회복과 국가경쟁력 강화를 위하여 추진한 경제적(생산과 자본의) 세계화이며, 교통·운송과 정보통신기술의 발전과 신자유주의 이데올로기의 유포를 바탕으로 하고 있고, 후진자본주의 국가들은 자국의 생존과 번영을 위해 반강제적으로 수용할 수밖에 없는 요구라는 것이다(김대현, 2001).

우리나라의 경우 1997년 금융 · 외환 위기에 따른 IMF 관리체제에 의하여 대외적으로는 개방정책을 펴고 대내적으로 시장의 규제를 줄이는 신자유주의 경제정책을 강화하였다. 시장에 대한 규제를 줄이고, 공공 부문을 민영화하며, 노동시장을 유연화하는 정책을 사용하였다. 이러한 정책은 국가의 경제성장에 기여하는 바도 있었지만, 시장의 무한경쟁 속에서 사회 양극화가 심화되는 결과를 낳기도 하였다.

양극화는 사회의 여러 차원에서 목격할 수 있다. 자본과 첨단 기술을 소유한 대기업과 그렇지 않은 중소기업의 생산성과 영업 이익의 차이가 확대되고, 지식기반사회에서 요구하는 지식, 기술, 역량을 가진 사람과 그렇지 않은 사람 간에 고용기회, 고용형태, 임금 등에서 격차가 늘어나고 있다. 〈표 1-1〉은 지난 20년 동안 우리나라 도시 가구의 소득계층별 비율 및 지니계수의 변화 추이를 나타내는데, 계층의 양극화가 심화되었음을 보여 준다.

〈표 1-1〉을 보면 지난 20년 동안 우리나라의 빈곤층은 8.5%에서 14.3%로 늘었으며, 특히, 1998년 크게 증가한 다음, 해마다 지속적으로 늘어나고 있음을 알 수 있다. 반면, 중산층은 70.9%에서 63.3%로 줄어들었으며, 1998년 이후에 급격히 줄어든 이후 원래대로 회복되지 않고 있음을 나타내고 있다.

물론 신자유주의 경제정책이 사회의 양극화 현상을 일으키는 유일한 원인은 아니며, 사회복지 제도의 미비가 더 큰 원인일 수 있다. 하지만 신자유주의가 긴축 재정으로 정부의 사회복지 예산이 축소되었다면, 사회 양극화의 주요한 원인이 되기도 한다.

따라서 세계화 시대의 경제 부문에서 발생하는 사회 양극화를 줄이기 위해서는 중소기업에 대한 정부의 지원을 확대하고 자체의 혁신 노력을 유도하며, 대기업에게 동반자적 관계에 맞는 중소기업의 지원을 요구하고, 일자리를 창출하며, 비정규직을 정규직으로 전환하고, 사회적 기업을 육성하며,

〈표 1-1〉 도시가구의 소득계층별 비율 및 지니계수 추이(총소득 기준) (단위: %)

연 도	빈곤층	중산층	상류층	지니계수
1988	8.5	70.9	20.6	0.287
1989	8.6	71.8	19.6	0.284
1990	7.6	74.2	18.2	0.273
1991	8.0	74.4	17.6	0.263
1992	7.7	75.2	17.1	0.257
1993	9.2	72.8	18.1	0.272
1994	8.6	73.3	18.0	0.267
1995	9.8	72.0	18.2	0.271
1996	9.3	71.8	18.8	0.275
1997	9.9	71.5	18.6	0.274
1998	12.4	66.8	20.8	0.310
1999	12.8	65.5	21.7	0.323
2000	10.5	68.5	21.0	0.299
2001	10.9	67.1	22.0	0.309
2002	10.9	66.3	22.8	0.306
2003	12.3	67.7	20.0	0.299
2004	12.3	66.4	21.3	0.301
2005	13.8	64.7	21.4	0.312
2006	14.2	63.3	22.5	0.317
2007	14.4	62.7	22.9	0.325
2008	14.3	63.3	22.4	0.321

주: 중위소득의 50% 미만, 50～150%, 150% 이상으로 구분하여 각각 빈곤층, 중산층, 상류층으로 정의함.
자료: 통계청, 도시가계조사원자료, 각 연도에서 계산

근로와 연계된 복지를 넘어서는 기본적인 사회적 안전망을 구축하는 등의 대책이 필요하다.

2) 정치적인 면

신자유주의 체제 아래에서는 시장이 국민국가의 정치 · 사회적 규제의 망을 이탈하여 범세계적으로 통합되므로, 국민국가는 자신의 국내 경제정책을 효과적이고 성공적으로 더는 운영할 수 없게 되어 전통적인 권위가 약화될 것(박용수, 2001)으로 보는 것이 일반적인 예상이다.

그러나 국가의 권위 행사는 나라마다 큰 차이가 있다. 국제 관계 면에서 보면, 선진자본주의 국가들은 자국의 정치력과 경제력을 바탕으로 세계화 이전보다 권위나 위상이 강화되는 반면, 후진자본주의 국가들의 권위나 위상은 더욱 떨어지게 된다.

대내적인 면에서 국민국가의 권위는 관련 부문에 따라 달리 행사된다. 선진자본주의 국가에서 시장의 운영과 관련해서는 규제를 줄이거나 없애는 '작은' 정부의 역할을 하고, 생산성 확대를 위해서 노동 부문을 강력하게 통제하는 '강한' 정부의 역할(〈표 1-2〉에서 II)을 담당하기도 한다. 후진자본주의 국가의 경우에 무한경쟁이라는 극심한 국제 관계 속에서 국가의 존립과 번영을 목적으로, 국가가 시장과 노동 부문 모두를 통제하는 강한 정부의 성격(〈표 1-2〉에서 I)을 지닐 수도 있다.

이와 같이 국민국가는 세계화 시대에도 여전히 권위적인 의사결정을 내릴 수 있는 힘을 갖고 있다. 세계화 시대에서 국민국가가 정치적으로 해결해야 할 가장 큰 문제는 사회 양극화의 해소다. 사회 양극화는 대기업과 중소기업, 첨단산업과 전통산업, 고소득층과 저소득층, 정규직과 비정규직에 이르기까

〈표 1-2〉 국민국가의 권위 행사

		시장에 대한 통제	
		강	약
노동 부문에 대한 통제	강	I	II
	약	III	IV

지 기업, 산업, 소득, 고용 등 경제 및 사회 전반에서 관찰된다. 문제는 이러한 양극화가 지속되면 소득 격차가 증가하고, 결국 사회통합의 기반이 훼손된다는 것이다(김호기, 2008).

신자유주의 세계화 체제에서는 국가의 복지 부문 축소로 양극화가 해소되기는커녕 더욱 심화될 것이라는 것이 중론이다. 국가에 따라 큰 차이가 있기는 하지만, 시장과 복지 부문에 대한 국가의 개입은 〈표 1-3〉과 같이 다양한 양상으로 나타날 수 있다. 일부 국가에서는 시장에 대한 개입을 최소화하여 생산성을 높이면서 재정 면에서는 긴축정책을 통하여 복지 부문을 축소하고(IV), 또 다른 국가에서는 시장에 대한 개입을 최소화하는 신자유주의적 경제정책을 운영하면서 사회적으로는 이 때문에 발생하는 양극화 현상을 줄이기 위하여 복지정책을 강화하는 모습(II)으로 나타나기도 한다.

〈표 1-3〉 시장과 복지 부문에 대한 국가의 개입 유형

<table>
<tr><th colspan="2" rowspan="2"></th><th colspan="2">시장에 대한 개입</th></tr>
<tr><th>강</th><th>약</th></tr>
<tr><td rowspan="2">복지 부문에 대한 개입</td><td>확 대</td><td>I</td><td>II</td></tr>
<tr><td>축 소</td><td>III</td><td>IV</td></tr>
</table>

따라서 국민국가가 어떤 이념을 가지고 어떻게 세계화에 대응하는가에 따라 국가의 장래와 국민의 생활에 미치는 결과는 매우 다르다.

손호철(2006)도 우리나라의 정부(김대중 정부와 노무현 정부)가 추진해 온 세계화에 대한 대응 전략은 매우 복합적이라고 보았다. 손호철의 분석이 어느 정도의 타당성과 객관성을 지니고 있는가는 논외로 하고, 여기서는 세계화 시대에 가장 큰 사회적 문제로 등장한 양극화 현상을 줄이기 위하여 정치적으로 어떤 노력이 필요한가를 언급하고자 한다.

오늘날 국민국가는 경제성장과 사회통합을 동시에 이루어 내어야 하는 과제를 안고 있다. 경제성장과 사회통합은 서로 상반되는 것이 아니라 국가가

〈표 1-4〉 신자유주의 세계화에 조응하는 전략들

	B. Jessop	한국의 사례
신자유주의	• 자유화(자유경쟁의 촉진) • 탈규제(법과 국가의 역할 감소) • 사유화(공적 부문의 매각) • 잔여 공적 부문의 시장 대리 • 국제화(교역과 투자의 자유) • 낮은 직접세(소비자 선택의 증대)	• 노동의 유연화 • 탈규제 • 공기업 사유화
신코포러티즘	• 경쟁과 협력의 재균형 • 탈중심화된 '조절된 자기-조절' • 광범위의 사적 · 공적 '이해관계자들' • 공적 · 사적 파트너십의 역할 증대 • 개방경제이지만 핵심경제 부문의 보호 • 사회적 투자 재원을 위한 높은 세율	노사정위원회
신국가주의	• 국가통제에서 조절된 경쟁 • 하향식 계획보다는 국가전략을 통한 지도 • 사적 · 공적 부문의 행위에 대한 감사 • 공적 · 사적 파트너십에 대한 국가의 지도 • 핵심 경제의 신중상주의적 보호 • 새로운 집합자원을 위한 역할 증대	공적 자금
신공동체주의	• 탈자유화(자유경쟁의 제한) • 권력 형성(제3부문의 역할 확장) • 사회화(사회적 경제의 확대) • 사회적 사용가치와 사회적 응집력에 대한 강조 • 자유교역이 아닌 공정교육(지구적으로 사고하고 지역적으로 행동하라) • 세금의 재배치(시민의 임금, 경쟁자의 수당)	국민연금 확대

출처: 손호철(2006: 26-27).

경제적으로 경쟁력을 가지려면 더욱 강화된 사회 안전망의 구축, 개선된 사회보호 시스템과 적극적인 직업교육정책, 그리고 노동시장정책이 전제되어야 한다(김영화, 2006).

김호기(2008)도 '사회 없는 시장'의 문제점을 지적하면서 국가가 능동적으로 시장에 대한 민주적 감독과 균형을 맞추는 역할을 해야 한다고 주장하면서, 성장과 분배의 선순환, 대외 개방과 대내 복지의 선순환, 일자리 창출의 성장, 대기업과 중소기업의 상생 등의 지속가능한 세계화 전략을 제시하였다. 또한 갈등을 해결하는 데 정부가 모든 것을 주도하는 일방적인 통치에서 벗어나 국가와 시민사회가 문제를 함께 해결하는 거버넌스가 요구된다고 하였다.

3) 문화적인 면

세계화 시대의 문화를 바라보는 입장은 크게 두 가지로 나눌 수 있다. 먼저, 문화를 지배와 피지배, 중심과 주변과 같은 이분법적 구도로 구분하는 입장이 있다. 문화제국주의 관점과 문화다원주의(문화 다양성) 관점이 이에 속한다.

문화제국주의 관점은 서구 선진자본주의 국가의 문화적 질서와 가치 기준이 보편성을 지녔다는 전제 아래 전 세계의 문화가 이에 맞추어 동질화되어야 한다고 본다. 이러한 관점에 따르면, 세계 문화는 자본주의 세계체제의 이데올로기를 구성하고 있으며, 서구의 이해관계에 의해 형성된 문화이며, 불평등한 시스템을 떠받치는 헤게모니의 한 형태(박길성, 2007)인데도 불구하고, 보편성의 이름으로 비서구와 비자본주의 문화를 열등한 것으로 간주하여 서구 문화에 대한 종속을 심화시키며 문화의 다양성을 파괴한다는 것이다.

서구 중심적 헤게모니 안에서 제국주의는 언제나 지역적인 것을 구분하고 지배하려고 한다. 나아가 식민주의적 힘을 지역에 확장시키고 제국주의적인 사고를 지역이 그대로 복사하도록 만들어 지역적인 것이 더는 고유한 것이 아니라 제국주의적인 시각 안에서 유사해 보이도록 만들어 놓으려 한다(장형철, 2008).

반면, 문화 다양성 관점은 교통의 발달로 이동과 이주가 증가함으로써 각 지역의 문화가 서로 다르다는 것을 알게 되고, 정보통신기술의 발달로 미디어나 인터넷을 통하여 세계 각지의 문화를 간접 체험할 수 있는 기회가 증가함에 따라 각 지역의 각기 다른 문화를 서로 인정하고 수용해야 한다고 본다.

Bhabha는 '맥월드 대 지하드'에서, 맥월드는 서구에서 시작된 다국적 기업들이 세계 시장을 지배하고 그로 인해 등장한 세계 사회를 의미하는 반면, 지하드는 서구적 근대성에 반대하며 반서구적(또는 반미국적) 정서를 토대로 근본주의적 무슬림의 성전(聖戰)과 같이 서구 문화와 경제체제에 동화되는 것을 거부하는 급진적이거나 근본주의적인 사회를 의미하는 문화의 다양성 관점을 제시한다(장형철, 2008).

하지만 문화제국주의와 문화 다양성 담론에서는 문화를 본질적이며 변하지 않고 그 자체로 완결된 것으로 본다. 서구자본주의 문화이든 서구자본주의에 대한 대항문화이든, 문화는 변하지 않은 본질적인 특성이 있다는 것이다. 더욱이 이러한 방식의 문화관은 우리의 문화와 그들의 문화를 구별하며, 그들의 문화를 타자화(他者化)시키는데, 이 과정에서 종종 지배와 배척의 태도를 동반한다.

문화 정체성 관점은 이러한 문화제국주의 담론과 문화 다양성 담론이 지닌 한계를 지적하면서 대두되었다. 문화 정체성 관점은 오늘날 문화의 세계화가 기존 세계화 담론의 단골 메뉴인 지배와 피지배, 중심과 주변과 같은 이분법적 구도로는 독해할 수 없는 복합적 양상을 띤다고 보고, 일방적인 동질화와 저항하는 지역성의 대립으로 볼 것이 아니라, 그것들이 상호 긴장, 강화, 해체하는 정치(긴장과 이완의 변증법)의 과정으로 볼 필요가 있다는 것이다.

이러한 문화 정체성의 관점에서는 문화는 본성적으로 유동적이며 역동적이고 다방면으로 변화무상한 것이며 이러한 작용을 통하여 끊임없이 다른 것이 되는 것을 뜻한다. 또한 오늘날 이주와 이동, 그리고 미디어와 인터넷의 보급으로 이질 문화가 시간대를 무시하고 우리가 살고 있는 삶의 세계에 밀려들어 지역 문화를 뒤흔들고 있지만, 문화는 전적으로 지역성에 기반을 두고 있다고 본다.

장형철(2008)은 세계화로 인한 사회문화적 변화를 '지역 문화 정체성의 전환 과정'으로 설명한다. 즉, 지역 문화는 세계화로 인한 동화와 이에 대한 저항의 과정에서 새로운 정체성을 갖는데, 이를 혼성화(hybridization)라고 부른다. 이러한 지역 문화의 정체성은 혼성화 과정을 통해서 동일화되지도 이질화되지도 않는 새로운 정체성, 즉 혼성성을 형성한다(예를 들면, 퓨전 한식, 한국의 크리스마스). 이러한 혼성성은 세계화의 문제로 지적되는 문화적 제국주의와 문화적 다원주의에 대항하는 담론을 구성한다.

이러한 방식으로 문화를 보는 것, 즉 문화의 혼성성은 Appadurai가 말한 것처럼 명사형으로서의 '문화'라는 개념보다 형용사형으로서의 '문화적'이라는 단어가 유용하다. 문화를 하나의 실체(reality)가 아니라 하나의 국면으로 바라보며, 사회적 삶을 이해하는 발견 도구로 바라보는 것이다. 이를 달리 표현하면, "문화는 변화에 대한 욕망으로 탈영토화되며 배치를 통하여 재영토화되는 끊임없는 내재적 과정"이라고 할 수 있다(김은중, 2005). 이런 점에서 지역 정체성은 어떤 고정된 실체가 아니라 지속적인 혼합체이며 역사적이고 지리적 요소로 인해 다중성을 가지고 있으며, 언제나 생성 중에 있는 것이다.

그러나 세계를 지나치게 문화화함으로써 사회 경제적 불평등의 문제를 도외시하는 정치적 무관심은 위험하다는 김은중(2005)의 경고도 되새길 필요가 있다.

3. 세계화 시대의 교육의 방향과 과제

1) 세계화 시대의 교육의 개념

Beck은 세계화 시대의 교육의 중요성을 강조하면서, 교육은 이제 세계 사회의 초국가적인 상황과 모순들 속에서 시민들이 자신의 앞길을 헤쳐 나가는 데 필요한 능력과 방향성을 제공해야 한다고 주장한다(정창호, 2009).

이러한 세계화 시대의 교육과 관련하여 다양한 개념이 혼재하고 있다. 국제교육, 국제이해교육, 지구사회교육, 세계시민교육 등이다. 이들 용어는 학자에 따라 부여하는 의미가 서로 다르지만, 세계화 시대에서 어떤 형태의 교육이 필요한가라는 물음에 답하기 위해서 이들에 대한 개념을 명확히 할 필요가 있다.

먼저, 국제교육(international education)은 ① 다른 국가나 지역에서 또는 국가 간의 관계 속에서 일어나는 일을 이해하고, ② 그 속에서 생활하는 데 필요한 지식 · 기술 · 태도 등을 배우는 것을 목적으로 하는 교육이다. 국제정치학, 국제경제학, 국제관계학 등이 여기에 포함된다.

국제이해교육(education for international understanding)은 종종 국제교육과 같은 의미로 사용된다. 하지만 이삼열(2006)은 국제이해교육이 국제교육과 같은 대상이나 분야를 다룬다 하더라도, 국제사회의 이해를 통하여 공존, 협력, 평화를 달성하려는 의도를 지닌 가치관을 포함한다는 점에서 구분한다. 그는 국제이해교육이 상대방을 이용하거나 지배하기 위한 것이 아니라, 자신과 타자의 상호 발전이나 공공의 이익을 목적으로 하는 교육으로 보았다. 예를 들면, 일본이 우리나라를 식민지로 만들기 위하여 일본 사람에게 한국의 지리와 문화를 연구하게 하는 것은 국제교육이라고 할 수는 있지만, 국제이해교육은 아닌 것이다.

또한 세계화와 국제화가 다르다는 점에서 세계화 시대에 요구되는 교육은 국제교육이나 국제이해교육이 아니라고 말할 수도 있다. 세계화는 국민국가의 틀을 벗어나 범지구적 관점에서 사고하고 행동하는 데 반하여, 국제화는 말 그대로 '나라들 사이의 교제(國際)'를 기반으로, 즉 국민국가의 범주 속에서 세계에서 일어나는 현상을 이해하고 그 속에서 일어나는 문제를 해결하고자 하는 점이 다르다는 것이다. 하지만 세계화 시대에도 국민국가는 약화되거나 소멸되지 않고 여전히 건재를 과시하며 강력한 권위와 권능을 행사한다는 점과, 현대 교육은 개별 국가의 통제와 관리를 받으며 운영된다는 점에서, 세계화와 국제화를 굳이 구분할 필요는 없다고 본다. 그러므로 세계화 시대에 국제교육이나 국제이해교육이 이 때문에 적합한 용어가 아니라고 볼 필요는 없을 것 같다.

그러나 다른 측면에서 보면, 국제이해교육은 세계화 시대에 적합한 교육으로 보기에는 한계가 있다. 평화와 인권을 중심으로 추진되어 온 국제이해교육의 역사는 국가 간에 처절한 생존경쟁이 벌어지는 세계화 시대에는 지나치게 이념적이라는 것이다. 근래에 국제이해교육의 내용이 '세계적 시각에 대한 교육' '문화 간 이해를 위한 교육' '세계적인 문제와 이슈에 대한 교육' '세계체제에 대한 교육'으로 확대되고 구체적인 실천이 수반되고 있지만, 국익을 우선시하는 국민국가의 통제를 받는 현대 교육체제에서는 여전히 낭만적으로 보인다는 것이다. 즉, 세계화 시대의 교육은 국제이해교육과 함께 국익을 목적으로 하는 국제교육이 모두 필요한 것으로 생각될 수 있다.

지구사회교육(global education)은 종종 세계교육 또는 세계화교육으로 불린다. 영어의 'global'은 지구사회, 세계, 세계화 등으로 번역되지만, 내용에서는 차이가 없다. 지구사회교육은 교육의 이념이나 실천 면에서 국가 간에 차이가 크고 동일 국가 내에서도 편차가 적지 않기 때문에 단일한 개념으로 규정하기 어렵다. 하지만 1970년대 이후부터 지구사회교육을 활발히 추진하고 있는 나라들의 교육 실천을 살펴보면, 지구사회교육은 ① 국제화와 세계화에 대한 자국 국민의 대처 능력을 함양하여 자국의 이익을 증진하는 것을 목표로 하거나, ② 다른 문화, 국가, 사회를 인정하고 궁극적으로는 세계시민으로서 평화롭게 사는 데 필요한 환경, 정책 그리고 문화를 학습하는 데 목표를 두고 있다(노찬옥, 2004). 지구사회교육은 종종 이 두 가지 목표를 동시에 추진하는 과정에서 정체성의 혼란을 빚기도 한다.

즉, 지구사회교육은 국가의 이익을 지향하는 입장에서 바라보면, 다른 국가와 갈등이 일어나고, 전 지구적으로 공동으로 대처해야 할 문제를 해결하는 데 어려움이 있다. 반면에 다른 문화, 국가, 사회의 필요한 가치를 인정하고 궁극적으로는 세계시민으로서 살아가는 데 필요한 환경, 정책 그리고 문화를 학습하는 데 목표를 두는 지구사회교육은 경쟁력 함양을 통한 자국의 이익을 추구하는 데 관심을 가진 쪽에서 보면 불만스럽다.

그런데 지구사회교육에서 ①의 목표는 국제교육에 가까우며, ②의 목표는 국제이해교육과 유사하다고 할 수 있다. 이 말은 지구사회교육의 두 가지 목표가 종종 상충을 일으키지만, 세계화 시대에 요구되는 교육은 이 두 가지 중에서 한 가지를 선택하는 것이 아니라, 이 둘 모두를 필요로 한다는 것이다.

마지막으로, 세계시민교육은 학생들이 전 지구적으로 사고하고, 세계에서 일어나는 여러 가지 일에 관심을 가지며 지구 공동의 문제를 자신의 문제로 인식하고 해결을 위하여 노력하도록 하는 교육이다. 특히 세계시민교육은 학생들로 하여금 지구촌의 전쟁과 가난, 질병과 억압으로 고통받는 이웃들의 삶을 이해하고, 세계 이웃들의 삶을 존중하며, 나눔의 삶을 실천하는 방법을 배우는 교육이다(굿네이버스). 이와 같은 세계시민교육은 국익을 가장 우선적인 목적으로 설정하고 있는 국민국가의 교육체제에서 보면 여전히 낭만적이며, 교육의 과정에서 이데올로기와 헤게모니 등의 정치적 권력의 문제에 대해서는 일정한 거리를 둔다는 점에서 정치적으로 보수적인 입장으로 간주되기도 한다.

필자는 세계화 시대의 교육은 세계화 원인과 배경, 과정과 결과를 파악하고, 해결해야 할 문제점을 찾아 대책을 강구하며, 이를 실천에 옮기는 데 필요한 자세와 역량을 기르는 데 목적을 두어야 한다고 생각한다. 이러한 과정에서 세계화 시대에 국가의 이익을 위해서는 무엇이 필요하며, 세계의 유익을 위해서는 무엇을 해야 하는가를 면밀히 분석하고, 서로 상충될 때는 적절한 균형점이 무엇인가를 개인적 성찰과 집단적 숙고를 통하여 찾는 노력이 필요하다고 본다. 이런 점에서 세계화 시대의 교육은 국제교육, 국제이해교육, 지구사회교육, 세계시민교육이라는 이름으로 해 왔던 교육 실천을 포함하여 세계화를 통해서 일어난 부정적인 측면, 특히 국가, 지역, 계급 및 계층, 사회적 성, 인종 등의 제 분야에서 심화되는 불평등을 해소하고, 급변하는 시대 속에서 정치적 · 문화적 정체성의 지속적인 확립에 초점을 맞추어야 한다고 생각한다.

2) 세계화 시대 교육의 과제

우리는 앞에서 세계화의 현상을 경제적, 정치적, 문화적인 측면에서 살펴보았다. 그리고 경제적 측면에서의 세계화의 영향력이 어느 때보다도 큰 시대에 살고 있다. 경제적 측면의 세계화는 인간의 근원적인 욕망을 끊임없이 자극하는 자본축적의 본성과 과학기술의 눈부신 발전으로 더욱 가속화되고 있다. 이러한 경제적 세계화는 국내와 국제 정세를 기반으로 정치와 문화와 연관을 지니면서 확산과 축소를 포함하여 매우 다양한 모습으로 나타나고 있다.

최근 이러한 경제적 세계화의 논리가 우리나라 교육계에도 큰 영향을 주고 있다. 학생의 선택권을 보장한다는 명분으로 자립형 사립고를 포함하는 다양한 학교 유형을 도입한 것은 시장에 자유를 주고 경쟁을 시키는 것과 마찬가지로 학교의 경쟁을 통하여 생산성을 높이고자 하는 목적과 관련이 있다. 또한 기간제 교사의 활용, 순회교사제 도입, 교사자격증이 없이도 교원이 될 수 있도록 하는 개방형 직제 등은 시장의 생산성을 높이기 위하여 노동분야에서 사용한 유연화 정책을 적용한 것이라고 할 수 있다. 1990년대 중반부터 시작된 교육청 평가를 비롯하여 최근의 학교 평가, 교사 평가 등도 학교장과 교사들의 경쟁을 통하여 교육의 생산성을 제고하고자 하는 의도가 들어 있다. 이와 같이 세계화 시대의 시장 작동 원리들이 우리의 학교교육에 적용되고 있다.

물론 최근 정부에서 추진한 모든 교육정책을 신자유주의 경제 논리로 설명하려는 것은 위험한 일이다. 앞서 말한 바와 같이 세계화 시대에 국가는 경제성장과 사회복지 개선이라는 두 가지 정책을 동시에 추진한다. 교육복지투자우선지역 지정을 통한 지원, 방과후 학교 운영, 학교에서의 돌봄 기능

강화, 무상급식 실시 등은 교육에서의 사회복지 정책이 강화되고 있음을 나타낸다. 이와 같이 세계화 시대의 우리의 교육은 경제적 세계화의 영향을 받는 한편, 정치적인 면의 대응이 이루어지고 있다고 말할 수 있다.

이러한 점에서 세계화 시대 교육의 과제는, 첫째 학생들이 세계화에 대하여 정확히 인식하도록 돕는 것이다. 세상에서 일어나는 중요한 많은 일이 세계 속의 여러 가지 일과 연관을 가지면서 일어난다는 것을 알도록 하는 것이 중요하다. 학생들은 이 글에서 언급한 바 있는 세계화의 경제적인 면, 정치적인 면, 문화적인 면에 대해서 배울 필요가 있다. 나아가 세계화가 교육이나 환경에 미치는 힘과 그 과정, 그리고 결과에 대해서 배울 필요가 있다.

둘째, 학생들은 세계화를 '총체적인 접근'을 통해서 배울 필요가 있다. 세계화는 모든 것이 상호 연결, 상호 영향, 상호 의존의 관계에 있다는 데서 출발한다. 따라서 교육의 과정에서 어떤 주제를 다루더라도 총체적인 접근 방식을 취하는 것이 바람직하다. 예를 들어, 다문화를 제대로 이해하려면 세계화의 경제적인 면, 정치적인 면, 문화적인 면, 교육적인 면 등을 서로 연계하면서 사고하고 분석하며 통합하는 과정이 있어야 하는 것처럼, 세계화의 주제에 대한 접근방식은 총체적이어야 한다.

셋째, 세계화 교육에서 불평등의 문제를 중요하게 다루어야 한다. 세계화가 진행되는 동안 선진자본주의와 후진자본주의 국가, 도시와 농촌, 백인과 유색인, 남성과 여성, 중상류층과 하류층에는 소득, 고용, 정보 등의 많은 부문에서 격차가 더욱 커지고 있다. 세계화가 초래하는 이러한 불평등의 문제를 해소하기 위하여 세계화와 권력, 지배와 종속, 억압과 소외 등의 문제를 학습할 기회가 있어야 한다.

넷째, 세계화 교육은 정보나 지식 습득에 머물러서는 안 되고 반드시 실천이 동반되고 습관이 형성되는 방향으로 나아가야 한다. 따라서 이러한 학습은 교사보다는 학생 주도의 수업이, 설명식의 수업보다는 탐구 및 과제해결식의 수업이, 학교 안에서 이루어지는 수업보다는 학교 안과 밖이 상호 협조하는 수업이, 오프라인 수업에서 온라인과 오프라인이 병행하는 수업이 필요할 것이다.

이와 같은 세계화 교육이 제대로 이루어지기 위해서는 세계화의 원인과 배경, 현상, 영향과 결과, 문제와 대책 등이 공식적 교육과정 속에 포함되어야 한다. 공식적 교육과정에 포함시키는 방식으로는 단일 과목으로 만들고 운영에 합당한 시간을 배정하는 방법, 사회나 도덕과를 포함한 여러 과목에 내용을 분산시켜서 학습할 기회를 주는 방법 등을 생각할 수 있다. 이 중에서 효과적인 방법은 단일 과목을 만들어 운영하는 것이지만, 학교에서 가르치는 편성 과목 수를 줄이고자 하는 현재의 분위기 속에서 세계화의 내용만을 다루는 과목의 설정은 현실적으로 어렵다고 본다. 따라서 재량활동 시간(창의적 체험활동)을 활용하여 독립된 과목처럼 가르치거나, 여러 과목 속에 분산된 내용을 통합하여 특정 시기에 한번에 모아 가르치는 것이 현실적인 대안일 수 있다.

그리고 세계화 교육은 교사의 관심, 지식, 가르치려고 하는 열정이 없이는 성과를 기대하기 어렵다. 교사가 세계화의 현상과 문제 해결에 지속적인 관심을 보일 때, 학생들도 관심을 갖게 된다. 이런 점에서 세계화 교육을 위한 교사교육의 개혁이 필요하다.

현재 사범대학에서는 공통사회, 일반사회, 윤리교육 전공에서의 전공 수업을 제외하고는 세계화 시대의 교육에 대하여 예비교사들이 학습할 기회가 없다. 따라서 대학 당국에서는 세계화가 미치는 영향이 심대하고 갈수록 더욱 확대될 것이라는 점에서, 사범대학이나 교육대학의 학생들이 전공과 상관없이 반드시 이수해야 할 소양과목으로 세계화 교육을 지정할 필요가 있다.

참고문헌

강상구(2000). 신자유주의의 역사와 진실. 서울: 문화과학사.

김대현(2001). 한국 교육의 신자유주의적 정치적 지형. 한국교육, 28(2). 277-299.

김영화(2006). 세계화와 양극화: 흐름과 전망. 상황과 복지, 22. 7-27.

김은중(2005). 세계화, 정체성, 다문화주의. 라틴아메리카 연구, 18(1). 137-179.

김호기(2008). 지속가능한 세계화의 과제와 전략. 현대사회와 문화, 27(1). 81-101.

노찬옥(2004). 다원주의 시대의 세계시민교육. 사회과 교육, 43(4). 207-224.

박길성(2007). 세계화와 문화: 자본, 소통, 정체성의 긴장과 이완. 세계정치, 28(1), 94-122.

박용수(2001). 세계화와 국민국가. 국제정치논총, 47(2). 51-73,

손호철(2006). 세계화와 한국국가의 성격 변화. 동아연구, 51. 5-33.

이삼열 외(2006). 국제이해교육의 철학과 역사적 발전. 세계화 시대의 국제이해교육. 서울: 한울아카데미, 7-29.

장형철(2008). 세계화 시대에 전환하는 지역 문화 정체성을 이해하기 위한 시도. 담론 201, 11(3). 87-115.

정창호(2009). 세계화의 도전과 상호문화 교육. 교육의 이론과 실천, 14(2). 181-198.

제2장 •••

국제정치교육과 국제이해교육의 관계: 세계관계교육을 위한 시론*

- 진시원 -

1. 서 론

민족국가(Nation-State)는 근대(modern)의 산물이며, 그렇게 형성된 민족국가는 자국의 영토 안에서 독점적이고 배타적인 주권을 행사하며, 자국 영토 내 주민들을 공동체 의식(민족주의)으로 하나로 묶어 내는 역할을 수행해 왔다. 따라서 근대 이후 각국은 자국 국민들의 운명 공동체 의식을 강화하고, 자국민의 소속감과 자긍심의 강화를 중등 사회과 교육의 핵심요소로 알며, 그러한 방향으로 자국의 중등교육을 펼쳐 왔다. 민족국가 시대의 중등 사회과 교육은 민족주의교육과 민주시민교육이라는 양축에 의해 구조적으로 지탱되어 온 것이다.

그러나 정치, 경제, 사회, 문화 등 다양한 영역에서 세계화가 심화되면서,

---

* 이 글은 한국시민윤리학회보 제22집 1호(2009년)에 게재된 글임.

민족국가 중심의 국제체제는 다양한 도전에 직면해 있다. 세계화 시대를 맞아 민족국가 이외의 다양한 국제 행위자들이 자신의 영향력을 강화하고 있으며, 이에 따라 민족국가의 배타적이고 독점적인 국제체제 행위자로서의 지위는 점차 약화되고 있다. 이러한 상황은 기존 민족국가 중심의 중등 사회과 교육이 근본적이든 미시적이든 간에 변화를 강제받고 있음을 의미한다. 중등 사회과에서 민족국가 중심 시각에 기반하여 기술된 민족주의 교육과 민주시민교육의 내용들이 수정을 요구받고 있는 것이다.

인간은 자신의 자유와 권리를 개인주의적으로 추구하기도 하지만, 기본적으로 사회에의 참여와 소속감 없이는 생존이 불가능하다. 인간 사회는 가족, 집단, 지방(local), 국가, 지역(region), 세계 등으로 크게 구분되지만, 민족국가 중심의 국제체제에서 중추적인 사회는 민족국가다. 민족국가 시대의 인간들은 민족국가의 테두리(국경) 내에서 생활하며, 주권행사를 통해 이룩된 국내 안정과 질서를 향유하고, 공동체 의식을 통해 강한 유대감과 소속감을 지니고 산다. 따라서 민족국가 시대의 중등 사회과 교육은 자국의 테두리 안에서 운명 공동체 의식으로 무장하고 민주적인 시민으로 살아가는 국민과 시민을 양성하는 것을 가장 중요한 목적으로 삼아 왔다.

그러나 세계화가 가속화되면서 인간들의 중심적인 생활공간이 더는 민족국가 단위에 머물러 있기 어려워지고 있다. 민족국가 중심의 생활공간이 지방과 지역, 그리고 세계 등으로 중층적으로 확산되고 있는 것이다. 이제 중등 사회과 교육은 민족주의 교육뿐 아니라 지방주의 교육, 지역주의 교육, 세계주의 교육 등으로 수평적으로 확산되어야 하는 과제를 부여받고 있으며, 민주시민교육도 민족국가 단위뿐 아니라 지방시민교육, 지역시민교육, 세계시민교육 등으로 중층화되어야 할 필요성을 요구받고 있는 것이다(진시원, 2008).

이 연구는 민족국가 중심의 근대 국제체제가 탈주권, 탈영토, 탈민족주의 현상을 야기하고 있는 탈근대 국제체제와 서로 공존하고 있는 현재의 세계화 시대를 중등 사회과 교육이 어떻게 가르쳐야 하는지를 시론적으로 탐구하는 글이다. 이 연구는 이러한 목적을 달성하기 위해 다음의 세 가지 작업을 수행한다. 첫째, 서론에서는 국제체제의 변화와 세계화 현상 등을 가르치는 학문명에 대한 용어 정리를 시도한다. 현재 교육적 측면에서 국제체제를 가르치는 학문의 명칭은 국제정치교육, 국제관계교육, 국제이해교육, 세계시민교육 등 너무나 많은 용어가 혼용되어 혼란을 가중하고 있다. 제2절에서는 이러한 용어들 간의 관계를 살펴보고, 이들 용어가 세계관계교육(Global Relations Education)으로 단일화되어야 한다고 주장한다. 둘째, 제3절에서는 고등교육(대학교)에서 폭넓게 사용해 온 국제정치학 교과서와 국제이해교육(Education for International Understanding) 교과서의 내용체계와 내용요소를 비교 · 분석하여 이들 간의 공통분모와 차이점을 선별한다. 셋째, 결론에서는 제2절과 제3절의 내용을 바탕으로 중등 사회과 교육에서 가르쳐야 할 세계관계교육의 내용체계와 내용요소가 무엇인지를 정리하여 제시한다.

2. 세계관계교육의 용어정립 필요성

1) 국제정치교육과 세계관계교육

국제체제(international system)[1]에 대한 연구는 역사학, 지리학, 정치학, 사회학, 경제학 등 다양한 학문 영역에서 발전해 왔는데, 정치학에서 국제체제를 탐구하는 학문명으로는 국제정치학(International Politics)이나 국제관계학(International Relations: IR) 등이 폭넓게 사용되어 왔다. 그러나 세계화가 진척되는 현시대를 맞아 앞의 두 가지 학문명이 점차 현실과 괴리된 모습을 보이고 있다. 두 가지 학문명에서 유의해야 할 점은 '국제(international)'라는 단어다. 국제라는 단어는 'inter-nations'라는 의미를 내포하는 것으로,

1) 체제라는 것은 구조와 행위자, 그리고 그들 간의 상호작용을 모두 아우르는 개념이다. 따라서 국제체제는 국제적 차원의 구조(예를 들어, 안보구조나 경제구조 등)와 행위자(예를 들어, 민족국가나 국제기구 등) 그리고 그들 양자 간의 상호작용을 모두 포괄하는 개념이다.

풀어 쓰면 '국가 간' 이라는 의미다. 따라서 국제정치학이라는 학문명은 '국가 간의 정치만을 다루는 학문' 이라는 의미를 지니며, 국제관계학은 '국가 간의 관계를 다루는 학문' 이라고 해석할 수 있다.

그런데 문제는 세계화로 인해 국제체제가 더는 국가 간의 정치(국제정치)나 국가 간의 관계(국제관계)만으로 설명하기 어려운 상황으로 진입한 지 오래되었다는 것이다. 이유는 크게 두 가지다. 첫째, 국제체제의 행위자가 더는 민족국가에 한정되지 않으며, 국제기구, 지역기구, 글로벌 비정부기구(NGOs), 다국적 기업, 자본투자집단, 테러집단 등과 같이 다원화된 행위자들이 국제체제의 중요한 행위자로서 영향력을 강화하고 있다. 세계화로 인해 국제체제의 행위자가 다원화된 것이다. 둘째, 국제체제에서 중요한 쟁점이 더는 과거와 같은 상위정치(high politics), 즉 정치나 안보에 한정되지 않고, 환경, 인권, 에너지, 자원, 발전, 구호, 식량, 문화, 인구, 빈곤, 기아, 아동, 여성 등과 같은 다양한 쟁점으로 확산되고 있다.

이러한 두 가지 상황이 요구하는 것은 간단하다. '정치' 라는 용어를 '관계' 라는 용어로 대체하고, '국제' 라는 용어도 세계(global)라는 용어로 대체하라는 것이다. 결국, 국제정치학이나 국제관계학이라는 학문명은 이제 세계관계학(Global Relations)[2]으로 수정해야 하며, 국제학(International Studies)도 세계학(Global Studies)으로 수정해야 한다. 또한 국제정치교육이나 국제관계교육도 세계관계교육(Global Relations Education)으로 대체해야 하며, '국제체제' 라는 용어도 세계체제(global system)로 대체하는 것이 바람직하다.[3] 지금까지 논의를 중심으로 세계관계학과 세계관계교육을 정의하면 다음과 같다. 세계관계학은 다원화된 세계체제 행위자들이 다양한 지구적 쟁점 영역

---

2) 세계관계학은 세계학(Global Studies)으로 불려도 무방하지만 이 글에서는 세계관계학으로 통일한다.

3) 이러한 이유에서 이 논문은 이하의 글에서 국제체제 대신 세계체제를, 국제정치학이나 국제관계학 대신 세계관계학을, 국제정치교육이나 국제관계교육 대신 세계관계교육이라는 용어를 사용한다(진시원, 2007: 5-6 참조). 앞의 내용을 정리하면 다음과 같다.

에서 상호의존성(inter-dependency)과 상호취약성(inter-vulnerability)을 지니고 서로 작용하는 관계를 이론과 실제를 통해 탐구하는 학문이며, 세계관계교육은 세계관계학을 가르치는 것으로 세계관계의 체제와 구조, 핵심쟁점뿐 아니라 세계관계를 바라보는 시각(이론) 등을 학생들에게 가르치는 교육인 것이다.

2) 국제이해교육과 세계관계교육

한편, 세계체제와 관련하여 국제평화 지향적 측면에서 발전해 온 학문이 국제이해교육(Education for International Understanding: EIU)이다.[4] 국제이해교육은 제2차 세계대전 이후 국제적 차원의 평화교육 필요성을 절감하여 국제연합교육과학문화기구(UNESCO, 이하 유네스코)가 주도적으로 추진해 온 교육으로, 더불어 살아가는 지구촌을 건설하기 위하여 다른 국가뿐 아니라 민족, 인종, 문화, 종교 등을 상대적이고 공존적인 시각에서 이해하고 존중하며, 민주주의와 인권, 환경과 지속가능한 개발, 평화와 반전, 세계화와 지역주의 등과 같은 쟁점 영역에서 지역 공동체 구성원과 세계시민으로서의 자질을 배양하고 향상시키는 교육이다. 한마디로, 국제이해교육은 공존, 평화, 협력을 달성하려는 의도하에 '지구촌에서 더불어 사는 법(learning to live together in the global village)을 가르치는 교육'인 것이다.

기존 용어	바람직한 용어
국제체제	세계체제
국제정치학, 국제관계학	세계관계학
국제학	세계학
국제정치교육, 국제관계교육	세계관계교육

4) 국제이해교육에 관하여는 유네스코 아시아 · 태평양 국제이해교육원 엮음, 이삼열 외 지음(2006); 정두용 · 신은숙 · 정득진(2003); 유네스코 아시아 · 태평양 국제이해교육(편)(2003); 유네스코한국위원회(편)(1996) 등을 참조.

그러나 국제이해교육과 관련하여 지적해야 할 문제점이 두 가지 있다.[5] 첫째, 평화 지향적 측면에서 국제체제에 관한 교육을 수행해 온 학문에 대한 명칭이 '국제이해교육' 으로 통일되어 있지 않다. 둘째, 평화 지향적 측면에서 국제체제를 교육시키는 학문을 국제이해교육이라고 지칭하는 학자들 간에도 국제이해교육이 명확하게 무엇을 의미하는지 그리고 어떠한 내용체계와 내용요소를 담아야 하는지에 대한 합의가 없다. 학문명이 단일화되어 있지 못한 상황은 단순한 문제가 아니다. 학문명에 대한 혼선은 그 학문의 정체성이 혼란에 빠져 있음을 의미하기 때문이다.

실제로 세계적인 차원에서 국제이해교육과 서로 경쟁적이면서도 호환성을 지니고 사용되는 명칭은 다양하다(김호성, 1996: 524; 주해연, 2006: 102). 즉, 국제이해교육은 International Relations Education(국제관계교육), International Politics Education(국제정치교육), Education for World Citizenship(세계시민교육), Global Education(세계교육), International Education(국제교육), 세계화교육(Education for Globalization), Inter-cultural Education(문화간교육), Cross-cultural Education(교차문화교육), Multi-cultural Education(다문화교육), Multi-ethnic Education(다인종교육), Global Citizenship Education(세계시민교육), Peace Studies(평화학), Human Rights Education(인권교육), Development Education(개발교육), 환경교육(Environment Education) 등으로 혼용되고 있어 용어마저 통일되어 있지 못한 실정이다(이삼열, 2006: 10).

국제이해교육을 둘러싼 용어의 불분명과 혼용은 국내 학계의 연구물에서도 그대로 드러난다. 국제이해교육과 관련된 선행연구의 제목들을 살펴보면, '세계시민교육을 위한 사회과 교육의 방향에 대한 연구' (강동연, 2000), '고등학교 국제정치교육 분석과 개선방안' (진시원, 2005a), '사회과 국제이해교육 내용 분석' (서현승, 2004), '국제이해교육과 세계시민교육의 개념 비교' (황정애, 2005), '제7차 교육과정 고등학교 일반사회 교과서에 반영된 세계화와 세

5) 국제이해교육에 대한 개념 정의가 명확하게 내려져 있지 못하여, 그 의미와 용어가 다양하게 사용되고 있다는 주장은 김왕식(1996: 509); 김호성(1996: 524)을 참조했다.

계시민교육 내용 분석'(강지영, 2006), '고등학교 정치교과서 국제정치 영역 내용 분석'(추인순, 2006), '고등학교 국제정치 교육의 실태와 문제'(서경숙, 2007) 등과 같이 다양하다. 즉, 국제이해교육과 관련하여 국제정치교육, 세계시민교육, 세계교육, 다문화교육, 평화학 등의 용어들이 국내 학계에서 혼용되고 있는 것이다.

세계관계교육의 입장에서 바라보면 이와 같은 용어의 무차별적 혼동은 심각한 문제를 내포한다. 학문명과 개념 정의가 불분명한 학문이 명확하고 적합한 내용체계와 내용요소를 지닐 가능성은 상당히 낮기 때문이다. 학문명을 둘러싼 혼동과 혼용을 정리해야 할 필요성이 부각되고 있는 것이다. 세계관계교육의 입장에서 이들 용어 간의 포함 관계를 정리하면 〈표 2-1〉과 같다.

〈표 2-1〉 세계관계교육 관련용어의 포함 관계

대영역	중영역	소영역
- 세계관계교육(국제정치교육, 국제관계교육) - 세계교육(국제교육)	- 국제이해교육[6]	- 세계화교육 - 세계시민교육 - 문화간교육 - 교차문화교육 - 다문화교육 - 다인종교육 - 평화학 - 인권교육 - 개발교육 - 환경교육

〈표 2-1〉에서 볼 수 있듯이, 세계관계교육과 국제정치교육, 국제관계교육, 세계교육, 국제교육 등은 가장 광범위한 영역을 포괄하는 학문명으로, 이들 용어는 거의 동등하게 호환될 수 있다. 그러나 이미 강조했듯이, '국제'라는 용어와 '정치'라는 용어를 사용하는 것은 그 학문의 영역을 '국가

6) 국제이해교육이라는 학문명도 '국제'라는 용어를 사용하고 있기 때문에 세계화 시대에는 적합하지 않다고 필자는 생각한다.

간 관계' 혹은 '국가 간 정치'로 제한한다는 측면에서 세계화 시대에 적합한 명칭이 아니다. 따라서 국제관계교육, 국제정치교육, 국제교육 등의 용어는 이제 서서히 용도 폐기의 길로 들어서는 것이 바람직해 보인다.

한편, '세계교육'이라는 용어는 세계의 무엇을 가르치는지에 대한 구체적인 외연 설정이 없다는 측면에서 '세계관계교육'이라는 용어로 대체하는 것이 좋아 보인다. 세계관계교육에서 '관계'라는 단어가 설정하는 외연은 민족국가뿐 아니라 다양한 세계체제의 행위자들이 정치와 안보, 그리고 경제, 사회, 문화 등 다양한 영역에서 서로 상호작용하는 관계를 의미한다. 민족국가, 국제기구, 지역기구, 글로벌 비정부기구, 다국적 기업, 국제자본집단, 테러집단 등과 같은 다양한 행위자들이 정치, 안보, 경제, 사회, 문화, 환경, 인권, 인구, 에너지 등의 다양한 쟁점 영역에서 상호의존성과 상호취약성을 지니고 상호작용하는 것을 세계화 현상이라고 할 때, 세계체제에 대한 교육적 접근을 수행하는 학문명을 '세계관계교육'이라고 통일하여 지칭하는 것은 바람직할 뿐 아니라 반드시 필요한 작업이다.

국제이해교육은 국제평화를 위해 제2차 세계대전 이후 유네스코가 주도적으로 추진해 온 교육이라는 점에서 세계관계교육의 자유주의와 이상주의 계열이라고 볼 수 있다. 세계관계교육에서 세계체제를 바라보는 대표적인 시각은 현실주의, 자유주의, 구조주의다. 국제이해교육이 추구하는 것이 평화로운 세계체제 건설이기에, 국제이해교육은 세계관계교육의 부분집합이어야 한다고 판단된다. 즉, 국제이해교육이 더불어 사는 지구촌을 건설하고 평화지향적인 세계시민을 양성하려고 한다는 점에서 세계관계교육의 자유주의 계열 중 하나로 이해할 수 있고, 이렇게 본다면 국제이해교육은 세계관계교육의 분과 학문적 성격을 지닌다고 할 수 있다. 그러나 국제이해교육이 세계관계학이나 세계관계교육과 전혀 무관한 독자적인 학문이라는 주장도 있다.

> 국제이해교육은 단순한 국제교육과는 다르다. ……국제이해교육은 국제교육과 같은 대상과 분야를 다루는 교육이더라도 ……이해를 통해 공존과 협력, 평화

> 를 달성하려는 의도를 가진 가치관적 교육이라 하겠다. ……따라서 국제이해교육은 국제정치학이나 국제경제학, 국제관계학이 아니다. 그런 내용을 갖고 있지만 교육의 목적이나 방향은 전혀 다르다. ……모든 나라, 모든 인종, 모든 사람과 함께 살아가는 지혜와 가치관, 의식과 태도를 길러 주기 위한 교육이 아니라면 ……국제이해교육이라 할 수 없다. 그리고 이러한 가치관과 의식을 길러 주는 교육이라면, 그 명칭이 다문화교육이든 세계화교육이든 ……국제이해교육이 될 수 있다고 본다. ……국제이해교육은 교육의 새로운 방향이요, 새로운 패러다임이다(이삼열, 2006: 9-10).

앞에서 살펴본 것처럼 국제이해교육은 국제평화를 지향하는 독자적이면서도 새로운 교육 패러다임이다. 그러나 그럼에도 불구하고 여기서 분명한 점은 국제이해교육이 국가 간의 공존과 협력, 그리고 평화를 달성하려는 교육이고 모든 지구촌 구성원들이 차별과 차이를 극복하고 함께 살아가는 지혜와 가치관을 형성시켜 주는 교육이라면, 이러한 접근은 분명 세계관계교육의 이상주의와 자유주의 계열로 분류할 수 있다는 점이다.

더욱 중요한 점은 세계평화가 이러한 이상주의적이고 자유주의적인 가치추구와 교육적 노력만으로 현실화되기는 어렵다는 사실이다. 많은 변화에도 불구하고 세계체제의 현실은 아직도 세계정부가 부재하고, 국제법과 이성이 모든 갈등과 분쟁을 평화적으로 해결하지 못하는 상태에 가깝다. 현재의 세계체제는 '완전한 무정부 상태'이거나 '무차별적인 만국의 만국에 대한 투쟁상태'는 아니지만, 여전히 무정부성을 띠고 있다. 따라서 이러한 상황에서 일방적으로 이상주의적이고 자유주의적인 국제이해교육을 교육현장에서 확대 · 강화한다고 해서 세계평화가 실현될 가능성이 높아진다고 보기는 어렵다. 오히려 세계체제의 무정부성이 현실적으로 존재함에도 불구하고 자유주의적인 국제이해교육만을 학생들에게 가르치는 것은 그것 자체가 비현실적이고 이상주의적일 뿐 아니라 평화건설에 역행하는 교육일 수도 있다. 무정부성을 극복하지 못하고 있는 현재의 세계체제에서 힘과 권력(부국강병)을 추구하는 현실주의적 평화방안을 경시하거나 배제하는 것은 오히려 자국의 안보와 평화를 저해하거나 위협하는 상황을 야기할 수도 있기 때문이다.

국제이해교육과 세계관계교육의 차이점은 확연하다. 첫째, 세계관계교육은 현실주의, 자유주의, 구조주의, 구성주의 등 다양한 이론을 통해 세계체제의 본질과 현상을 설명한다. 즉, 현실주의는 세계체제의 무정부성 등을 강조하여 국가 간의 권력, 힘, 세력균형, 군사안보 등을 둘러싼 경쟁과 갈등양상을 강조하는 반면, 자유주의는 인간의 이성, 국제법, 국제기구 등을 통한 국가 간의 협력과 평화 가능성을 강조하고, 구조주의는 인간 간의 그리고 국가 간의 불균등 발전과 불평등 상태를 부각시킨다. 결국, 세계관계교육은 세계체제를 이해하고 해석하기 위하여 현실주의, 자유주의, 구조주의라는 세 가지 주된 경쟁 이론을 활용한다. 반면, 국제이해교육은 국가 간의 평화 건설을 위하여 교육적 차원의 노력을 강조한다는 점에서 세계관계교육의 자유주의 시각만을 추구한다고 볼 수 있다. 국제이해교육은 현실주의적 세계체제, 즉 권력과 힘을 향한 국가 간의 갈등과 폭력(전쟁)이 상존하는 세계체제에 대한 교육을 결여하고 있다는 점에서 이상주의적이고 가치 지향적인 교육이라는 지적에서 벗어나기 어렵다. 국제이해교육은 세계체제의 현실주의적 측면을 도외시한다는 점에서 이상주의적이며, 국가 간의 평화와 세계인들의 동등한 인권을 추구한다는 점에서 인간으로서의 도덕과 윤리를 강조하는 가치 지향적 학문인 것이다.

둘째, 세계화, 세계시민, 다인종 · 다문화, 평화, 인권, 개발, 환경 등의 내용들은 세계관계교육과 국제이해교육 양쪽 모두가 가르치는 핵심내용이지만, 세계관계교육과 국제이해교육이 이들 내용을 가르치는 방법은 근본적으로 다르다. 세계관계교육은 이들 내용을 현실주의, 자유주의, 구조주의 등의 경쟁 이론을 통해 다양하게 해석하고 다각적으로 대처하는 방법을 가르치지만, 국제이해교육은 이들 내용을 자유주의적이고 이상주의적인 시각에서 가치 지향적이고 당위론적으로 가르친다. 예를 들어, 환경문제에 접근하는 데 있어 국제이해교육은 지구촌에서 더불어 살기 위하여 환경문제를 반드시 해결해야 한다는 가치 지향적이고 당위론적인 차원의 교육에 치중하겠지만, 세계관계교육은 환경문제를 둘러싼 복잡하고 다양한 상황, 해석과 대처방안 등을 모두 가르친다. 즉, 세계관계교육은 환경문제를 현실주의, 자유주의, 구조주의, 시장주의 등의 다층적인 차원에서 설명하고 각 이론에 맞는 다양한 대처방안을 학생들에게 교육시킨다.

앞에서 살펴본 국제이해교육과 세계관계교육의 차이점은 결국 세계관계교육이 국제이해교육보다 훨씬 상위개념이고 폭넓은 교육임을 명확히 보여준다. 세계화교육, 세계시민교육, 문화간교육, 교차문화교육, 다문화교육, 다인종교육, 인권교육, 개발교육 등은 모두 세계관계교육과 국제이해교육을 구성하는 소영역이다. 세계시민교육은 일국 차원의 민주시민교육과 병행하여 지구촌(global village) 의식이나 세계 공동체(global community) 의식을 지닌 시민을 양성하는 교육이다. 환경, 생태, 인구, 식량, 기아, 인권, 구호, 에너지, 전쟁, 빈곤, 보건 · 위생 등과 같은 쟁점은 일국 차원의 민주시민교육으로는 해결하기 어려운 한계를 지니고 있다. 이러한 쟁점은 세계 공동체 일원으로서 세계시민이라는 정체성이 강화될 때 해결 가능성이 높아지는 영역들이다. 예를 들어, 환경문제와 빈곤 및 식량 문제 등은 민족국가 틀을 벗어나 세계 공동체 시각과 인권의 동등성 차원에서 접근할 때 해결의 실마리를 찾아낼 가능성이 높아진다.

문화간교육, 교차문화교육, 다문화교육, 다인종교육 등은 모두 세계화의 심화와 지구적 차원의 인구이동이 야기하는 문제를 해결하려고 탄생한 교육이다. 과거의 노예무역과 식민지 운영, 선진국의 인구감소와 개도국의 인구증가, 그리고 국가 간 실질임금 격차는 지구적 차원의 인구이동 현상을 낳았으며, 이러한 인구이동은 국가마다 다인종 · 다문화 사회의 등장으로 귀결되었다. 인종갈등과 문화충돌, 종교갈등 등은 다인종 · 다문화 사회의 어두운 측면을 대표하는 현상들이며, 이러한 갈등을 근본적으로 완화하고 관리할 수 있는 방법은 교육을 통해 서로를 이해하는 것, 즉 문화와 인종의 다양성을 서로 인정하고 존중하며 함께 공존하는 방법을 체득하는 것이다. 일국 차원뿐 아니라 지구적 차원에서 세계인들의 평화롭고 평등한 공존을 추구한다는 점에서 문화간교육, 교차문화교육, 다문화교육, 다인종교육 등은 모두 국제이해교육을 구성하는 핵심적인 내용이다.

인권교육과 개발교육, 그리고 환경교육 또한 국제이해교육의 필수적인 내용이다. 국가 간의 평화 공존과 세계인의 평등하고 인간다운 삶을 추구하는 국제이해교육이 인권교육과 개발교육을 포함하는 것은 당연하다. 인권교육을 통해 모든 인권을 동등하게 존중해야 함을 가르치고, 개발교육과 환경교육을 통해 지구적 차원의 빈곤 감축과 지속가능한 친환경적 개발 등을 추구해 나갈 미래세대를 교육시키는 것은 국제이해교육의 중요한 목적임에 틀림없다.

지금까지의 논의를 정리하면 다음과 같다. 첫째, 세계관계교육은 가장 큰 상위 개념으로 국제이해교육을 포함하며, 세계관계교육과 국제이해교육은 세계화교육, 세계시민교육, 문화간교육, 다문화교육, 교차문화교육, 다인종교육, 인권교육, 개발교육, 환경교육 등을 포괄한다. 둘째, 세계관계교육과 국제이해교육의 차이점은 이들의 교육방식에서 확연히 드러난다. 국제이해교육은 환경, 인권, 개발 등과 같은 다양한 쟁점 영역을 자유주의적이고 가치 지향적이며 당위론적으로 접근하지만, 세계관계교육은 현실주의, 자유주의, 구조주의 등과 같은 경쟁 이론을 통해 다각도로 해석하고 다양한 대처방안을 제시한다. 셋째, 국제이해교육은 세계관계교육의 자유주의 계열의 학문이며 평화 지향적인 교육이다. 국제이해교육은 현실주의적이고 구조주의적 차원에서 세계체제를 가르치는 것이 아니라, 자유주의적이고 평화 지향적인 시각에서 세계체제를 가르치는 교육인 것이다. 이 말은 국제이해교육의 내용체계와 내용요소로는 현실주의적 세계체제를 가르치기 불가능하며, 현실주의적 세계체제에 대한 교육은 국제이해교육이 아닌 세계관계교육에서 수행해야 한다는 점을 의미한다. 넷째, 국제정치교육, 국제관계교육 등의 용어는 세계관계교육으로 수정해야 하며, 국제체제라는 용어도 세계체제라는 용어로 바꾸어야 한다. 다섯째, 국제이해교육이라는 용어는 서서히 세계

이해교육으로 대체되는 것이 바람직하다.[7] 여섯째, 세계체제의 현실주의적 현상과 본질을 경시하거나 도외시하면서 자유주의 시각만을 추구하는 국제이해교육은, 세계체제를 총체적으로 이해하는 것이 아니라 세계체제의 일부분만을 이해하는 교육이라는 점에서 중등교육을 국제이해교육 중심으로 편성하는 것은 부적절하다. 결국, 중등 사회 교과서와 정치 교과서에서 세계체제를 다루는 것은 국제이해교육이 아닌 세계관계교육 차원에서 이루어져야 하는 것이다. 세계체제의 본질과 현상을 균형감 있게 가르치기 위해서는 자유주의 시각만을 가르치는 국제이해교육보다 현실주의와 자유주의, 그리고 구조주의 시각을 모두 아울러 가르치는 세계관계교육이 보다 적합하다고 판단되기 때문이다.

제3장과 제4장에서는 중등교육에서 행해지는 세계체제에 관한 교육이 국제이해교육이 아니라 세계관계교육이어야 한다고 보고, 중등교육에서 가르쳐야 할 세계관계교육의 내용체계와 내용요소를 정리하여 제시한다. 이를 위해 우선 제3절에서는 세계관계교육과 국제이해교육의 문헌연구를 통해 이들 학문의 내용체계와 내용요소를 비교 · 분석하고, 이를 바탕으로 결론인 제4절에서는 세계관계교육의 내용체계와 내용요소를 정리하여 제시한다.

3. 세계관계교육의 내용체계와 내용요소

〈표 2-2〉에서 살펴본 교과서는 대학교 관련 학과(정치외교학과, 외교학과, 국제학부 등)에서 과거 많이 사용했거나, 현재 광범위하게 사용하는 것들이다.[8]

---

7) 필자는 국제이해교육이라는 용어가 세계평화를 위한 교육이라는 본래적 의미를 담아 내기에는 불명확하고 부정확하다고 판단하고, 대신 '평화학(Peace Studies)'이나 '세계평화교육(Global Peace Education)' 혹은 '세계이해교육(Education for Global Understanding)' 등이 보다 명확하고 적절한 명칭이라고 생각한다. 물론 유네스코 제7차 총회(1953년) 이래 반세기가 넘게 사용해 온 용어인 '국제이해교육'을 하루아침에 수정하는 것은 쉬운 작업이 아니지만, 필자는 문제제기 차원에서 학문명의 수정이 언젠가는 불가피하다고 생각한다.

〈표 2-2〉 세계관계학 관련 교과서의 내용체계와 내용요소

저자 및 저서	내용체계	내용요소
K. J. Holsti(1992), 『International Politics』	• 국제체제의 역사와 현재 • 외교정책의 목표와 수단 - 외교의 목표(안보, 자율성, 복지, 국익, 국가의 지위와 권위 등) - 외교의 수단(힘, 권력, 영향력, 능력, 외교적 협상, 선전과 홍보, 경제적 보상과 강압, 군사적 개입, 전쟁 등)	• 국제법, 국제여론, 국제윤리, 국제갈등의 형태와 사례, 국제협력 형태와 사례
James L. Ray(1995), 『Global Politics』	• 국제체제의 역사 • 외교정책론 • 국가 간 관계(서서관계, 남북관계, 동서관계) • 국제체제의 미래	• 국제기구, 초국적 행위자, 국제윤리, 국제법, 국제레짐, 다국적 행위자(다국적 기업, 테러집단, 초국적 기구 등)
John Baylis · Steve Smith(2001), 『The Globalization of World Politics』	• 국제체제의 역사 • 국제관계 이론(현실주의, 자유주의, 구조주의) • 외교	• 국제안보(탈냉전, 핵확산, 민족주의), 다국적 행위자, 국제기구(UN 등), 지역통합, 글로벌 무역과 금융, 통신과 인터넷 혁명, 세계화와 정치공동체의 변환, 환경, 문화, 인권과 인도적 개입, 빈곤, 개발, 기아, 젠더

8) Baylis, Smith(2001)의 저서는 현재 영미권에서 사용되는 대표적인 세계관계학 교과서이며, 국내에서 번역된 골드스타인(2002)과 스나르와 스나르(2006)의 저서 역시 국내에서 폭넓게 읽히고 있는 세계관계학 교과서다. 반면, Ray(1995)와 Holsti(1992)의 교과서는 과거 영미권에서 광범위하게 사용되던 세계관계학 교과서다. 박경서의 저서(2002)는 국내 세계정치경제학의 대표적인 개론서이며, 김명섭 외(2003)의 저서도 한국방송통신대학교 방송교재로 활용되고 있는 세계정치경제학 교과서다. 세계정치경제학 교과서를 〈표 2-2〉의 분석에 포함한 이유는 세계적 측면에서 정치와 경제를 함께 이해하려는 학문적 수요가 늘어나 세계정치경제학이 경제세계화 시대에 필수적인 학문으로 등장했기 때문이다. 헤이우드(2003)의 책은 대표적인 정치학 개론서인데, 이 책을 포함한 이유는 대학교에서 세계체제에 대한 학문적 접근이 세계관계학이라는 독자적인 과목으로만 개설되는 것이 아니라 정치학 개론의 일부분으로도 강의되고 있기 때문이다.

조슈아 골드스타인(저), 김연각 외(역)(2002), 『국제관계의 이해』	• 국제체제의 역사 • 국제체제의 행위자 • 국제관계 이론(현실주의, 자유주의, 평화학, 포스트모더니즘, 여성해방론) • 외교정책론	• 국제분쟁과 군사력, 국제기구와 국제법, 국제무역과 통화, 다국적 기업, 지역통합(유럽연합 등), 환경, 남북격차(빈곤, 제국주의, 혁명 등), 개발(원조, 남북문제 등)
마이클 스나르 · 닐 스나르(저), 김계동 외(역)(2006), 『글로벌 이슈: 세계화의 도전과 대응』	• 분쟁과 안보 • 글로벌 경제 • 개발 • 환경	• 확산과 억지, 민족주의, 인종분규와 인도적 개입(인권), 테러리즘, 국제무역, 국제자본, 빈곤과 빈곤퇴치, 인구와 인구이동, 여성, 경제성장, 아동(아동노동, 아동사망률, 아동의 권리 등), 보건(영양과 질병과 보건), 환경(지속가능한 개발 등), 자연자원, 세계정부, 지역주의
박경서(2002), 『국제정치경제론 이론과 실제』[9]	• 국제정치경제 이론(자유주의의 상호의존 모델, 현실주의의 (신중상주의 모델, 급진주의의 종속모델) • 국제정치경제의 실제(국제무역, 국제통화, 다국적 기업, 석유자원, 기술이전, 세계화 등)	• 남북무역, 동서무역, 외채문제, 동아시아 금융위기, 다국적 기업과 해외 직접투자, 석유자원, 기술이전, 세계화
김명섭 외(2003), 『세계의 정치와 경제』	• 국제정치경제 이론: 국가중심주의(중상주의), 자유주의(시장주의), 구조주의 • 국제정치체제의 구조(안보구조, 무역구조, 금융통화구조, 지식구조)	• 전쟁과 평화(안보학, 평화학), 환경(지속가능한 개발, 환경제국주의 등), 식량, 문화, 인구이동(난민, 노동 이동 등), 지역주의(유럽, 미주, 동아시아), 세계화, 국제자본과 외채문제, 다국적 기업과 해외 직접투자
앤드류 헤이우드(저), 조현수(역)(2003), 『정치학: 현대정치의 이론과 실천』	• 변화하는 세계질서(냉전 붕괴)와 민족국가의 미래 • 국제관계 이론(이상주의, 현실주의, 다원주의, 마르크스주의)	• 민족주의, 다문화주의, 세계화, 지역화(유럽통합 등), 세계정부, 유엔

9) 국제정치경제학(International Political Economy: IPE)도 세계화 시대를 맞아 세계정치경제학(Global Political Economy: GPE)으로 명칭을 개정해야 한다는 것이 필자의 주장이다. 따라서 이하의 글에서는 '세계정치경제학'이라고 통일한다.

이들 교과서의 내용체계를 분석해 보면 세계체제의 역사와 현재, 외교정책론, 국가 간 관계, 세계관계학 이론, 세계정치경제학 이론, 세계체제의 행위자, 세계정치경제 체제의 구조, 분쟁과 안보, 세계경제 등으로 구성되어 있는데, 이러한 내용체계를 중심으로 내용요소를 재구성하면 〈표 2-3〉과 같다. 세계관계학 교과서는 최소한 이와 같은 내용체계와 요소를 포함하고 있어야 한다.

그런데 〈표 2-2〉에서 흥미로운 점은 두 가지다. 첫째, 과거의 교과서, 즉 Holsti나 Ray의 책들은 대부분 국가 중심적 시각을 지닌 반면, 그 외의 최근의 교과서는 세계화 시대에 걸맞게 다양한 글로벌 이슈를 포함하고 있다는 점이다. 즉, Holsti나 Ray의 교과서는 국가의 외교정책이나 국가 간 관계, 국가 간의 갈등과 협력 등에 초점을 둔 반면, 최근 교과서는 세계화, 지역주의, 환경, 문화, 개발, 인권, 젠더, 인구, 보건, 식량, 종교 등과 같은 새로운 글로벌 이슈를 폭넓게 수용하고 있다는 점이다. 양자 간의 이러한 대조적 현상은 과거의 교과서가 국가와 안보 중심적인 국제정치학적 측면이 강했던 반면, 현재의 교과서는 세계화에 부응하는 세계관계학적 측면이 강하다는 점을 명확하게 보여 준다.

둘째, 오래된 교과서인 Holsti나 Ray의 책들은 세계경제에 관한 내용을 거의 다루지 않는 반면, Baylis와 Smith, 골드스타인, 스나르와 스나르의 책들은 무역과 금융, 통화, 투자, 다국적 기업, 남북격차, 개발, 원조 등과 같은 세계경제의 주요 쟁점도 모두 다루고 있다. 즉, 과거의 국제정치학 교과서는 국가 간의 외교와 안보만을 중시한 반면, 최근의 세계관계학 교과서는 세계경제의 쟁점을 모두 포함하고 있다. 세계경제에 대한 이해 없이는 세계관계를 이해할 수 없다는 측면에서 〈표 2-2〉에서 세계관계학뿐 아니라 세계정치경제 교과서의 내용체계와 내용요소 또한 살펴보았다. 〈표 2-2〉를 통해 살펴본 교과서 내용의 역사적 변화과정은 과거 국제정치학 교과서의 내용체계와 내용요소가 현재의 세계관계학 교과서에서 어떻게 변화 · 수용되었는지를 명확히 보여 준다. 과거에는 국가 간 외교안보 관계에만 치중되어 있던 교

〈표 2-3〉 재구성한 세계관계학의 내용체계와 내용요소

내용체계	내용요소
세계체제의 역사(과거, 현재, 미래)	세계체제의 역사적 변화과정과 미래의 변화상
세계관계학 이론	현실주의, 자유주의, 구조주의, 구성주의 등
세계정치경제학 이론	신중상주의, 시장주의(자유주의), 구조주의 등
외교정책론	외교정책의 목표와 수단
세계체제의 행위자	민족국가, 국제기구, 지역기구, 초국가행위자 혹은 다국적 행위자, 국제레짐, 글로벌 NGOs 등
세계(정치경제)체제의 구조	안보구조, 무역구조, 금융통화구조, 지식구조 등
국가 간 관계	남북관계, 동서관계, 서서관계 등
전쟁과 평화	평화학, 안보학, 탈냉전, 확산과 억지, 민족주의, 인종분규와 인도적 개입, 테러리즘 등
세계경제	세계무역, 세계금융과 투자, 외채위기와 금융위기, 다국적 기업, 해외 직접투자, 해외 간접투자(포트폴리오 투자), 투기자본, 기술이전 등
그 외의 세계적 쟁점	세계화, 지역주의(지역통합), 국제법, 국제여론, 국제윤리, 개발(빈곤과 빈곤퇴치, 경제성장, 보건, 원조 등), 환경(지속가능한 개발, 환경제국주의 등), 자원, 젠더, 인권, IT 등 과학기술 혁명, 식량, 문화, 종교, 인구(인구이동, 난민 등), 다문화주의 등

과서들이 세계화 시대를 맞아 세계경제뿐 아니라 환경, 인권, 개발, 구호 등과 같은 세계적 쟁점을 모두 포괄하고 있는 것이다. 결론적으로 말하면, 세계관계학은 세계체제의 역사, 세계관계학과 세계정치경제의 이론, 세계체제의 구조와 행위자, 전쟁(안보학, 전략학)과 평화(평화학), 세계경제, 세계적 쟁점 등을 모두 포괄하여야 하는 것이다.

국제이해교육은 상호의존성과 상호취약성이 날로 심화되는 현재의 세계체제를 이해하고 더불어 사는 세계체제를 건설하기 위하여, 세계체제를 바라보는 다양한 시각을 중심으로 다인종성과 다문화성 등과 같은 세계체제의 특징뿐 아니라 전쟁과 평화, 환경, 인권, 개발, 자원 등과 같은 세계체제의

주요 쟁점을 평화 지향적 차원에서 학생들에게 가르치는 교육이다. 따라서 국제이해교육이 추구하는 궁극적인 목적은 교육을 통해 인종중심주의와 민족주의적 국수주의, 문화제국주의 등을 극복하고 인종, 문화, 종교, 가치, 윤리 등의 보편성과 상대성 및 공존성을 지향하는 동시에, 운명공동체로서의 인류가 직면한 환경, 자원, 식량, 인구, 평화와 반전 · 비핵화 등과 같은 공동 관심사에 대한 인식론적 공감대를 확대하고 해결의 실천적 기반을 확보하는 것이다.

그런데 기존의 문헌을 살펴보면 국제이해교육의 내용체계와 내용요소는 〈표 2-4〉와 같다.

〈표 2-4〉 국제이해교육 교과서의 내용체계와 내용요소

저자 및 저서	내용체계	내용요소
Robert G. Hanvey (1976), 『An Attainable Global Perspective』	• 세계를 바라보는 시각에 대한 인식 (perspective consciousness) • 지구 상황에 대한 인식 (state of the planet awareness) • 문화 간 인식 (cross-cultural awareness) • 세계의 역동성에 대한 지식 (knowledge of global dynamics)[10)] • 인간의 선택에 대한 인식 (awareness of human choices)[11)]	–
Kenneth A. Tye (ed.) (1990), 『Global Education: From Thought to Action』	• 세계문제(global problems) • 세계체제(global systems) • 문화 간 이해 (cross-cultural awareness) • 세계적 시각 (global perspectives)	–

10) '세계의 역동성에 대한 지식'과 '지구 상황에 대한 인식'은 모두 세계체제의 역동성과 상황 등을 다룬다.

11) '인간의 선택에 대한 인식'은 개인, 기구, 지방, 국가, 지역, 경제적 혹은 외교안보적 동맹 등을 둘러싼 인간의 선택뿐 아니라 인간행동과 의사결정의 복잡성과 어려움, 그리고 과거와 현재의 인간행동과 미래의 대안적 행동 등을 다룬다.

Willard M. Kniep (1986), "Defining A Global Education By Its Content" Willard M. Kniep (1986), "Social Studies Within a Global Education"	• 인간가치에 대한 학습 • 세계체제에 대한 학습 (세계경제체제, 세계정치체제, 세계생태체제, 세계과학체제) • 세계적 차원의 이슈에 대한 학습 • 세계 역사(global history)	• 평화와 안보(무기경쟁, 동서관계, 테러리즘, 식민주의, 민주주의 대 독재) • 국가 및 국제개발(기아와 빈곤, 인구과잉, 남북문제, 과학기술, 국제외채위기) • 환경(산성비, 하수오염, 열대우림 황폐화, 핵폐기물 처리, 어족 보존) • 인권(인종차별, 원주민, 정치범, 종교적 박해, 망명)
김현덕 외(2005), 『교실에서의 국제이해교육』	• 세계적 시각 및 관점 • 문화 간 이해 • 세계체제(global system) • 세계적 문제나 이슈 (global problems and issues)	• 문화 다양성, 문화상대주의, 평화와 안보, 개발, 환경, 인권, 식량, 인구, 에너지
유네스코한국위원회(편) (1996), 『학교에서의 국제이해교육』	• 지구체제(global system): 세계경제체제, 세계정치체제, 세계생태체제, 세계문화체제, 세계기술체제 등	• 지구촌 의식과 지구 가족의식, 문화상대주의적 관용성, 세계의 상호의존성 • 국제적 의사소통 능력 • 미래 지향적 시각 • 국제기구, 핵개발, 전쟁, 인권침해, 인구증가, 기아, 무역불균형, 환경파괴
아시아 · 태평양 국제이해교육원(편), 이삼열 외 지음(2006), 『세계화 시대의 국제이해교육』	• 다문화사회와 다문화교육 • 평화교육(관용과 비폭력)	• 세계화(경제적 세계화, 세계화와 사회문제 등) • 인권, 환경과 지속가능한 개발, 양성평등
유네스코 아시아 · 태평양 국제이해교육원(편) (2003), 『세계시민을 위한 국제이해교육: 초 · 중등학교 교육과정』	• 다문화 이해 영역 • 세계화 문제 영역 (세계화와 지역화, 세계시민) • 인권 존중 영역 • 평화로운 세계 영역 • 지속가능한 발전 영역	• 인권(평등과 소수집단 인권, 민주주의와 인권, 국제연대를 통한 인권 향상) • 지속가능한 개발(환경과 개발, 자원 고갈 등) • 전쟁과 평화(테러, 분쟁 등)

정두용 외(편) (2003), 『세계시민을 위한 국제이해교육』	• 국제이해 및 협력 교육 • 평화교육 • 인권교육 • 민주주의 교육 (education for democracy) • 관용교육 (education for tolerance)	• 평화와 안보, 개발, 환경, 인권, 식량, 인구, 에너지, 문화, 관용, 민주주의, 국제기구(UN)

우선 국제이해교육의 내용체계는 인간의 선택과 가치, 세계체제의 역사, 세계체제를 바라보는 시각(이론), 세계체제의 주요 구조, 세계체제의 주요 쟁점, 다문화 · 다인종 사회에 대한 이해, 세계적 의사소통 능력, 국제이해교육의 하부 교육분야, 세계체제의 쟁점 등으로 구성되는데, 이러한 내용체계를 중심으로 주요한 내용요소를 재구성하면 〈표 2-5〉와 같다.

국제이해교육은 기본적으로 평화를 추구하는 교육이다. 따라서 세계관계학과 달리 국제이해교육은 세계체제를 평화 지향적으로 해석하여 이해하고, 평화롭고 공존적인 세계체제를 건설하는 데 교육적으로 기여하고자 한다. 예를 들어, 국제이해교육은 세계체제의 역사를 가르치는 데 있어 세계체제의 전쟁성과 폭력성을 반성하고 미래 지향적인 평화건설을 핵심적인 교육내용과 목표로 편성하는 반면, 세계관계교육은 세계체제의 전쟁성과 폭력성을 있는 그대로 살펴보고, 이러한 현실적인 인식 기반을 토대로 다양한 측면에서 세계체제의 미래 변화 가능성을 교육시킨다. 좀 더 구체적으로 살펴보면, 국제이해교육은 미래의 세계체제가 평화적이고 민주적이어야 한다는 정언명령을 추구하며, 이에 따라 평화적이고 민주적인 세계체제를 건설하기 위한 교육적 방법을 모색하는 동시에 평화적이고 민주적인 세계체제의 미래상이 어떤 것인지를 교육시킨다. 예를 들어, 국제이해교육 시각에서 바라볼 때, 미래의 평화적이고 민주적인 세계체제를 건설하는 방법 중 하나는 전 세계인이 참여하는 직접선거를 통해 세계의회를 구성하고 이를 제헌의회 삼아 평화적이고 민주적인 글로벌 거버넌스를 순차적으로 건설하는 것이다. 그러

〈표 2-5〉 재구성한 국제이해교육의 내용체계와 내용요소

내용체계	내용요소
인간과 가치	• 문화, 가치, 신념, 이데올로기, 종교, 윤리 등 인간가치의 보편성, 다양성, 상대성 • 인간 심성과 행동, 의사결정의 특징과 복잡성 • 인간의 과거와 현재 행동, 미래 지향적인 대안적 행동 • 지구촌 의식과 지구가족 의식, 운명 공동체 의식, 세계시민의식 등
세계체제의 역사	• 상호의존성과 상호취약성의 심화과정 • 세계체제의 과거, 현재, 미래
세계체제를 바라보는 시각(이론)	• 현실주의(국가중심주의, 중상주의) • 자유주의(정치적 자유주의 및 경제적 자유주의) • 구조주의 • 구성주의
세계체제의 주요 구조	• 세계경제구조(무역구조, 투자구조, 대외원조구조 등) • 세계정치 · 외교 · 안보구조 (안보구조, 국제기구와 지역기구, 세계비정부기구 등) • 세계생태구조 • 세계과학기술구조 • 세계문화구조 등
다문화 · 다인종에 대한 이해	• 자신의 인종과 문화를 타인종과 타문화의 시각에서 객관적으로 이해하는 데 필요한 가치 및 태도 • 타인종과 타문화의 가치와 세계관에 대한 경험과 학습 • 타인종과 타문화의 직접 경험을 통한 자신의 인종과 문화에 대한 대자적이고 성찰적인 이해
국제이해교육의 구체적 교육 분야	• 평화교육, 인권교육, 개발교육, 환경교육, 국제윤리교육, 민주주의교육, 관용교육, 다인종 · 다문화 교육 등
세계체제의 주요 쟁점	• 개발, 인권, 환경, 자연자원, 인구와 인구이동, 기아와 빈곤, 전쟁과 평화(테러리즘, 대량살상무기 확산과 비확산 등), 세계화와 지역주의, 외채문제와 금융위기, 양성평등 등

나 이와는 대조적으로 세계관계교육은 미래의 세계체제가 반드시 평화적이고 민주적일 수 없기 때문에 현실적으로 예측 가능한 다양한 미래의 세계체제를 가르친다. 예를 들어, 세계관계교육은 만국에 대한 만국의 투쟁 상태나

무정부 상태의 강화, 미국의 경찰국가 역할에 기반한 세계체제, 지역통합과 지역기구로 분할된 세계체제, 국가 간의 연합에 기반한 세계체제, 세계적 직접선거를 통한 민주적 세계의회의 구성 등과 같이 세계체제의 다양한 미래 가능성을 모두 포괄하여 가르친다. 여기서 두 학문 간의 차이가 현저하게 드러나는 것이다.

국제이해교육의 내용체계와 내용요소를 세계관계학의 그것과 비교하면 몇 가지 더 두드러진 차이점이 드러난다. 첫째, 국제이해교육은 세계관계학에 비해 '세계경제'에 대한 관심과 구체성이 떨어진다. 〈표 2-5〉에서 세계경제와 관계된 부분은 상호의존성, 세계경제구조, 개발교육, 자연자원, 외채문제, 금융위기 등으로 상당히 제한적이다. 그러나 〈표 2-3〉에서 볼 수 있듯이 세계관계학의 내용체계에는 '세계경제' 부분이 포함되어 있고, 세계관계학의 내용요소에도 무역구조, 금융통화구조, 외채위기와 금융위기, 해외 직접투자, 해외 간접투자, 투기자본, 기술이전, 개발 등 세계경제의 핵심쟁점이 대폭 수용되어 있다.

둘째, 다문화 · 다인종 사회에 대한 교육이 국제이해교육에서 중점적으로 강조되고 있다. 일국 차원뿐 아니라 세계적 차원에서 인종과 종교를 둘러싼 갈등과 충돌을 해소하고 완화해야 할 필요성이 평화 지향적 교육인 국제이해교육에서는 강조되고 있지만, 세계관계학에서는 다문화 · 다인종 교육이 주목할 만큼 강조되지 않고 있다.

셋째, 국제이해교육은 다양한 분과학문으로 분화되어 교육할 수 있다. 평화교육, 인권교육, 개발교육, 환경교육, 국제윤리교육, 민주주의 교육, 관용교육, 다문화 · 다인종 교육 등의 이름으로 국제이해교육을 다양하게 교육할 수 있는 것이다. 반면, 세계관계학의 분과학문은 평화학이나 안보학, 국제기구론, 외교사, 외교정책론 등으로 구분되어 있어, 분과학문 영역에서 두 학문의 차이가 또다시 부각된다.

넷째, 국제이해교육은 평화를 추구하는 가치 지향적 교육이기 때문에 인간 심성의 성선설이나 인간가치의 보편성과 다양성 및 상대성, 그리고 세계시민의식과 운명 공동체 의식에 대한 교육을 강화함으로써 세계평화를 추구한다. 그러나 세계관계학은 인간 심성에 접근하는 데 있어 자유주의적 성선설뿐 아니라 현실주의적 성악설도 포함하고 있으며, 인간의 정체성과 이해관계 및 의미(가치)는 상호주관적 과정을 통해 변화할 수 있다는 구성주의도 포함하고 있다. 또한 세계관계학은 인간 행태와 인간 심성을 이해하는 데 있어 국제이해교육과 같은 가치 지향적 연구를 추구하는 것이 아니라 가치중립적 연구를 추구한다. 예를 들어, 외교정책 분석 중 주요 정책결정자의 신념체계와 세계관에 대한 연구를 수행하는 심리학적 접근이나 학습이론(Learning theory) 등은 실증주의에 기반하여 분석적이며 가치중립적인 연구를 수행한다(진시원, 2005b).

4. 결 론

세계화는 민족국가 중심의 국제체제가 약화되는 동시에 탈주권, 탈영토, 탈민족주의 등과 같은 포스트 민족국가(post-nation state) 현상이 지구적 차원에서 새롭게 전개되고 있는 현상이다. 이처럼 세계화가 심화되고 가속화되면서 중등 사회과 교육도 변화의 바람을 피하기 어렵게 되었다. 즉, 일국 시민사회 내의 민주시민을 양성하는 민주시민교육과 일국 영토 내의 동질적인 정체성과 강한 소속감을 키우는 민족주의 교육에 깊숙이 뿌리 내린 현재의 사회과 교육이 시대적 변화를 강제받고 있는 것이다. 시대가 바뀌면 교육도 바뀌어야 한다. 그래야만 교육이 시대요구를 반영하고 미래 지향적인 내용을 담을 수 있기 때문이다.

현재의 세계체제가 '힘과 권력 중심의 무정부 상태'와 '이성과 국제법 및 세계정부 중심의 안정과 질서' 라는 양극단 사이의 중간 어디쯤에 존재한다고 본다면, 중등교육에서 현실주의 교육과 자유주의 교육이 절충과 균형을 이루어야 한다는 점에는 이견이 있을 수 없다. 따라서 이 연구는 자유주의 계열의 내용만을 일방적으로 가르치는 국제이해교육이 중등 사회과 교육에 온전하게 적합하지 않으며, 자유주의와 현실주의, 그리고 구조주의 및 구성주의 시각을 균형감 있게 모두 가르치는 세계관계교육을 중심으로 중등 사회과 세계 관련 교육이 재편되어야 한다고 보았다. 그러나 국제이해교육의 평화 지향적 교육목표와 내용체계 및 내용요소에서 세계관계교육이 발전적으로 계승하고 수용해야 할 부분이 적지 않고, 과도한 민족주의 교육과 현실주의 교육을 견제하며, 학생들에게 세계평화의 인식론적 기반을 제공한다는 측면에서 중등 사회과에서 국제이해교육을 수용하는 것 또한 불가피해 보인다. 따라서 세계관계교육과 국제이해교육의 교육목표와 내용체계 및 내용요소를 적절하게 유기적으로 통합하여 중등 사회과에서 가르쳐야 할 필요성이 부각되고 있는데, 〈표 2-6〉은 그러한 내용을 정리한 것이다.

중등 세계관계교육의 내용체계는 세계체제에 관한 정의와 설명에서 시작해야 한다. 세계체제가 무엇인지를 설명하고 인간과 세계체제의 관계, 세계체제와 인간의 특징과 상호관계 등을 설명한다. 세계체제의 역사는 세계체제의 과거, 현재, 미래를 가르침으로써, 학생들로 하여금 자신들이 현재 어떠한 국제체제에 살고 있으며 현 국제체제의 특징과 문제점이 무엇인지를 역사적 과정과 맥락상에서 이해하게 한다. 세계체제를 바라보는 시각은 세계를 어떻게 바라보고 이해하는지를 가르치는 것이다. 세계를 바라보는 경쟁적인 이론과 시각(세계관)을 학습한 학생들은 비교론적 시각에서 주체적으로 세계체제를 바라보고, 그에 걸맞게 능동적으로 실천하는 세계인으로 성장할 수 있으며, 세계체제의 주요 구조를 외교안보구조, 경제구조, 문화구조, 지식구조, 생태구조 등으로 분류하여 학습한 학생들은 세계체제에 대한 구체적인 이해의 폭을 넓히게 된다.

다인종·다문화 사회에 대한 학습기회를 확보하는 것은 세계화 시대를 사는 교육제공자와 교육수혜자 모두에게 필수적인 선택임에 틀림없다. 세계적 차원의 인구이동은 단일민족 국가의 존립 기반을 위협하면서 민족국가 중심의 민족주의적 공동체 의식과 정체성에 적지 않은 변화를 가져올 것이기 때문이다. 세계체제에 대한 교육은 다양한 분과학문에서 수행할 수 있다. 세계경제교육, 세계안보교육, 평화교육, 인권교육, 개발교육, 환경교육, 세계윤리교육, 민주주의교육, 관용교육, 문화교육 등으로 구분되는 하부 단위의 교육은 세계관계교육의 부분집합을 형성하고 있다. 세계관계교육은 세계체제의 주요 쟁점을 가르침으로써, 학생들이 이들 쟁점을 객관적이고 구체적으로 이해하고 주체적인 판단과 결정을 내릴 수 있게 도와주는 기능을 수행해

〈표 2-6〉 중등 세계관계교육의 내용체계와 내용요소

내용체계	내용요소
세계체제와 인간	• 세계체제에 대한 정의와 설명 • 세계체제와 인간의 관계 • 세계체제의 구조적 영향력과 인간의 자율성 간의 관계 • 인간행동과 의사결정의 특징(합리성과 비합리성, 자율성과 국제체제의 영향력, 의사결정의 복잡성 등) • 인간의 가치, 문화, 신념, 이데올로기의 보편성과 다양성 및 상대성 • 일국시민 정체성, 지역시민 정체성, 세계시민 정체성, 인류공동체 정체성 등의 관계
세계체제의 역사	• 세계체제의 과거, 현재, 미래(서구중심주의 극복, 서양사와 동양사의 균형, 동북아사 강화 등) • 민족국가 중심 세계체제의 역사적 변화과정
세계체제를 바라보는 시각	• 현실주의(중상주의), 자유주의(시장주의), 구조주의, 구성주의
세계체제의 주요 구조	• 세계외교안보구조, 세계경제구조(금융, 통화, 무역, 투자, 원조 등), 세계문화구조(문화, 종교, 인종 등), 세계지식구조(영어 헤게모니, 지식과 기술의 표준, 인문사회, 과학기술, 지적재산권 등), 세계생태구조
다인종 · 다문화에 대한 이해	• 문화와 인종 및 가치의 다양성과 상대성 및 보편성 • 타문화와 인종 및 가치에 대한 자기 성찰적이고 대자적인 이해
세계체제에 관한 구체적 교육 분야	• 세계경제교육, 세계외교안보교육(안보학, 외교정책론 등), 평화교육, 인권교육, 개발교육, 환경교육, 국제윤리교육, 민주주의 교육, 관용교육, 문화교육(문화를 바라보는 시각, 문화이론 등)
세계체제의 주요 쟁점	• 개발, 인권, 환경, 자연자원, 인구와 인구이동, 기아와 빈곤, 전쟁과 평화(테러리즘, 대량살상무기 확산과 비확산 등), 세계화와 지역주의, 외채문제와 금융위기, 양성평등

야 한다. 개도국과 최빈국의 개발 문제, 환경재앙 문제, 자연자원의 희소성 문제, 인구과잉 문제뿐 아니라 노동력과 난민 등 인구이동 문제, 기아와 빈곤감축 문제, 전쟁과 평화 문제, 세계화와 지역주의 문제, 외채와 금융위기 문제, 양성평등 문제 등에 대한 학생들의 이해를 돕고, 학생들이 바람직한 여론 형성과 대안적 실천의 주체로 설 수 있도록 인식론적 기반을 제공하는 것이 중등 세계관계교육의 기본목표다.

참고문헌

강동연(2000). 세계시민교육을 위한 사회과 교육의 방향에 대한 연구. 이화여자대학교 대학원 석사학위논문.

강지영(2006). 제7차 교육과정 고등학교 일반사회 교과서에 반영된 세계화 및 세계시민교육 내용 분석. 숙명여자대학교 교육대학원 석사학위논문.

김명섭 · 조성대 · 진시원(2003). 세계의 정치와 경제. 서울: 한국방송통신대학교출판부.

김왕식(1996). 국제이해교육의 이론적 논의. 한국정치학회 1996 하계학술대회 논문집. 제1권.

김현덕 · 문영주 · 김현숙(2005). 교실에서의 국제이해교육. 서울: 교육과학사.

김호성(1996). 국제이해교육의 실제: 한국의 과제. 한국정치학회 1996 하계학술대회 논문집. 제1권.

마이클 스나르 · 닐 스나르 지음, 김계동 외 옮김(2006). 글로벌 이슈: 세계화의 도전과 대응. 서울: 명인문화사.

박경서(2002). 국제정치경제론: 이론과 실제 서울: 법문사.

서경숙(2007). 고등학교 국제정치 교육의 실태와 문제. 전남대학교 교육대학원 석사학위논문.

서현승(2004). 사회과 국제이해교육 내용 분석. 이화여자대학교 교육대학원 석사학위논문.

앤드류 헤이우드 지음, 조현수 옮김(2003). 정치학: 현대정치의 이론과 실천. 서울: 성균관대학교 출판부.

유네스코 아시아 · 태평양 국제이해교육원(편)(2003). 세계시민을 위한 국제이해교육: 초 · 중등학교 교육과정. 서울: 도서출판 사람생각.

유네스코 아시아 · 태평양 국제이해교육원(편). 이삼열 외 지음(2006). 세계화 시대의 국제이해교육. 서울: 한울아카데미.

유네스코한국위원회(편)(1996). 학교에서의 국제이해교육. 서울: 오름.

이삼열(2006). 국제이해교육의 철학과 역사적 발전. 서울: 한울아카데미.

정두용 · 신은숙 · 정득진(편)(2003). 세계시민을 위한 국제이해교육. 서울: 정민사.

조슈아 골드스타인 지음, 김연각 외 옮김(2002). 국제관계의 이해. 서울: 인간사랑.

주해연(2006). UNESCO 국제이해교육의 전개과정과 발전방향. 사회과학연구논집. 제30집.

진시원(2005a). 고등학교 국제정치교육 분석과 개선방안. 국제정치논총. 제45집 3호.

진시원(2005b). "Learning Theory on Foreign Policy Analysis: Concepts and Pitfalls." 한국시민윤리학회보. 제18집 2호.

진시원(2007). 한국의 국제정치경제. 서울: 오름.

진시원(2008). 동북아 영토분쟁, 중등교육에서 어떻게 가르쳐야 하는가? 한국정치학회보. 제42집 2호.

추인순(2006). 고등학교 정치교과서 국제정치 영역 내용 분석. 성균관대학교 교육대학원 석사학위논문.

황정애(2005). 국제이해교육과 세계시민교육의 개념 비교. 서울교육대학교 교육대학원 석사학위논문.

Ray, J. L. (1995). *Global Politics*. Princeton, New Jersey: Houghton Mifflin Company.

Baylis, J., Smith S. (2001). *The Globalization of World Politics: An Introduction to International Relations*. Oxford: Oxford University Press.

Holsti, K. J. (1992). *International Politics: A Framework for Analysis*. New Jersey: Prentice Hall International.

Tye, K. A. (ed.). (1990). *Global Education: From Thought to Action*. Alexandria, VA: The Association for Supervision and Curriculum Development.

Hanvey, R. G. (1976). *An Attainable Global Perspective*. Denver, CO: The Center for Teaching International Relations, The University of Denver.

Kniep, W. M. (1986a). "Defining A Global Education By Its Content." *Social Education*, Vol. 50.

Kniep, W. M. (1986b). "Social Studies Within a Global Education." *Social Education,* Vol. 50.

제2부

신식민주의 관점에서의 국제이해교육

제3장

학교의 국제이해교육 과정에 대한 탈식민주의적 비평

-주재홍 · 김영천-

1. 서 론

우리나라에서 최근 늘어나고 있는 많은 다문화가정 때문에, 교육에서 다문화주의와 세계화는 우리 사회에서 매우 실제적인 이슈가 되고 있다. 2000년대 이후, 우리나라는 남아시아 국가들과 세계시장으로부터 유입된 외국 노동자들의 증가, 그리고 그들의 국제결혼을 통해서 사회적이고 인구통계학적 변화를 경험하고 있다. 그러한 변화는 우리로 하여금 학교교육과정 연구와 교육과정 이론화에서 탐구주제의 주변에 머물렀던 인종, 젠더, 국가, 문화, 그리고 정체성에 대한 탐구가 보다 중요하게 연구되어야 함을 시사한다(김영천, 2010: 545).

국제이해교육은 상호의존, 변화, 그리고 다원화의 개념으로 특징지어지고 있는 현대 세계체제 속에서 학생들이 세계적인 인식에 기초한 시민성을 갖추어 서로 다른 문화와 사람을 이해하는 '상호이해교육'을 강조하는 것을 그 특징으로 하고 있다. 지구촌이라는 말이 시사하는 것처럼 21세기는 개념적으로뿐 아니라 실제적인 생활 면에서도 개개인과 지구의 전 인류가 밀접한 관련을 맺는 사회가 되고 있다. 어느 한 나라의 문제는 이미 그 나라의 문제로 그치지 않고 세계적 문제로 대두되는 것이다. 예를 들어, 환경 파괴, 빈곤, 인권, 민족 분쟁, 에이즈, 그리고 여성 문제 등은 한 나라만의 문제가 아니라 전 세계가 공동으로 대응하지 않으면 안 되는 문제로 변하게 되었다. 그러한 이유로 우리는 인류가 공통으로 안고 있는 제 문제를 해결하는 것, 다른 문화와의 상호작용에 의한 새로운 문화를 창조하기 위한 문화, 국경을 초월하여 많은 사람들의 협력을 필요로 하는 시점에 서 있는 것이다(Tye, 1999).

우리나라에서의 국제이해교육은 초기에는 국가적 차원보다는 유네스코와 같은 국제기구가 주도적인 역할을 수행하였고, 학교 현장에서도 시범학교 운영 등을 통하여 꾸준히 실시되어 왔다. 하지만 현재 국제이해교육은 제7차 교육과정의 개편과 함께 창의적 재량활동의 범교과 과목 중 하나로 신설되면서 학교에서 실시할 법적 · 정책적 기반이 마련되었다. 이와 더불어 최근에는 국제결혼으로 인한 다문화 아동과 가정의 증가로 학교 현장에서 국제이해교육을 실시하는 학교가 많아지고 있다. 학교교육에서 국제이해교육을 위한 노력은 주로 초등학교와 중학교에서 많이 이루어져 왔으며, 사회과를 중심으로 전개되었다. 이에 비하여 고등학교에서의 국제이해교육은 외국어 교과나 사회 교과를 통해서 부분적으로 이루어지고, 창의적 재량활동, 특별활동 시간에 실시되기도 하였다(김경수 · 김석우, 2009: 280).

국제이해교육에 대한 이러한 세계적이고 시대적인 요청과 필요성 때문에 최근에는 선행연구들이 꾸준히 증가하고 있는 추세다. 그 중에 중요한 연구들로는 다양한 관점에서 국제이해교육의 개념과 방향을 탐색하고(김현덕, 2009) 향후 국제이해교육에 대한 단서를 제공하기 위해 그 과제를 제시하는 연구들이 있다(김현덕, 2008; 정광희, 2001). 또 국제이해교육의 개선과 방향을 모색하기 위해 교과서와 교육과정 분석을 통한 국제이해교육의 현황을 분석하는 연구들도 다수 있다(김경수 · 김석우, 2009; 박철희, 2007; 정성아 외,

2008). 이외에도 프로그램 개발 연구(김귀성, 2006; 김현덕 외, 2005; 유네스코 아시아 · 태평양 국제이해교육원, 2001), 국제이해에 관한 인식 연구(여소영, 2006; 이혜영, 2006), 그리고 외국의 국제이해교육 현황을 소개하는 연구(김기홍 · 박소영, 2009; 유네스코 아시아 · 태평양 국제이해교육원, 2003) 등이 있다.

그러나 이러한 연구들의 부분은 국제이해교육을 다른 나라의 문화를 접하는 것만으로 그치는 학습, 즉 다른 문화나 외국에 대한 단편적인 지식, 이해, 그리고 기능을 학습하는 관점에서 서술하고 있다. 하지만 세계의 상호의존성에 대비하는 국제이해교육은 '나' 와 '너' 가 공존하기 위해 '자기' 와 '타자' 에 대한 이해가 동시에 요구된다. 한 방향은 자기를 향해, 또 한 방향은 '타자' 를 향한 방향이다. 이는 언뜻 서로 다른 방향 같지만 실제로는 상호연관성을 갖고 있다. 즉, 자기 이해는 타자 이해의 기초가 되며, 타자 이해는 자기 이해를 더욱 확대, 명료하게 해 준다. 이러한 상호 간의 이해가 확대 심화될수록 국제이해의 개념은 이념 수준이 아닌 현실 속에 자리 잡게 되며, 함께 더불어 살아가는 세계를 만들어 갈 수 있는 기반을 구축해 나가게 될 것이다.

그 뿐만 아니라 우리의 교육 현장에서 국제이해교육은 교육과정이 아시아 국가에 대한 위계적이고 편협한 인식의 반영(김학희, 2005), 교과서의 내용이 이슬람 문명에 대한 오리엔탈리즘(주재홍, 2007), 학교에서 언어와 인종적 배경이 다르다는 이유로 심각한 구조적 차별(배은주, 2006), 교과서 서술이 근내 서구의 이항대립적 관점의 반영(김선미, 2003; 박철희, 2007) 등의 이유로 인해 바람직하게 실시되지 못하고 있는 실정이다.

이러한 관점에서 교육학/교육과정 분야의 새로운 탐구영역으로 떠오른 탈식민주의 이론은 우리 3세계 학자들로 하여금 '국제이해교육' 에 대하여 조금 더 비판적이고 해체적 관점에서 비평하도록 요구하고 있다. 왜냐하면 현대 인문사회과학 연구의 주요한 담론으로 자리 잡고 있는 탈식민주의는 나와 타자를 이해하기 위한 국제이해교육에 의미 있는 통찰력과 시사점을 제공하기 때문이다. 즉, 탈식민주의는 국제이해교육의 개념 중에서 가장 중요하게 다루어지는 세계의 상호의존성에 대한 이해와 세계적인 시각의 증진,

문화 간 이해력의 강화, 그리고 국제이해교육의 관점에서 세계 이슈의 강조 등에 대해서 비판적 해석의 가능성을 제공하고 있다.

애초에 지배문화로서의 영문학(English Studies)에 대한 비판적 독해의 관심에서 출발한 탈식민주의는 이제 문학비평만 아니라 여러 방면의 식민적 상황을 분석과 비판의 대상으로 삼고 있다. 식민주의를 전복시킨다는 것은 단지 영토를 빼앗긴 민족에게 그것을 되돌려 주는 것, 즉 제국에 의해 한때 지배를 받았던 사람들에게 권력을 되돌려 주는 행위에 관한 것만은 아니다. 그것은 또한 세상을 바라보는 지배적인 방식을 전복시키고, 식민주의자의 가치관을 복제하지 않는 방식을 현실에서 재현하는 과정이다(박종성 외 편역, 2003: 43). 정말로 사물의 식민적 질서에 도전하기 위해서 우리는 이제까지 '당연시하고' 혹은 '사실로' 배워 왔던 기존의 가정을 재검토하는 것이 필요하다. 탈식민주의의 이러한 문제의식과 시각은 우리들 내부에 존재하는 '자아'와 '타자'를 해체함으로써 한국인으로서의 정체성을 견지하고, 다른 나라의 문화를 바르게 이해하여 세계시민을 육성하기 위한 국제이해교육의 방향을 모색하는 데 의미 있는 시사점을 제공할 것으로 생각된다.

따라서 이 글은 탈식민주의 이론의 관점에서 국제이해교육의 논의를 확장하고 재개념화할 수 있는 가능성은 무엇이 있는지에 대하여 살펴보고자 한다. 즉, 탈식민주의 관점에서 국제이해교육을 재해석한다면 그 내용과 방법, 그리고 방향은 어떻게 달라져야 하고 달라질 수 있는지에 대하여 비판적 관점을 제시하고자 한다. 이에 연구의 내용으로서 먼저, 국제이해교육과 탈식민주의 담론을 검토한 후, 탈식민주의 관점에서 재해석한 국제이해교육의 새로운 이론화의 가능성에 대해 논의할 것이다. 이러한 논의는 우리나라의 기존/주류 '국제이해교육' 담론에 기초한 학교교육의 교육과정과 수업방법과는 다른 새로운 관점과 아이디어 그리고 전략을 제공할 것이다. 이를 통하여 이 연구는 타자와의 만남, 그리고 관계의 중요성이 더욱 커지고 있는 현 시점에서 학생들에게 자기 자신의 생각과 삶의 방식을 분명하게 형성할 수 있게 할 뿐 아니라, 타자에 대한 이해의 폭을 넓히는 데 기여하게 될 것이다.

또 타자의 범위를 전 세계 지구촌으로 확대시켜 세계 속의 다양한 사물과 문화 등에 관심과 이해를 깊게 하여 주체적으로 살아갈 수 있는 자기를 만들어 가기 위한 의도적인 행위에 이바지하게 될 것이다.

2. 이론적 배경

이 절에서는 이론적 배경으로 우리나라에서의 국제이해교육의 연구 동향과 교육학에서 논의하고 있는 탈식민주의 담론을 검토할 것이다. 먼저, 제2차 세계대전 이후 세계의 상호의존성이 증가하면서 미국 및 유럽의 국가들을 중심으로 발전해 온 국제이해교육이 시대에 따라 그 강조점을 어떻게 달리하여 전개되는지를 살펴볼 것이다. 이러한 흐름 속에서 2000년대 들어와 학문적 논의가 본격적으로 시작되어 비교적 짧은 역사를 갖고 있는 우리나라의 연구 동향과 발전과정을 검토할 것이다. 다음으로 식민주의에 대한 저항 혹은 그것으로부터의 탈피를 위한 담론적 실천으로 규정되는 탈식민주의 이론을 검토할 것이다. 이를 위해 탈식민주의 담론 형성에 선구적인 업적을 남긴 Fanon과 이후 탈식민주의 이론을 이끄는 삼총사로 불리우는 Said, Spivak, 그리고 Bhabha를 중심으로 그 논의를 살펴볼 것이다. 그리고 이러한 논의들이 교육학/교육과정과 어떻게 관련이 되고, 왜 이들의 문제제기에 귀를 기울여야 하는지 검토할 것이다.

1) 우리나라에서의 국제이해교육

국제이해교육(Education for International Understanding: EIU)은 그 출발당시부터 전쟁이나 착취를 하지 않고 서로 존중하며 살기 위해, 다른 나라의 문화와 역사, 인종, 그리고 습관 등을 이해시키는 것을 교육목표로 했다(조현미, 2006: 187). 즉, 함께 살아가는 상생의 원리를 기초로 하여 상호 간의 이해를 도모하고 국가 간의 분쟁을 막아서 인류의 공통 과제를 해결해 나가기 위한 노력의 일단으로서의 국제이해를 의미한다. 이해를 통해 공존과 협력, 평화를 달성하려는 의도를 가진 가치관적 교육인 것이다.

한편, 최근 우리 사회에 새롭게 등장한 '다문화교육'이 기존의 국제이해교육과 어떻게 다르고, 어떤 관계에 있는지 현장 교사들뿐 아니라 연구자들 사이에서도 의견이 다르게 나타나고 있다. 이에 대해 김현덕(2007: 5)은 두 개념을 다음과 같이 비교했다.

> 다문화교육이 사회계층, 성, 인종, 그리고 문화 집단에 소속한 사람들이 차별받지 않고 평등한 학습 기회를 가질 수 있도록 학교체제를 바꾸려는 개혁운동이라면, 국제이해교육은 세계의 상호의존성에 대한 이해를 증진시키기 위해 세계적 관점의 교육, 문화 간 이해에 대한 교육, 세계 문제 및 이슈에 대한 교육, 그리고 세계체제에 대한 교육을 포함하는 '세계시민교육'인 것이다.

앞의 비교처럼 다문화교육은 국제이해교육 분야 안에서 일부 실시되어 왔다. 따라서 이 연구는 다문화교육을 국제이해교육의 범주 안에 포함시키는 것으로 개념을 정의하겠다.

이후 국제이해교육의 개념은 시대적 변화와 발전에 따라 그 강조점이 달라졌으며 내용이 수정되거나 추가되었다. 우선, 가장 먼저 개념화되었으며, 특히 학교 현장에서 가장 많이 활용되고 있는 Hanvey(1976)의 정의다. 그는 국제이해교육에서 강조해야 할 세계적인 시각의 구성 요소로, 첫째 시각에 대한 자각, 둘째 지구 상황에 대한 인식, 셋째 문화 간 이해, 넷째 세계의 역동체계에 대한 지식, 다섯째 인간의 선택에 대한 인식 등의 다섯 가지를 들고 있다. 다음으로, Alger와 Harf(1986)는 세계의 상호의존성 증가에 대비하는 국제이해교육을 강조한다. 그들은 세계를 연결시키는 다섯 가지 주제로 가치관, 국제 간 업무, 국제 간 업무의 주체, 절차 및 메커니즘, 그리고 세계문제를 중심으로 국제이해교육의 개념을 설명하고, 이들 다섯 가지 주제를 중심으로 종래의 자국 중심적 시각과 세계적 시각이 어떻게 다른가를 설명하고 있다. 또 Merryfield(1997)는 국제이해교육의 개념에 인간의 신념과 가치관, 세계체제, 세계적인 이슈와 문제들, 문화 간 이해, 인간 선택에 대한 이해, 세계역사, 토착지식의 습득, 분석기술, 평가기술, 그리고 참여기술의 개발 등 여덟 가지를 포함시키고 있다.

Tye(1999)는 국제이해교육에 "세계 여러 나라가 공통으로 겪는 세계문제나 세계이슈에 대한 학습, 경제 · 환경 · 문화 · 정치 · 기술적으로 상호 연결된 세계체제에 대한 학습, 문화 간 이해의 증진을 위한 학습, 타인의 관점에서 세상을 바라보며 다른 나라 사람도 우리와 똑같은 욕구와 필요를 가지고 있음을 인정하는 세계적 시각에 대한 교육" 등을 포함하고 있다. 한편, 국제이해교육에 관해 지속적인 연구를 수행하고 있는 김현덕(2007, 2008, 2009)은 "세계의 상호의존성에 대한 이해를 증진시키기 위해 세계적 관점의 교육, 문화 간 이해에 대한 교육, 세계문제 및 이슈에 대한 교육, 그리고 세계체제에 대한 교육을 포함하는 세계시민교육"이라고 정의하고 있다(2008: 58). 이들의 개념을 종합하면, 국제이해교육이란 세계적인 시각을 가지고 국가 간 상호의존성과 문화의 다양성을 인식하고, 다른 나라 사람들의 문화를 이해하며, 세계적 공동의 문제에 대한 관심을 갖고 세계의 평화와 인권의 확립을 위해 노력하는 교육이라고 정의할 수 있다.

국가 간, 인종 간의 상호 이해와 세계 공동체적 시각의 함양, 세계문제 해결을 위한 세계시민의식의 고취를 강조하는 국제이해교육은 한국의 경우 유네스코 한국위원회의 협동학교 프로젝트(Associated School Project: ASP)로부터 시작하였다. 그러나 국제이해교육이 하나의 학문적 관심 분야로 발전하기 시작한 것은 불과 10년 전의 일이다. 이 기간이 그리 짧은 기간은 아니지만 20세기 중반부터 시작하여 여러 변화과정을 겪으면서 발전한 유럽이나 미국에서의 국제이해교육의 역사와 비교해 보면 아직 발전의 초기단계에 있다고 말할 수 있다(김현덕, 2008: 57-58).

한국에서의 국제이해교육은 1990년대 중반 세계화에 부응한 교육정책의 일환으로 국가적 관심을 받기 시작하면서 활성화되었다. 그 이전에는 국가적 차원에서 이러한 교육이 시행되기 어려웠으며, 유네스코와 같은 국제기구가 이 역할을 수행할 수밖에 없었다. 다행히 유네스코 한국위원회의 노력과 일부 관심 있는 교사들의 헌신적 노력으로 국제이해교육은 일부 시범학교에서 꾸준히 시행되어 왔으며, 이것이 초석이 되어 유네스코 아시아 · 태평양 국제이해교육원, 그리고 한국국제이해 교육학회가 탄생하게 되었고 그로부터 학문적 성과를 축적할 수 있는 토대가 마련되었다(유네스코 아시아 · 태평양 국제이해교육원, 2003).

초기에 우리나라의 국제이해교육은 일반 학교의 교육과정으로 구성되지 못했고, 일부 교사들에 의하여 한정된 교과목과 제한된 시간 속에서 실시되어 왔다. 특히, 제7차 교육과정의 개편과 함께 창의적 재량활동의 범교과 활동의 예시로 제시되면서 학교에서 실시할 법적 · 정책적 기반이 마련되었다. 최근에는 국제결혼으로 다문화 가정이 증가하여 학교 현장에서 국제이해교육을 실시하는 학교가 많아지고 있는 추세다. 학교교육에서 국제이해교육을 위한 노력은 주로 초등학교와 중학교에서 많이 이루어지고 있으며, 주로 사회과를 중심으로 전개되었다(김성건, 2002; 정광희, 2001). 고등학교에서의 국제이해교육은 외국어 교과나 사회 교과를 통해서 부분적으로 이루어지고, 창의적 재량활동이나 특별활동 시간에 실시되기도 하였다(부산 국제중 · 고등학교, 2005; 이화여자고등학교, 2006; 진주고등학교, 2005).

하지만 대부분의 학교가 유네스코 교육위원회에서 제정한 교육목표를 수용하고 있는 가운데, 교육목표 중의 일부를 특화시키는 형태로 교육방법이 적용되었으며 그 대부분이 타문화 이해에 중점을 두고 있었다. 그러므로 이제까지 시범학교로 지정된 학교들이 실시한 국제이해교육의 추진내용을 살펴보면 대부분이 다양한 나라의 문화를 이해하는 것과, 외국과의 교류에 중점을 두고 있으며, 어떠한 형태로든 유네스코와 연계하여 그 활동을 지속하고 있다는 공통점이 있다(조현미, 2006: 188).

그러나 최근의 세계화 양상은 1990년대 상황과 많은 부분에서 달라져 있다. 우선, 대내적으로 우리나라가 1996년 OECD의 회원국으로 가입하게 되면서 정치 · 경제 · 사회, 그리고 문화 측면에서 이전과는 다른 양상으로 세계와 상호교류를 할 수 있는 기반이 형성되었다. 다음으로, 대외적으로는 칠레 및 미국과의 FTA 협상에서 출발한 자유무역협정이 유럽연합(EU)까지 확대되고, 기타 다른 국가와도 유사한 협정이 계속 발생한 것으로 보인다(한국조세연구원, 2007).

이러한 변화는 이들 국가와 물적 · 인적 교류의 확대를 의미하며, 향후 우리 사회에 끼칠 경제적 · 사회적 · 문화적 영향이 대단히 클 것으로 예상된다. 이제 우리가 실제 인식하는 것보다 더 큰 규모의 세계화와 국제화 사회에 이미 들어와 있으며, 세계 여러 나라와 더 긴밀한 관계를 맺고 살아가게 될 것으로 예상된다. 따라서 전반적인 세계화의 진행으로 우리의 일상생활이 더욱 깊은 영향을 받고 있는 현실을 고려할 때, 국제이해교육이 시대적 변화에 부응하여 어떤 역할을 수행해야 할지 그 방향과 과제를 다시금 검토해 볼 필요가 있다.

2) 교육학연구에서 탈식민주의

탈식민주의의 기본적 패러다임은 지배와 종속의 관계에 기초한다. 탈식민주의는 식민주의에 대한 반동이며 식민주의 유산을 청산하려는 몸짓이다. Ashcroft는 "식민주의 시기로부터 현재에 이르기까지 제국주의적 영향으로부터 자유로울 수 없었던 모든 문화를 포괄하는 통칭적 개념으로 사용" 할 것을 제안하였다(이석호 역, 1996: 12). 즉, "탈식민주의라는 개념은 과거 식민지 국가의 독립 이후를 지칭하는 역사적 시기로 해석하지 말고 어떤 구체적인 반식민 혹은 탈식민 투쟁을 수행하는 담론적 실천으로 규정할 때 가장 유용해진다."(Slemon, 1989: 6).

예를 들어, Prakash(1995)가 강조했던 것처럼 탈식민주의는 알제리의 반식민 혁명가인 Fanon과 같은 역사적 인물에 의하여 정교해졌다. Fanon(1967)

은 '타자(other)' 개념을 통하여 식민지배하에서 피식민지인의 자아가 식민지인의 타자로서 어떻게 그 정체성을 형성하여 내면화하는지 그 과정을 설명하고 있다. 그는 『Black Skin, White Mask』(1967)와 『The Wretched of the Earth』(1990)에서 식민주의의 작동 메커니즘을 다루면서 식민주의가 끼친 피식민지인의 심리적 영향을 주로 고찰했다. 그에 따르면 피식민지인은 식민지배자의 권력자에 의해 자신을 욕망과 필요를 지닌 인간 주체가 아니라 객체로 정의한다. 즉, 자신을 열등하며 인간 이하의 존재로 동일시하는 집단 마음대로 좌우되며, 그 집단이 내린 정의와 재현에 좌우되는 특이한 존재로 보게 되는 것이다. 반대로 Said(1985)는 서양의 정체성이 동양을 타자로 규정하는 방식에 의하여 이루어진 지식체계임을 보여 준다. 즉, 비서구는 그 스스로의 목소리를 통해 현전(presence)되는 것이 아니라 서구 중심적 인식론 틀에 걸려져 구성되어 재현될 수밖에 없다는 것이다.

또 Spivak(1988)은 '하위 주체 연구'를 통해 '종속 계급' 또는 더 일반적인 '열등한 계층'이 마침내 엘리트주의적 역사 서술의 배타적인 지면 내에서 말하게 하고, 그렇게 함으로써 진실로 억압된 자들을 대변하거나 침묵해야 했던 그들의 목소리를 내게 하려 했다. 그녀는 Said의 묘사처럼 피식민 집단이 단일하게 이해될 수 없다는 것을 강조하고 있다. 즉, 억압적 경험에도 계급이나 성별에 따라 다양한 편차가 존재할 수 있고, 따라서 동양 혹은 아시아 등과 같은 개념이 하나의 안정적인 범주로 동질화될 수 없다는 것이다(홍원표, 2010: 53). Spivak이 피식민 집단의 다양성을 드러냄으로써 이항대립적 사고를 넘어서고자 한다면, Bhabha는 담론의 안정성과 초역사성에 의문을 제기하고 있다. 그에 의하면, 서구 중심의 세계관, 혹은 유색인을 보는 백인들의 시선은 Said의 생각처럼 그렇게 안정적이지도, 강력하지도 않다. 오히려 식민 담론은 자체 내에 모순과 분열의 소지를 안고 있기 때문에 "끊임없는 유실과 삭제의 위험"에 빠져 있다(이경원, 1998: 261). 식민 담론이 가진 이러한 모순을 드러내기 위해 Bhabha(1994)는 잡종성(hybridity)과 양가성(ambivalence)의 개념을 통해서 식민체제가 식민지 백성을 만들어 내고, 종속시키고, 순화

시키는 과정에서 식민지 백성을 완전히 식민체제 내로 끌어들일 수 없다는 사실을 밝히고 있다. 예를 들어, 양가성의 경우 낙후된 식민지를 개화시킨다는 명분이 유럽 식민 담론의 중요한 근거를 이루었는데, 이 근거 자체가 양가적이라는 것이다. 왜냐하면 식민 담론은 문명화가 이루어지면 스스로 그 정당화의 근거가 사라지는 태생적 모순을 안고 있기 때문이다(이석구, 2009: 196).

이러한 일련의 탈식민주의 담론은 세계사, 국제관계, 비교교육, 대중문화 연구, 그리고 교육과정 탐구에 새로운 시각을 제시해 주었다. 최근 탈식민주의는 교육과정 연구와 비판적 교육학으로 그 연구의 범위가 더욱 확대되고 있다. 그 예로서 Lather(1992, 2004, 2007)는 탈식민주의를 해체의 패러다임에서 주요 연구 주제로 포함시키고 있고, Pinar 등(1995)은 '해체적'이고 '포스트모던적'인 맥락과 같은 말을 소개함으로써 교육과정 이론의 영역에서 탈식민주의 논의에 대한 가능성을 제안하고 있다. McLaren(1991)과 Giroux (1992) 역시 교육학에서 탈식민주의 이론을 저항이론(resistance theory)과 경계 넘기(border crossing)를 주장하면서 언급하고 있다.

이러한 맥락에서 탈식민주의의 문제의식과 시각은 과거 서구의 직접적인 식민지배의 경험을 가지고 있으면서, 해방 이후에도 서구의 문화적인 식민주의가 여전한 제3세계 국가들의 학자들로 하여금 자신들의 교육학과 교육과정의 문제를 식민과 탈식민의 문제로 바라보게 했다. Apple(1992: 7)이 주장하듯이, '상상력과 권력이 교차하는 지점'인 교육과정은 세계의 다양한 인종이나 문화에 대한 지배적 담론을 반영해 왔을 가능성이 크다. 그 결과, 학생들은 교육과정을 통해 특정한 인종이나 문화에 대한 서구적 시선을 내면화하게 되고, 직접적인 경험이 없더라도 이들에 대해 다소간 안다고 믿게 되는 것이다(홍원표, 2010: 56).

Said의 오리엔탈리즘 논의는 이러한 현상에 대한 교육과정 학자들의 관심을 불러일으켰으며, 이후 국내외에서 학교교육과정에 내재한 식민주의 인식론을 드러내려는 시도가 이루어지게 되었다(김영천, 2006; 신경희, 2008; 주재홍, 2008, 2009; 홍원표, 2009, 2010; Harada, 2001; Kanu, 2006; Lewis & Wigen, 1997). 예를 들어, 주재홍(2009)은 우리나라의 교과서를 통하여 Said가 말한 오리엔탈리즘이 비단 서구의 문제뿐 아니라 우리가 자발적으로 어떻게 그것을 재생산하고 유포하는지를 분석하고 있다. 또 Harada(2001)에 의하면, 아시아인들이 세계사에서 적극적인 역할을 하기보다는 백인들에게 순종적이며 의존적인 존재로 그려지는 경향이 있다. 최근의 연구 역시 아시아에 대한 미국의 교육과정이 아시아인이나 아시아 문화를 여전히 타자화시키고 있다는 사실을 보여 주고 있다(Hong & Halvorsen, 2010). 김영천(2006)은 한국과 미국 사이의 역사적 배경 때문에 한국의 학교교육이 미국과 서구의 인식론에 의해 형성되었고 또 지속적으로 영향을 받아 왔다는 한국적 맥락에서 탈식민주의 논의의 필요성과 중요성을 제기하였다. 또한 탈식민주의의 주요 아이디어를 한국의 교육과정 연구에 어떻게 적용할 것인지 개념화를 시도하고 있다. 그는 탈식민주의가 교육과정 분야에서 ① 학교교육과정 분석, ② 탈식민주의 교육과정의 개발, ③ 탈중심화된 한국적 교육과정 현상의 중심화, ④ 미국 교육과정 이론의 타당도에 대한 회의와 재검증, ⑤ 새로운 교육과정 은유 개발, ⑥ 자기반성 등의 구체적인 연구내용으로 이론화되기를 제안하였다. 또 김복영(2003)은 탈식민주의 이론에 관한 Bhabha의 이론 중에서 모방(mimicry), 잡종성(hybridity), 양가성(ambivalence)이라는 세 가지 개념을 이용하여 대한민국 정부 수립 후, 한국교육의 '탈식민성'을 정치 · 경제 · 문화적 맥락에서 교육적 사례를 들어 설명하였다. 결론적으로 김복영(2004)의 해석은 기존의 지배자와 피지배자라는 이분법적 도식에서 벗어나 다른 각도에서 교육의 식민성을 고찰한다는 점에서 매우 참신하다. 김복영은 탈식민주의 이론 중에서 중요한 개념인 탈식민성과 본질주의, 그리고 타자 개념 등이 아직 일본의 식민 잔재와 미국의 문화식민적 잔재가 교육 현장에 뿌리 깊게 남아 있는 우리의 교육 현실에 의미 있는 시사점을 제공하고 있다고 주장하고 있다.

또 다른 맥락에서 오성철(2003)은 Said의 오리엔탈리즘의 주요 논지를 검토한 다음, 식민지 교육 연구에 주는 시사점을 논의하였다. 그는 오리엔탈리즘은 곧 문화이고 의식이라는 사실, 그리고 식민화는 포스트 식민지에도 잔존한다는 사실을 드러냈다는 점에서 의미 있다고 하였다. 바로 이 점 때문에 우리의 현재에 영향을 주는 식민주의의 범위를 단순한 일본제국주의에 제한할 것이 아니라 보다 확산시켜 이해할 필요가 있다고 주장한다. 그는 탈식민주의는 식민교육의 내용에 대해 기존의 시각과는 다른 차원에서 그 식민성을 비판적으로 독해할 수 있고, 근대 초기 과정에서의 지식인들의 교육적 담론, 그리고 식민지 시기 민족주의자들의 교육 담론 등에 대해서도 비판적 독해가 가능하고, 마지막으로 해방 이후 교육사적 전개과정을 재조명할 필요가 있다는 점에서 논의 영역을 광범위하게 확장시키는 이론적 자원이라고 그 의의를 높게 평가하였다.

3. 탈식민주의 관점에서 재해석한 국제이해교육의 새로운 이론화

탈식민주의는 근대 서구적 '이성'을 진리의 절대적 표준으로 삼아 '객관성'과 '보편성'의 이름으로 형성된 근대 교육과 교육과정 담론 속에 있는 서구의 비서구에 대한 이데올로기적 우월성을 드러내 준다는 점에서 그 의미가 크다. 그뿐만 아니라 우리 스스로 열등하다고 무시하고 타자화했던 우리의 잠재된 사유체계와 억압된 상상력을 불러일으키고 활성화시킬 수 있는 기회를 제공하고 있다. 특히, 국가를 단위로 하는 기존의 세계질서는 해체되고 점차 상호의존적으로 되어 가는 맥락에서 세계의 상호의존성에 대한 이해와 세계적시각의 증진이라는 국제이해교육의 시대적 변화에 탈식민주의는 의미 있는 시사점을 제공할 것으로 보인다. 그뿐만 아니라 탈식민주의 인식은 국제이해교육과 동전의 양면처럼 밀접히 관련되어 있는 다문화교육(Baker, 1999)과 그것의 출발점이 되어야 하는 인종적 · 문화적 소수자에 대한 우리 사회의 지배적 인식에 대한 비판적인 통찰을 제공한다.

따라서 이 절에서는 국제이해교육의 새로운 역할과 의미를 탈식민주의 관점에서 재해석하려고 한다. 이를 위해, 첫째 우리나라 학교에서 가르치고 있는 교과서의 내용 분석, 둘째 학교의 수업 상황에서의 국제이해교육의 비평, 셋째 탈식민의식을 고양시킬 수 있는 국제이해교육 과정의 개발, 넷째 탈식민의식 고양을 위한 수업방법의 개발 등의 범주로 나누어 논의할 것이다.

1) 우리나라 학교에서 가르치고 있는 교과서의 내용 분석

우리 사회의 주류 담론을 반영하는 교과서는 한 사회의 지배적 가치나 이념을 명시적이고 공식적으로 전달해 주는 주요한 학습자료다. 따라서 학생들의 지식, 신념, 태도에 커다란 영향을 끼친다. 이를 입증하듯, 교육과정과 교과서가 특정한 시대의 산물이며 특정한 집단의 이데올로기를 반영하고 있다는 입장은 이미 학교 지식의 정치학에 대한 연구들에서 많이 지적되었다(Alridge, 2006; Anyon, 1979; Apple, 1979). 탈식민주의 담론은 우리의 교과서가 지배집단의 이데올로기를 재생산하는 문제에서 벗어나 그 해석의 범주를 우리와 타자, 즉 서구와 동양의 관점에서 우리의 교육과정이 서구의 이데올로기를 어떻게 효과적으로 재생산하고 있는지를 바라보게 만드는 지적 자극제가 되고 있다(주재홍, 2008).

이에 학교에서 가르치는 우리의 교과서가 서구뿐 아니라 비서구를 사실이나 실제, 그리고 판단과는 다르게 어떻게 특정한 방식으로 재현하고 있는지 비평적 분석이 필요하다. 예를 들어, Garica(1993)는 미국의 역사 교과서에 흑인을 비롯한 소수 인종의 역사가 언급되기 시작한 것은 1960년대 후반부터이며, 그 이전에는 백인 · 남성 중심의 역사관이 교과서를 지배해 왔음을 비판하고 있다. 이에 따라 역사의 주체는 백인들이며, 노예해방 역시 흑인들의 투쟁이나 희생보다는 마치 링컨 개인의 혹은 백인들의 호의적인 노력 덕분에 가능했던 것처럼 묘사하는 경향이 있었다. 미국의 사회 및 과학 교과서 47종을 분석한 Sleeter와 Grant(1991) 역시 백인의 행동이나 역할, 그리고 문화에 대해서는 밝고 긍정적인 서술을 하는 반면, 부정적인 서술을 할 때는 간략히 생략하거나 미화시키고 있었다. 이는 많은 학자들(김현덕, 2009; Hanvey, 1976; Merryfield, 1997; Tye, 1999)이 국제이해교육의 핵심적 영역으로 제시하고 있는 '문화 간 이해'를 위한 출발점이 될 것이다. 문화 간 이해(cross-cultural awareness)에는 각 나라 문화 및 가치의 다양성에 대한 이해, 문화의 상호 비교, 이를 통한 문화와 가치의 보편성에 대한 인식, 타문화의 관점에서 자기문화 조망, 문화 간 상호작용을 통한 세계문화의 개념 형성, 타문화를 수용하는 태도, 전통 및 자기문화에 대한 태도 등이 포함된다(김현덕, 2009).

우리나라의 경우, 초등학교와 중학교에서 국제이해교육은 사회과를 중심으로 전개된 바(김성건, 2002; 정광희, 2001), 이 과목에 대한 집중적인 분석이 필요하다. 또 고등학교에서의 국제이해교육은 외국어 교과나 사회 교과를 통해서 부분적으로 이루어지고, 창의적 재량활동, 특별활동 시간에 실시되기 때문에(부산 국제중 · 고등학교, 2005; 이화여자고등학교, 2006; 진주고등학교, 2005), 이들 교과나 교육과정 문서를 비평하고 분석할 필요가 있다. 이외에도 심화선택과목인 '세계사' '정치' '경제' '사회문화' 교과 그리고 음악과 미술 등의 예술 분야를 다루는 교과에 대한 심층 분석 역시 필요하다.

그 예로써 주재홍(2008, 2009)은 탈식민주의의 이론적 분파인 오리엔탈리즘을 통하여 우리의 중학교와 고등학교 사회과 교과서의 세계사 영역을 분석하였다. 그의 분석에 따르면 우리의 세계사 교과서가 역사적 사실이나 실제, 그리고 판단과는 다르게 특정한 방식으로 동양과 서양을 인식하고 재현하고 있다고 비판하고 있다. 즉, 동양은 열등하고, 인종차별적이며 제국주의의 대상으로 그려 놓은 반면, 서양은 보편적이고 과학적이며, 발전적이고 민주적이고 남성적인 우월한 모습으로 그려지고 있었다. 또 김경수 · 김석우(2009)는 국제이해교육의 범주를 다문화 사회, 글로벌 사회, 지구적 과제, 미래로의 선택 등의 범주로 나누어 고등학교 10학년 사회 교과서를 분석하고 있다. 분석 결과, 다문화 사회에서 발생되는 반차별과 반편견에 대한 내용,

종교에 대한 통일된 초점, 문화에 대한 다양한 접근, 반세계화의 움직임에 대한 서술, 전 지구적 과제에 대한 사례 등에 대해 서술해야 된다고 제안하고 있다. 그 외에도 박철희(2007)와 김선미(2003) 등의 연구는 한국의 교과서가 세계의 다양한 인종과 민족에 대한 서구 중심의 관점을 반영하고 있으며, 이에 따라 다른 나라의 문화를 단순화하거나 이들과 우리나라의 역사적 관계를 왜곡하는 경향이 있음을 보여 주고 있다. 이는 서구의 비서구에 대한 이데올로기적 폭력성을 드러내 준다는 점에서 그 의미가 크다.

따라서 우리는 식민과 탈식민의 관점에서 우리나라의 교과서가 세계 각 나라의 문화와 가치를 어떻게 특징적으로 강조하고, 배제하고 있는지를 분석할 필요가 있다. 교과서에서의 내용에 대한 식민적 관점에서의 분석과 함께 우리나라 학생들에게 미국과 서구의 문화와 이미지를 가장 효과적으로 전달하고 있는 교과인 영어과의 교과서에 대한 내용 분석 역시 필요하다. 이들 교과서에서 미국 그리고 유럽 중심주의가 어떻게 특정한 방식으로 기술되고 있고, 강화되어 나타나고 있는지를 분석할 필요가 있다. 이러한 분석을 통하여 미국과 서구의 이미지가 실제 또는 역사적 판단과는 다르게 우호적, 왜곡적, 그리고 선택적으로 다루어져 있다면 그러한 교과서의 내용에 대한 비평이 필요할 것이다(김영천, 2006: 560).

우리는 초등학교에서 고등학교까지 사용되고 있는 다양한 교과의 교과서 내용 분석을 통하여 다문화적 관점에서 동양을 포함한 비서구 문화에 대한 새로운 인식을 제공하고, 그 중심에서 밀려나 부당하게 침묵을 강요당해 온 식민지 국가들에게 다시 한 번 제 위치와 목소리를 되돌려 줄 수 있을 것이다. 즉, 문화에는 우열이 없으며, 모든 문화는 그 문화 자체의 논리에 따라 그 문화의 맥락에서 이해되어야 한다. 후진국이라고 생각되는 아프리카, 아시아, 남아메리카 등의 비서구 국가들의 문화도 가치가 있으며, 그 존재를 인정해야 한다. 또 현재 우리의 문화적 상황을 비서구적 관점에서 새롭게 바라볼 수 있는, 일종의 '상황 읽기'의 장으로 교과서 내용에 대한 비판적 읽기의 필요성을 제안할 수 있을 것이다. 이는 국제이해교육의 목표라고 할 수 있는 서로의 문화가 다름을 이해함으로써 타문화 수용 및 존중의 태도를 넘어 문화 간 유사성과 차이점에 기초한 세계문화에 대한 전반적인 인식을 형성하기 위한 기초 작업이 될 것이다.

더 나아가 이는 식민지배와의 대면으로 야기된 역사적 불균형과 문화적 불평등을 관통하는, 그리하여 그로부터 벗어날 수 있는 길을 사유할 수 있는 가능성을 제시할 것이다. 그리하여 제도화된 수난을 체계적으로 비판하기 위한 윤리적 패러다임을 학계에 제공할 수도 있다. 그 결과, 아프리카, 라틴아메리카, 중동, 동서남아시아 등에서 이제껏 억눌린 채 침묵을 강요당해 온 과거의 식민지 국가들에서, 비서구의 문화적 가치와 차이를 체계적으로 부정하거나 폐기하려 한 서구의 식민주의적 잔재를 청산함으로써 자신들의 목소리와 무시당해 온 고유문화를 되찾기 위해 펼치고 있는 지적 · 실천적 노력이 될 수도 있을 것이다.

2) 학교의 수업 상황에서의 국제이해교육의 비평

국제이해와 관련한 교과서를 분석하는 것이 의미 있는 작업이긴 하지만 그 이상으로 중요한 것은 실제 학교 현장에서 '서구'와 '비서구'를 어떻게 가르치고 있는지에 대한 보다 깊이 있는 검토와 분석이다. 탈식민주의 담론은 문서상의 교육과정뿐 아니라 실제 교실 수준에서 교육과정의 실행, 학교 안팎의 잠재적 교육과정, 그리고 교사교육 등에서 서구와 비서구의 이미지가 어떻게 특징적으로 재현되고 있는지를 분석하도록 우리에게 통찰력을 제공하고 있다.

교과서의 문화적 영향력에 대한 대부분의 국내 연구들(김선미, 2003; 김학희, 2005; 박철희, 2007; 주재홍, 2008, 2009)이 교육과정 문서나 교과서 분석에 그치고 있는 것은 연구의 한계라고 할 수 있다. 왜냐하면 교과서가 우리 사회의 주류 담론을 반영하기는 하지만, 그것은 어디까지나 문서일 뿐 실제 학교 · 교실 · 수업 현장에서 교과서의 메시지나 의미가 언제든지 변형될 수 있기 때문이다. 따라서 교과서를 매개로 한 실제 수업과 교육과정의 다양한 실행 장면에서 서구와 비서구의 이미지가 교사와 학생들의 상호작용 속에서 어떻게 사회적으로 구성되고 합의되며, 학생들의 발달에 직접적으로 영향을 끼치는지를 질적 방법과 생애사 연구방법을 통해 분석할 필요가 있다. 그 예로써 미국 교실에서 아시아를 어떻게 가르치고 있는지를 분석한 신경희(2008)는 미국의 역사 수업이 유럽 중심으로 구성되어 있기 때문에 아시아 역사가 변방으로 취급되고 있다고 비판하고 있다. 특히 홍원표(2008)는 미국의 교사들이 어떻게 아시아를 가르치고 있는지, 그들이 갖고 있는 목표는 무엇이며, 이러한 목표가 실제 수업에 얼마나 반영되고 있는지를 분석하였다. 질적 연구를 통하여 수행한 그의 연구 결과에 의하면, 교사들이 애초에 의도했던 목적과 실제 교육과정 사이에는 상당한 차이가 있는 것으로 드러났다. 예를 들어, 수업목표는 아시아가 갖고 있는 복잡성과 역동성을 이해하고 다문화적 감수성과 포용을 길러 주는 것이었지만, 실제 수업에서는 아시아인이나 아시아 문화에 대한 단순하고 왜곡된 이미지가 오히려 강화되는 경향이 있다고 분석하고 있다. 특히, 그는 이러한 모순의 주요 원인으로 아시아 문화에 대한 교사들의 제한된 지식과 부적합한 수업자료, 특히 대중문화에 대한 무비판적 의존을 제시하고 있다.

Gay와 Howard(2000)와 Merryfield(1998)가 주장해 왔듯이, 교사들 스스로 자신의 문화적 편견이나 선입견이 해체되고 새로운 이해가 싹트는 경험을 하지 못했다면, 학생들에게 이러한 경험을 제공하기는 어려울 것이다. 이 점에 대해 한 사회는 이미 세계의 다양한 현상이나 문화에 대해 이야기하는 특정한 방식을 갖고 있는 경우가 많다고 Hall(1997)이 지적한 것은 적절한 시사점을 제공하고 있다. 즉, 서구나 비서구의 각 국가를 어떻게 바라보고 이야기해야 하는지에 대한 일종의 문화적 관행이 각 사회에 있는 것이다. 그 '관행' 때문에 교사들이 수업을 계획할 때, 처음부터 완전히 새로 시작하는 경우는 거의 없을 것이다. 오히려 많은 경우, 의도했든 의도하지 않았든, 각 사회에서 통용되고 있는 담론이 무엇인가를 고려할 수밖에 없을 것이다.

또 홍원표의 연구에서 흥미로운 것은 대중문화나 매체가 이들 사회적 담론을 재생산하고 유통시키는 기능을 한다는 것이다. 예를 들면, 다음과 같다.

> 중국 하면 한 자녀 정책을 가르치고, 디즈니 만화영화인 '뮬란'을 언급한다든가, 일본 하면 발전된 기술과 더불어 사무라이 영화나 만화를 언급하는 식이다. 사실, 이는 비단 아시아에만 국한된 현상은 아니었으며, 세계 각 지역을 떠올릴 때마다 할리우드 영화를 매치시키는 학생들의 능력은 거의 놀라울 정도였다. 이는 특히 대중문화를 자주 언급하는 존의 교실에서 두드러지고 있었는데, 태국 하면 레오나르도 디카프리오의 '비치'를 언급하고, 러시아에서는 '아나스타샤'를, 상하이 하면 '러시아워'를 떠올리고, 터키에서는 노아의 방주에 대한 영화를 이야기하는 식이었다(홍원표, 2008: 268).

이러한 예가 보여 주는 것은 미국의 상업적 의도에 의해 각색된 타인, 미국인들의 판타지와 두려움과 동경을 자극하는 가상의 이미지가 전 세계에 투사되고 있다는 것이다. 세계 어느 나라보다 미국의 할리우드 영화가 국내 영화 시장을 지배하고 있는 우리의 현실을 고려하면, 우리는 대중문화 속에 담겨 있는 문화적 왜곡, 비서구 문화를 보는 할리우드 제작자들의 상업적 시선을 오히려 재생산하고 있다고 해도 과언이 아니다.

결국, 교사들은 자신들의 의도와 무관하게 기존의 왜곡된 시선을 답습할 가능성이 높다. 따라서 제도적 차원에서 다문화교육을 교사교육에 포함시키려는 노력과 함께 어떻게 하면 예비교사들의 다문화적 이해와 경험을 높여 줄 수 있는지에 대한 관심이 필요할 것으로 보인다. 이와 더불어 학교 현실에 적합한 학습자료를 개발하고, 다문화교육을 실현할 수 있는 구체적인 수업 방법을 개발하는 데에도 교사교육자들의 관심과 노력이 필요할 것이다(홍원표, 2008: 270).

탈식민주의는 수업을 포함한 교육과정의 여러 층위에서 보다 정교한 논의를 통해 식민적 관점의 유산을 드러내고 국제이해교육을 위한 대안적인 교육과정을 모색하도록 시사점을 제공한다. 즉, 우리나라 학교교육에서는 타인종, 타문화를 어떻게 가르치고 있는지, 교사들은 어떤 목표를 갖고 있으며, 그러한 목표가 실제 수업을 통해 얼마나 실현되고 있는지에 대한 반성적 연구의 필요성을 제기하고 있는 것이다. 이러한 연구를 통해 우리나라 다문화교육의 실제가 좀 더 분명히 드러날 것이고, 이를 토대로 보다 적합한 다문화교육을 모색할 수도 있다. 이는 궁극적으로 동전의 양면처럼 우리를 보는 타인의 시선과 마찬가지로 문화적 타자를 보는 우리 자신의 관점을 되돌아보게 함으로써 국제이해교육이 추구하는 "세계의 상호의존성에 대한 이해" (Anderson, 1990; Hanvey, 1976; Kirkwood, 2001; Merryfield, 1997), "세계적인 시각의 강화" (Alger & Harf, 1986; Case, 1991; Kirkwood, 2001), 그리고 다문화교육을 넘어서 "문화 간 이해력의 강화" (Hanvey, 1976)를 모색하기 위한 토대를 마련해 줄 것이다.

3) 탈식민의식을 고양시킬 수 있는 국제이해교육 과정의 개발

많은 국제이해교육 학자들이 동의하는 바와 같이, 국제이해교육의 개념에서 가장 중요하게 다루어지는 영역은 세계의 상호의존성에 대한 이해와 세계적인 시각의 증진이다(Anderson, 1990; Hanvey, 1976; Kirkwood, 2001; Merryfield, 1997). '세계적인 시각(global perspectives)' 의 영역에는 자기 중심적 세계관에서의 탈피, 다양한 세계관의 인정, 상반된 세계관의 인정, 인간의 기본적 욕구, 행동, 관심, 그리고 경험의 유사성에 대한 인식 등이 포함되어 있다. 다양한 관점에 대한 인식은 세계적인 시각을 갖는 데 기초가 되는 중요한 능력이다(김현덕, 2009). 이 점에서 보면, 국제이해교육은 인종과 문화적 배경이 다른 사람들에 대한 새로운 관점과 이해 방식을 보여 줄 수 있어야 한다.

탈식민주의의 담론은 문화와 피부색이 다른 사람들을 학교교육과정과 수업으로 초대하여 학생들을 연결해 줌으로써 우리가 타인을 대하는 태도나 관점에 내재해 있는 왜곡된 인식이나 편견을 반성하게 해 준다. 더 나아가 학생들의 역사의식을 각성시키고 탈식민을 위한 새로운 의식화를 증진시킬 수 있는 교육과정을 개발하여 그들에게 제공해 줄 필요성이 있다. 이러한 접근은 앞에서 제시한 학교 교과서와 교육과정, 그리고 수업에 대한 식민적 분석이라는 수동적 접근에서 탈피하여 보다 능동적인 접근으로서 학교의 공식적인 교육과정 개발을 통하여 우리나 학생들에게 탈식민적 역사의식을 길러 주는 것을 목적으로 한다. 비슷한 관점에서, Merryfield(2000)는 학교교육과정에 잠재해 있는 식민주의 인식론의 유산을 비판적으로 극복하는 것이 세계화와 다문화되어 가는 시대에 교육과정 연구의 중요한 역할이라는 점을 강조하고 있다. 그녀에 의하면 이러한 성찰이 토대가 될 때 학생들의 다문화적 소통과 체험이 실질적인 태도의 변화나 인식의 성숙으로 이어질 가능성이 높다. 따라서 탈식민의식을 고양시킬 수 있는 국제이해교육 과정의 개발은 학생들의 다문화적 이해와 역량의 개발에 기여할 가능성이 높다.

그러나 탈식민을 강조한 국제이해교육이라고 해서 반드시 무언가 새로운 내용을 추가해야 하는 것은 아니다. Banks(2002)가 지적하고 있듯이, 다문화교육이 반드시 새로운 형태의 교육과정을 추가해서 이미 포화상태에 있는 학교교육과정에 새로운 부담을 주어야만 하는 것은 아니다. 오히려 지금까지 우리가 타인을 가르치고 배우는 방식, 그 이면에 깔려 있는 인식론적 틀을 비판적으로 반성함으로써, 새로운 교육내용의 추가 없이, 좀 더 근원적 의미에서 다문화교육을 시행할 수도 있다. 세계 각국의 교사들은 지금도 '타자들'에 대해 가르치고 있고 우리나라의 교사들 역시 다른 나라, 민족, 인종, 문화, 그리고 가치에 대해 이미 가르치고 있기 때문이다.

즉, 형식적 교육과정 안의 세계지리나 역사, 음악, 미술, 외국어 교과를 통해서, 그리고 학교 안의 각종 비형식적 교육과정을 통해서 학교교육과정은 이미 다른 나라나 문화를 가르쳐 왔다. Banks의 기준에 따라 이 아이디어를 탈식민과 관련시키면 다음과 같다.

첫째, Banks의 주장대로 각 교과에서 다루어지는 내용을 '탈식민'과 관련하여 수업을 하는 것이다. 우리나라의 역사가 식민의 역사라고 할 만큼 식민의 경험이 모든 도처에 놓여 있기 때문에 학교 교과내용을 식민적 경험과 관련하여 수업하고 학습하게 하는 방법은 교사의 의지만 있다면 어렵지 않은 접근법이다. 특히, 해방 이후 지금까지 미국을 중심으로 한 서구 중심주의적 가치와 기준이 마치 우리의 가치 기준인 양 혼선을 빚어 온 우리나라의 경우에는, 학생들에게 가르치는 교과서와 교육내용과 관련한 식민적 주제나 이슈를 선택하고 이를 학생들로 하여금 토론하고 비평하고 자기 이해할 수 있게 해 줄 필요가 있다. 이러한 목표를 달성하기 위해 교사는 식민적 경험과 역사주제를 추출하여 효과적으로 수업을 개발하기 위한 노력이 필요하다.

예를 들어, 최근 미국에서 출간된 학습지도서인『Rethinking Columbus』는 콜럼버스의 북미 대륙 상륙을 원주민의 시각으로 살펴봄으로써 정복자의 관점에서 서술된 초창기의 미국 역사를 새로운 관점으로 학습할 수 있는 기회를 학생들에게 제공하고 있다(Bigelow & Petson, 1998). 더불어 우리가 경험하고 있는 세계적인 상호관련성은 새로운 현상이 아니고 인류의 역사와 함께 발전해 왔다는 측면을 세계교역, 기술의 진보, 인간의 이동 등 여러 측면을 통해 이해시켜야 한다(Merryfield, 1997). 이를 통해 학생들은 인간의 이동과 경제체제의 발달, 그리고 기술 진보의 중요성에 대해 이해하게 될 것이며, 여러 체제가 어떻게 늘 상호 연관되어 있고, 세계가 점점 더 복잡해짐에 따라 이들 연관성이 어떻게 증가하게 되는지를 이해할 수 있게 될 것이다. 또 서양 중심의 세계체제와 인식이 결코 보편성을 띠고 있는 것이 아님을 입증하고, 그 중심에서 주변부로 밀려나 부당하게 침묵을 강요당해 온 식민지 국가들에게 다시 한 번 제 위치와 목소리를 되돌려 주려는 저항운동으로 이해할 수도 있다. 이와 관련하여 Gandhi는 다음과 같이 주장하고 있다.

> 이 새로운 지식 분야는 첫 번째로 정전(正典)으로 인정된 지식체계의 특권과 권위를 추인하는 기제들, 즉 배제와 탈락의 기제를 전면에 드러내고자 했

다. 두 번째로 이 새로운 지식 분야는 기존의 인문학 교과과정에 의해 차단되고 침묵을 강요당해 왔던 주변화된 지식을 재발견하고자 했다(Gandhi, 1998: 42).

이를 통하여 국제이해교육에서 가장 먼저 강조되어야 하는 '세계적인 시각'을 강화시킬 수 있을 것이다. 세계적인 시각을 갖게 되면 자신이 갖고 있는 '세계에 대한 관점'이 유일하게 옳은 것이라는 사고에서 벗어나, 실제적 또는 사회 심리적으로 다양한 관점의 존재를 인정하고 다른 관점에서 사물을 볼 수 있는 능력을 갖게 된다. 또한 관점이 다르면 의견 차이가 있을 수 있다는 사실을 인정하고, 자신의 이익만큼 타인의 이익도 중요하다는 사실을 인정하게 된다(김현덕, 2008: 65).

둘째, 다양한 관점과 시각으로 쓰인 문학작품이나 역사서를 통하여 탈식민의식을 증진하는 것이다. 문학은 우리에게 우리 선조들, 또는 타인들의 식민의 경험과 아픔이 무엇인지 다른 사람들이 공감하고 추론할 수 있게 해 주는 효과적인 간접체험의 매체다. 이에 식민의 경험을 다룬 문학작품을 선정하고 이 선별된 문학작품을 학교의 수업에서 활용한다면 학생들에게 탈식민의 의미와 가치를 대리 경험하게 하는 데 기여할 것이다(김영천, 2006: 562). 예를 들어, 노벨 문학상 작가인 Morrison(2004, 2007)과 Marquez (2006)은 국가, 인종, 그리고 젠더 등의 측면에서 다른 것, 차별받는 것, 열등한 것을 제국주의의 역사 속에서 조명했다는 점에서 탈식민을 위한 좋은 텍스트가 될 수도 있다.

또 탈식민의식 고양을 위한 문학적 노력으로서 '되받아 쓴 제국(Empire Writes back)'의 은유처럼, 서구의 식민 사관을 은밀하게 전달하고 있는 영문학작품의 허구성을 고발한 제3세계 학자들의 최근 노력들을 문학작품 읽기와 비평 수업에 포함시키는 작업 역시 의미 있는 일이 될 것이다(김영천, 2006: 562-563). '되받아 쓰기'는 정전으로 인정된 텍스트의 근본적인 전제들을 선택하고 그것의 가면을 벗겨 탈식민주의 목적에 맞도록 텍스트를 전복시키고 파헤치는 전략이다(이서영, 2008: 2). 이미 탈식민주의 노선에서 작업해 온 문학가들과 비평가들은, 서구의 정전으로 알려져서 전 세계, 그리고 제3세계 국가의 학생들에게까지 가장 순수하고 아름다운 문학작품으로 널리 읽히고 있는 목록들이 사실은 서구의 식민 이데올로기를 효과적으로 전수하고 있다는 사실을 분석하고 있다. 예를 들어, 『제인 에어』나 『로빈슨 크루소』 그리고 『암흑의 핵심』 등이 그러한 작품에 해당된다. 따라서 고전으로 전 세계에 인정받고 있는 서구 작품에 대한 새로운 해석을 학생들에게 소개하고 아울러 이러한 제3세계 작가들이 서구의 정전을 탈식민적 관점에서 어떻게 새롭게 다시 썼는지를 소개하는 것 역시 학생들의 탈식민의식을 고양시킬 수 있는 좋은 수업방법이 될 수 있을 것이다.

이에 대해 김영천(2006: 563)은 Hutchins가 미국 대학생들의 교양능력 강화를 위하여 개발한 '대저서(The Great Books)'의 이름에서 차용한 '탈식민주의 대저서'라는 작품 선집을 만들 것을 제안하고 있다. 이를 위해 우리나라를 포함한 제3세계 학자들이, 지적 연대를 형성하여 문화적으로 식민화된 현대의 식민국가 학생들의 탈식민의식을 배양할 수 있도록, 이러한 저서를 학교의 교육과정의 한 부분으로 읽히는 것도 하나의 방법이 될 수 있다고 주장하고 있다. 이를 위해 식민의 경험에 대하여 보편적 감정과 공감을 가질 수 있는 작품들, 그리고 특정한 지역 또는 국가에서의 특정한 집단, 인종, 그리고 국민 등이 겪었던 지역적 차원의 작품을 소개하면 〈표 3-1〉과 같다.

최근 유호정(2009: 51-53)은 이런 제3세계 문학의 교육적 가치로 '문학 문화적인 가치' '인류애의 확인과 보편적 상식의 획득' 그리고 '힘과 억압의 논리 탈피' 등을 제시하고 있다. 학생들은 이런 작품들을 읽음으로써 서구 중심의 이데올로기에 의해 주변으로 밀려나 정당한 평가를 받지 못했던 비서구인들, 이른바 타자를 새롭게 바라보고 중심을 해체하여 새로운 의미를 구현하는 인식체계를 가질 수 있다.

셋째, 학교 특별활동과 재량활동 등 교과 수업 이외의 활동에서 과거와는 다른 방식의 접근이 필요하다. 예를 들어, 백인과 서구 중심이 아닌 '타자'로

〈표 3-1〉 탈식민주의 문학작품들

종 류	저 자	책제목	내 용
이론서	Edward Said (2003)	Orientalism	동양에 대한 서양의 문화적 헤게모니가 만들어 낸 차별적 기호 안에 내포된 의미와 숨겨진 성격을 극복하고자 한 시도
	Robert Young (2004)	White Mythologics	'제3세계'를 서양 서사의 주변으로 다루는 '세계사'에 대한 전통적 설명에 비판적인 질문 제기
	Gayatri Spivak (1988)	Can the subaltern speak?	영국인 남성과 인도인 남성의 인식체계가 갈등하는 사이에 침묵하는 식민지 인도 여성의 재현의 문제를 다룸
	Frantz Fanon (1967)	Black Skin, White Mask	프랑스의 식민지 알제리 사람들의 다양한 심리적 억압기제와 상흔을 밝혀 내고 있음
소설	Gabriel Marquez (2006)	One Hundred Years of Solitude	19세기 제국주의시대 라틴아메리카를 배경으로 하여 라틴아메리카의 복잡한 인종, 문화, 역사, 전통과 현실의 독특한 사회구조를 표현
	Tony Morrison (2004)	Beloved	남북전쟁 직후의 노예제와 그것이 남긴 상처의 뿌리를 캐고 끔찍했던 과거의 악몽과 대면하여 미국 흑인 종족사의 상처를 치유하고자 함. '사랑받지 못한 자'들의 역사를 새롭게 재현
	Tony Morrison (2007)	The Bluest Eye	백인의 흑인에 대한 인종차별과 지배문화의 폭력이 충만한 사회의 문제점을 드러내는 동시에 치유책과 생존방법을 제시
	Ngugi Wa Thiong'o (2005)	Child Weep not	교육을 통해 사회적 성공을 꿈꾸던 한 아프리카 소년이 식민지 현실을 인식하고 절망하는 과정을 묘사
	Jean Rhys (1982)	Wide Sargasso Seat	제인 에어의 식민 담론을 되받아 쓴 작품으로 영국제국주의 이데올로기를 향한 서인도 여성의 저항의식을 구체화시킴
비평	정재서 (1998)	동양적인 것의 슬픔	서구의 동양지배를 적나라하게 비판하고 동아시아 내부 중화주의의 문제를 다양한 문화 관점에서 비평

비평	박노자 (2003)	하얀 가면의 제국	'오리엔탈리즘'이라는 화두를 가지고 서구열강의 부도덕과 이스라엘과 미국의 근본주의, 소수 백인 특권층의 시각을 고스란히 내재한 우리 안의 오리엔탈리즘을 비판
	이옥순 (2002)	우리 안의 오리엔탈리즘	우리 안의 인도를 통해 서양이 구성한 동양이 아닌 동양이 구성한 동양이라는 중층적 구조의 비판을 통해 우리의 의식에 대한 내적 성찰을 주장
	김창진 (2010)	문명과 야만의 블록버스터	영화를 통해 문명과 야만이라는 제국의 이중적 속성을 통해 영웅과 범인(凡人)의 내면에 공통적으로 깃든 제국의 본질을 규명
견문록	Sven Lindqvist (1997)	Exterminate All the Brutes	18세기 유럽의 식민지였던 아프리카의 유산을 추적하여 인권과 이성을 앞세우며 정의를 대변하는 서구에 감추어진 학살과 야만의 역사를 추적

무시되었던 동양을 포함한 비서구 국가 중심의 다문화 체험활동과 문화적 경험을 교육과정으로 개발할 필요가 있다. 우리는 그동안 자문화중심주의뿐 아니라 미국을 비롯한 유럽 선진국의 문화를 선호해 왔음을 부인할 수 없다. 이 과정에서 후진국이라고 생각되는 아프리카 국가들과 라틴아메리카, 그리고 우리와 같은 동양의 문화나 경험, 그리고 그 존재에 대해서는 차별과 왜곡된 시선과 동정의 관점을 가져 왔다. 이제 학교 수업을 통해 이들의 지위를 복원하고 무시되어 왔던 경험과 가치를 인정함으로써 타문화 수용 및 존중의 태도를 함양해야 한다.

4) 탈식민의식 고양을 위한 수업방법과 수업의 실천

마지막으로 탈식민의식을 고양시킬 수 있는 수업과 학습방법을 개발하고 적용해야 한다. 탈식민은 자신의 정체성과 자신의 의식에 대한 비판적 반성과 해체를 가져오게 한다. 따라서 이러한 수업목적은 일반적인 수업방법을 통하여 이루어지기 힘들다. 이러한 목표는 초인지, 자기체제, 그리고 자기 이해 등의 목표와 관련한 것으로서 매우 고차원적인 학습목표라는 점에서 비판적이고 반성을 자극하는 수업방법을 요구한다. 이에 더욱 비판적인 의식을 배양시키고, 기존의 이데올로기를 해체하고 재평가할 수 있게 하며, 기존의 일상적인 삶과 경험을 달리 비평할 수 있는 경험을 갖게 하기 위해서는 교수방법 역시 매우 수준이 높고, 비판적인 형태를 띠는 것이어야 한다.

이와 관련하여 Freire가 개발한 비판을 통한 의식화의 방법(Freire, 1972)이 있다. 의식화란 자신의 어려운 현실에 대해 문제를 제기하여 비판적으로 인식하고, 사회를 변화시켜 나가는 과정, 활동, 결과다. 이를 위한 교육내용으로는 피교육자의 삶의 현장에서 구체적 상황, 구체적이고 현실적인 삶의 문제, 그리고 현재적인 문제 상황과 관련한 것들을 선택할 것을 제안한다. 이러한 교육방법을 Freire는 '문제제기식 교육'이라 칭하였다. 그리고 인간 해방을 위한 의식화 교육의 두 가지 요소는 '문제제기'와 '자유로운 대화'다.

또 Pinar가 개발한 억압된 자아의 해방으로서의 쿠레레 방법(Pinar, 2004) 역시 효과적일 것이다. 쿠레레 방법이란 학습자가 스스로 자신의 교육적 경험을 분석하여 자신의 실존적 의미를 찾는 작업을 뜻한다. 이에 Pinar는 쿠레레의 과정을 '회기→전진→분석→종합'의 4단계로 제시하였다(김영천, 2009: 23). 학생은 이러한 회기, 전진, 분석, 그리고 종합의 네 단계를 거치면서 자신들의 교육적 경험에 대한 의미를 해석하고, 자신의 교육적 삶에 작용했던 원칙이나 패턴이 무엇인지를 이해하게 된다. 특히, 분석과정에서 자신의 비평적 능력을 사용하게 되는데, 이를 통한 자기성찰은 자신의 내면세계를 깊이 있게 이해할 수 있게 할 뿐 아니라 자신의 교육적 경험에 대해 풍부하게 이해할 수 있게 한다(Graham, 1992).

다음으로 "저항의 가치는 구조와 인간 주체의 개념 그리고 문화와 자기 형성의 개념을 자리매김하는 것에 있으며, 또한 학교 교육과정을 이해하기 위한 새로운 문제 틀을 제공" 한다고 주장하는 Giroux(1983)의 저항이나 자유의 실천으로서 교육을 위해서 Hooks(1994)가 주장하는 "경계 넘기를 가르치기" 등의 방법도 탈식민을 고취시키기 위한 목표를 더욱 명료히 하고 그것을 달성하는 데 효과적이다. Hooks는 경계를 넘어서 진정으로 선택의 자유를 얻어 제한 없이 배우고 성장할 수 있는 완전히 개방된 공간을 가질 때 학교가 "가능성의 장"이 될 수 있으며, 우리가 "현실에 맞서게 해 줄 개방된 사고와 마음"을 가질 수 있을 것이라고 주장하고 있다(윤은진 역, 2008: 244). 또한 페미니스트 교육학 이론에서 개발된 교실 수업 아이디어와 전략은 학생들의 탈식민을 고취시키는 목표를 더욱 명료히 하고 달성하는 데 효과적이다 (Aegerter, 1997; Greenlaw, 1994; Weiler, 1988).

학생들의 의식을 탈식민화하기 위해 교실 수업에서 적용할 수 있는 가장 현실적이면서 효과적인 수업기술로 '글쓰기'를 들 수 있다. 실제로 학교 현장의 수업시간뿐 아니라 학원, 그리고 가정에서 일기, 독후감, 편지글, 주장하는 글 등 다양한 종류의 글쓰기가 자연스럽게 실행되고 있다. 그런 점에서 글쓰기는 자신의 생각, 느낌, 변화, 의문점, 그리고 희망을 드러내는 탐구의 공간으로 학생들의 의식 변화를 추적하면서 자극시킬 수 있는 좋은 수업방법이다. 이와 관련하여 Fanon(1990)은 자기 반성적 글쓰기가 프랑스의 식민지배하에서 백인이 되려고 하는 알제리 흑인들의 환상을 깨부수는데 주요한 역할을 한다고 주장한다. 또한 Deleuze는 글쓰기가 단순히 기술적인 문제가 아니라 해방적 관심을 지지하기 위한 탈주적 연습행위라고 재해석하였다. 그에 따르면 글쓰기는 전통적인 체계, 가치, 그리고 규범으로부터 우리를 해방시키는 역할을 해야 한다. 그 때문에 교실 수업에서 학생들에게 부여하는 글쓰기 작업은 학생들로 하여금 백인이 되고 싶은 그들의 욕망에 잠재된 편견과 문제가 무엇인지를 스스로 해체하고 비평하게 함으로써 자신이 알고 있지 못했던 식민의식과 이데올로기를 인식하면서 탈식민의식의 가치와 그 의미를 공감할 수 있는 태도를 갖게 할 수 있다.

4. 결 론

지금까지 이 글은 국제화와 세계화가 더욱 확대 그리고 심화됨에 따라, 탈식민주의 이론의 관점에서 국제이해교육의 논의를 확장하고, 재개념화시킬 수 있는 가능성에 대해 논의했다. 연구 결과, 탈식민주의 문제의식은 국경을 초월한 공동체적 시각의 함양을 통해 세계문제를 해결하고자 하는 한국의 국제이해교육을 위해 새로운 가능성과 방향을 제시해 주었다. 이를 요약하면 다음과 같다.

먼저, 국제이해교육의 전통적 개념을 살펴보고 이의 문제점을 탈식민주의 관점에서 비평해 보았다. 다음으로 탈식민주의가 교육연구에 어떤 기여점을 줄 수 있는지를 이론적으로 살펴보고, 국제이해교육에 기여할 수 있는 관련성을 논의하였다. 그리고 연구의 주요 내용으로서 탈식민주의 관점에서 기존에 시행되고 있는 국제이해교육의 내용과 방법을 확장, 개선 그리고 재개념화시킬 수 있는 방법으로서 다음 네 가지 탐구주제를 제시하였다.

첫째, 무엇보다 우리나라 학교에서 가르치고 있는 교과서의 내용에 대한 비평적 분석이 필요하다. 이는 국제이해교육의 핵심적 영역으로 제시되고 있는 '문화 간 이해'를 위한 새로운 출발점을 제공할 것이다. 특히, 해방 이후 서구화된 우리나라의 문화 속에서 만들어진 학교교육과정과 교과서는 미국을 중심으로 한 서구의 특정한 이데올로기를 암묵적으로 재생산하는 문화자본으로서의 역할을 하고 있을 것으로 추측된다. 따라서 탈식민주의 담론은 그 해석의 범주를 우리와 타자, 식민과 탈식민의 관점에서 우리의 교과서가 서구와 비서구를 어떻게 특정한 방식으로 재현하는지 비평적으로 분석할 필요성을 제기하고 있다.

둘째, 학교의 수업 상황에서의 국제이해교육에 대한 비평이 필요하다. 이는 실제 수업과 교육과정의 다양한 실행 장면에서 서구와 비서구의 이미지가 교사와 학생들의 상호작용 속에서 어떻게 사회적으로 구성되고 합의되며, 학생들의 발달에 직접적으로 영향을 끼치는지를 분석하는 것을 말한다. 이 분석이 필요한 이유는 무엇보다 학교 · 교실 · 수업 현장에서 교과서의 메시지나 의미가 언제든지 변형될 수 있기 때문이다.

셋째, 탈식민주의 담론은 탈식민의식을 고양시킬 수 있는 국제이해교육 과정의 개발을 요구하고 있다. 우리가 여전히 백인을 동경하는 반면, 같은 아시아인들을 포함한 비서구인들을 무시하는 이중적 태도에서 벗어나지 못한다면, 우리의 국제이해교육은 '축제식 접근' , 즉 다른 나라의 음식을 즐기고 공연을 감상하며, 기념일을 축하하는 것 이상의 의미를 가지기 어려울 것이다. 따라서 보다 능동적인 접근으로서 학교의 공식적인 교육과정 개발을 통하여 우리나 학생들에게 탈식민적 역사의식을 길러 주는 것을 목적으로 하는 국제이해교육 과정의 개발을 위해 노력해야 한다.

넷째, 탈식민의식을 고양시킬 수 있는 수업과 학습방법을 개발하고 적용해야 한다. 탈식민주의 담론은 타인을 대하는 태도나 관점에 내재해 있는 왜곡된 인식이나 편견을 반성함으로써 국제이해교육의 핵심적 목표인 '세계적인 시각 혹은 관점' 을 키우도록 요구하고 있다. 이를 위해 학생들의 역사의식을 각성시키고 탈식민을 위한 새로운 의식화를 증진시킬 수 있는 수업과 학습방법을 개발해야 한다.

이러한 연구 결과는 우리나라의 국제이해교육의 개선과 방향을 위해 다음과 같은 시사점을 제언하고 있다.

첫째, 여러 가지 문화가 복합적으로 존재하는 다문화 사회에서 발생하는 반차별과 반편견에 대한 다문화교육이 반영된 교과서를 집필해야 한다. 특히, 세계에서 가장 서구화되고 미국화된 문화 속에서 만들어진 우리의 교과서는 미국을 중심으로 한 서구의 특정 문화에 우월한 지위를 부여한 반면, 비서구의 문화나 가치에는 편견과 차별의 시선이 존재한다(김선미, 2003; 박철희, 2007; 주재홍, 2009). 따라서 교육과정을 개편할 때마다 서구와 비서구의 문화와 가치에 대한 재해석과 새로운 묘사가 필요하다.

둘째, 탈식민주의는 교육과정의 다양하고 다층적인 층위를 분석해야 될 필요성을 제시하고 있다. 왜냐하면 탈식민주의가 제기하는 문제, 즉 어떻게 하면 문화와 인종이 다른 사람들이 민주적이고 평화적으로 공존할 수 있는지를 모색하는 데 학교교육과정이 중요한 실험대가 될 수 있기 때문이다.

셋째, 탈식민주의는 국제이해교육의 이론적 토대를 튼튼히 하는데 다양한 시사점을 제공하고 있다. 애초에 국제이해교육은 미국과 유럽 국가들을 중심으로 세계의 상호의존성 증가에 대비한 교육에서 출발하였다. 하지만 이제 국제이해교육은 시대나 사회적 요구에 따라 보완점과 향후 과제를 지속적으로 논의해야 한다. 따라서 국제이해교육은 탈식민주의로부터 국제이해교육의 핵심 요소를 구성하는데 일정한 시사점을 제공받을 수 있다. 이와 관련해서 김영천(2010)은 'Transnational curriculum studies: Reconceptualization Discourse in South Korea' 이라는 논문에서 제3세계 학자들의 새로운 이론화 작업의 방향, 국지적 국가에서의 교육과정 연구의 필요성, 제1세계의 교육과정 담론의 거부와 새로운 제3세계 교육과정 이론의 생성 등을 강조하고 있다. 따라서 국제이해교육에 대한 담론을 제1세계가 아닌 제3세계의 담론으로 구성하기 위한 노력이 요구된다.

넷째, 국제이해교육을 실행하는 데 있어 학교교육과정의 개발과 실행, 수업에 직접 참여하고 있는 교사들의 역할이 중요하다. 식민주의의 역사 속에 오랜 세월을 살아온 우리나라의 국민들, 특히 교사들은 자신들의 삶과 역사에 깊이 숨겨져 있는/기명되어 있는 식민주의의 세계관을 분석하고, 해체하고, 노출하고 그리고 제거할 수 있는 의식적 해방의 과정을 시도해야 한다. 이를 위해서 교사교육에서 다문화적 이해와 경험에 대한 관심을 더 많이 기울여야 한다.

참고문헌

김경수 · 김석우(2009). 학년 사회 10 교과서의 국제이해교육에 대한 서술내용 분석. 교과교육학연구, 13(2), 279-298.

김귀성(2006). 대학 국제화 교육 프로그램의 발전 방안. 교육연구, 25, 41-59

김기홍 · 박소영(2009). 미국 국제이해교육의 현황 분석을 통한 한국 국제이해교육에의 정책적 시사점 연구. 수산해양교육연구, 21(1). 106-120.

김복영(2003). 대한민국 정부 수립 후 교육에 관한 탈식민주의적 시각. 한국교육사학회 연차학술대회.

_____ (2004). 탈식민주의 이론의 교육적 함의. 한국교육논단, 3(1), 39-56.

김선미(2003). 중등 사회과 교과서에 나타난 한 · 중 · 일 관계 분석: 다문화 교육의 관점에서. 사회과교육, 42(1), 109-127.

김성건(2002). 중등 사회과 교육과정 중 국제이해교육에 관한 일 고찰. 서원대학교. 교육논총, 6, 37-56.

김영천(2006). 탈식민주의 교육과정연구. 김영천(편). After Tyler: 교육과정 이론화 1970년-2000년. 서울: 문음사.

_____ (2009). 교육과정 I. 서울: 아카데미 프레스.

_____ (2010). Transnational curriculum studies: Reconceptualization discourse in South Korea. *Curriculum Inquiry, 40*(4), 531-554.

김창진(2010). 문명과 야만의 블록버스터. 서울: 자리.

김학희(2005). 세계지리에서 동남아시아 지역의 정형성에 대한 재조명. 서울대학교 박사학위논문.

_____ (2007). 다문화교육과 국제이해교육의 비교연구-미국 사례를 중심으로. 비교교육연구, 17(4), 1-23.

_____ (2008). 한국 국제이해교육의 평가와 과제. 비교교육연구, 18(4), 57-81.

김현덕(2009). 국제이해교육의 개념과 방향. 한국교육사상연구회 학술논문집, 44, 1-17.

김현덕 · 문영주 · 김현숙(2005). 교실에서의 국제이해교육. 서울: 교육과학사.

박노자(2004). 하얀 가면의 제국. 서울: 한겨레신문사.

박종성 외 편역(2003). 탈식민주의의 길잡이. 서울: 한울 아카데미.

박철희(2007). 다문화교육 관점에 기초한 초등 사회 · 도덕 교과서 내용에 대한 비판적 고찰. 교육사회학연구, 17(1), 109-129.
배은주(2006). 한국 내 이주노동자 자녀들의 학교생활에서의 갈등 해결 방안: 초등학교를 중심으로. 교육인류학연구, 9(2), 25-55.
부산 국제중 · 고등학교(2005). Global Project를 통한 국제이해력 증진. 연구학교 운영 보고서.
여소영(2006). 고등학생들의 세계화 의식 실태 분석. 한남대학교 석사학위논문.
오성철(2003). 포스트 콜로니얼니즘과 식민지 교육연구. 청주교육대학교 논문집, 41, 57-72.
신경희(2008). The teaching of Asia in US education. 교육과정연구, 26(4), 275-295.
이화여자고등학고(2006). 우리 지역 외국인들과 사호 인적 교류를 통한 국제이해교육. 시범학교 운영보고서.
유네스코 아시아 · 태평양 국제이해교육원(2003). 국제이해교육의 동향: 미국 · 일본 · 호주 · 한국. 서울: 정민사.
유호정(2009). 제3세계 문학과 그 교육적 가치-탈식민주주의 교과서의 제안. 경희대학교 석사학문논문.
윤은진 역(2008). 벨 훅스 경계 넘기를 가르치기. 서울: 모티브북.
이경원(1998). 탈식민주의론의 탈역사성: 호미 바바의 '양면성' 이론과 그 문제점. 실천문학, 50, 16(4), 137-157.
이서영(2008).『제인 에어』와『드넓은 사가소 바다』비교연구-브론테의 식민의식과 리스의 '되받아쓰기'-. 목포대학교 석사학위논문.
이석구(2009). 사이드 이후의 탈식민주의 동향: 전유의 부메랑. 비평과 이론, 10(2), 269-290.
이석호 역(1996). 포스트콜로니얼 문학이론. 서울: 민음사.
이옥순(2002). 우리 안의 오리엔탈리즘. 서울: 푸른역사.
이혜영(2006). 초등학생 의식조사를 통한 사회과 국제이해교육의 개선방안. 부산교육대학교 석사학위논문
정광희(2001). 국제이해교육의 기본 방향과 과제.-일장기 말소 사건을 교재화한 역사수업의 국제이해교육적 의의-. 사회과교육, 34, 178-195.
정성아 외(2008). 교육과정 분석을 통한 국제이해교육의 비판적 고찰. 2008 KSCS · KSSEE 국제학술대회 자료집, 217-242.
정재서(1998). 동양적인 것의 슬픔. 서울: 살림.
조현미(2006). 글로벌 시대의 지역의 역할. 일본어문학회 국제학술대회, 186-199.

주재홍(2007). 세계사 교과서에서 주류 담론의 한계. 교육과정연구, 25(2), 171-195.

_____(2008). 탈식민주의 교육과정 이론에 비추어 본 우리나라 세계사 교과서에서의 동양의 이미지: 인도의 묘사와 재현. 중등교육연구, 325-358.

_____(2009). 우리 안의 만들어진 동양. 서울: 아카넷.

진주고등학교(2005). 지역과 세계화의 연계 프로그램 적용을 통한 국제이해력 증진. 시범학교 운영보고서.

한국조세연구원(2007). 한-EU FTA 협상 개시 결정. 재정포럼, 131, 76-81.

홍원표(2008). 타인의 시선: 미국 교실 안의 아시아, 우리의 시선은? 교육과정연구, 26(4), 253-274.

_____(2009). 지리적 경계와 문화적 상상력, 그리고 학교 교육과정: 미국 사회과 수업의 '아시아'를 중심으로. 교육인류학연구, 12(1), 145-172.

_____(2010). 탈식민주의와 교육과정 연구: 다문화 시대의 새로운 인식론적 기반을 찾아서. 교육과정연구, 28(1), 47-65.

Aegerter, L. P. (1997). A pedagogy of postcolonial literature. *College, 24*, 142-50.

Alger, C. F., & Harf, J. E. (1986). Global education: Why? for whom? about what? In R. E. Freeman (Ed.), *Promising practice in global education: A handbook with case studies* (pp. 1-13). NY: The National Council on Foreign Language and International Studies.

Alridge, D. (2006). The limits of master narrative in history textbooks: An analysis of representations of Martin Luther King. *Teachers College Record, 108*(4), 662-686.

Anderson, L. (1990). A rational for global education. In K. Tye (Ed.), *Global education: From thought to action* (pp. 13-34). Alexandria, VA: ASCD.

Anyon, J. (1979). Ideology and United States history textbooks. *Harvard Educational Review, 4*(3), 361-386.

Apple, M. (1979). *Ideology and curriculum.* London: Routledge and Kegan Paul.

_________ (1992) The text and cuttural politics. *Educational Researcher, 21*(7), 4-11

Baker, F. J. (1999). Multicultural versus global education: Why not two sides of same coin? *Teacher Education, Fall,* 97-101.

Banks, J. (2002). *Introduction to multicultural* (3rd ed.). MA: Allyn & Beacon.

Bhabha, K. (1994). *The location of culture*. New York: Routledge.

Bigelow, B., & Petson, B. (1998). *Rethinking columbus: The next 500 years*. Wisconsin: Rethinking School.

Fanon, F. (1967). *Black Skin, White Mask*. New York: Grove Press.

_______ (1990). *The wretched of the earth*. New York: Harmondsworth.

Freire, P. (1972). *Pedagogy of the oppressed*. New York: Harper and Row.

Gandhi, L. (1998). *Postcolonial theory: A critical introduction*. New York: Columbia University Press.

Garica, J. (1993). The changing images of ethnic groups in textbooks. *Phi Delta Kappan, 75*(1).

Gay, G., & Howard, T. (2000). Multicultural teacher education for 21th century. *The Teacher Educator, 36*(1), 1-16.

Giroux, H. (1992). *Border crossings: Cultural workers and the politics of education*. Edition. New York : Routledge.

_______ (1983). *Theory, resistance, and education*. Mass: Bergin and Garvey.

Graham, R. (1992). Currere and representation: The progress of the pilgrimage 1975-1990. *Journal of Curriculum Studies, 24*(1), 27-42

Greenlaw, J. (1994). A postcolonial conception of the high school multicultural literature curriculum, Ph.D. *dissertation*. University. University of British Columbia.

Hall, S. (Ed.) (1997). *Representation: Cultural representation and signifying practices*. London, UK: Sage.

Hanvey, R. G. (1976). *An attainable global perspective*. Denver, CO: The Center for Teaching International Relations, The University of Denver.

Harada, V. H. (2001). The treatment of Asian Americans in US history textbooks published 1994-1996. Eric No. ED 448072.

Hong, W-P., & Halvorsen, A. (2010). Teaching Asia in secondary school classroom: A Curriculum of othering. *Journal of Curriculum Studies*. In press.

Hooks, B. (1994). *Teaching to transgress: Education as practice of freedom*. London: Routledge.

Kanu, Y. (Ed.). (2006). *Curriculum as cultural practice*. Toronto: University of Toronto Press.

Kirkwood, T. F. (2001). Our global age requires global education: Clarifying definitional ambiguities. *The Social Studies, 92*(1), 10-15.

Lather, P. (1992). Critical frames in educational research. Feminist and poststructual perspectives. *Theory Into Practice, 31*(2).

______ (2004). Ethics now: White woman goes to Africa and loses her voice. Unpublished manuscript. *AERA, April.* San Diego.

______ (2007). *Getting lost: Feminist efforts toward a double(d) science.* Albany: State University of New York Press.

Lewis, M. W., & Wigen, K. E. (1997). *The myth of continent: A critique of metageography.* California: University of California Press.

Marquez, G. G. (2006). *One hundred years of solitude.* New York: Harper Collins Publishers.

McLaren, P. (1991). Decentering culture: Postmodernism, resistance, and critical pedagogy. In N. Wyner, (Ed.), *Current perspectives on the culture of school* (pp. 231-257). Boston, MA: Brookline Books.

Merryfield, M. (1994). In the global classroom: Teacher decision-making and global perspectives in education. *A paper presented to the American Educational Research Association.*

______ (1997). A framework for education in global perspectives. In Merry Merryfield et al.(eds), *Preparing teachers to teach global perspectives, Handbook for teacher educators* (pp. 1-24). CA: Corwin Preww, Inc.

______ (1998). Pedagogy for global perspectives in education: Studies of teachers' thinking and practice. *Theory and Research in Social Education, 26*(3), 342-379.

______(2000). Why aren' t teachers being prepared to teach for diversity, equity, and global interconnectedness? A study of lived experience in the making of multicultural and global educators. *Teaching and Teacher Education, 16,* 29-443.

______ (2004). *Beloved.* New York: Random Hous.

Morrison, T. (2007). *The bluest eye.* New York: Random Hous.

Pinar, W. F. (2004). *What is curriculum theory?* New York: Peter Lang.

Pinar, W. F. et al. (1995). *Understanding curriculum: An instruction to the study of historical and contemporary curriculum discourse*. New York: Peter Lang.

Prakash, G. (Ed.) (1995). *After colonialism: Imperial histories and postcolonial displacements*. Princeton: Princeton University Press.

Rhys, J. (1982). *Wide sargasso sea*. New York: W. W. Norton.

Said, E. (2003). *Orientalism*. New York: Vintage Books.

Sleeter, C., & Grant, K. (1991). Race, class, gender, and disability in currentbooks. In M. Apple & L. Smith, (Eds.) *The politics of the textbook* (pp. 78-110). New York: Routledge.

Slemon, S. (1989). Modernism's last post. *ARIEL, 20*(4), 3-17.

Spivak, G. (1988). Can the subaltern speak? In P. Williams & L. Charisman (Ed.), *Colonial discourse and postcolonial theory: A reader* (pp. 66-111). New York: Harvester/Wheatsheaf.

Thiong'o, Ngugi Wa (2005). *Child weep not*. London: Macmillan.

Tye, K. (1999). *Global education a worldwide movement*. CA: Interdependence Press.

Weiler, P. (1988). *Women teaching for change: gender, class & power*. New York: Bergin and Garvey.

Young, Y. (2004). *White mythologics*. New York: Taylor & Francis.

제4장 ···
교과서에 나타난 신자유주의적 세계화에 대한 탈식민주의적 시각

- 김아영 -

1. 서 론

이 책 머리말에서 강조하고 있는 바와 같이 지금의 사회는 국제화, 세계화되어 가고 있다. 국가 전반적으로 세계화를 강조하고 있으며, 이는 교육 영역도 예외는 아니어서 초등교육의 영어교육 강화부터 대학교육의 국제화 움직임까지 영향을 미치고 있다. 문제는 이 국제화, 세계화가 학교 현장에도 상당부분 영향력을 끼치고 있는 점이다. 최근에 도입된 국립대 교수 성과급별 연봉제, 초·중등 교원 성과급제, 일제고사를 통한 학생평가와 특별보충과정 및 학습부진아 수업의 신설에 이르기까지 이러한 일련의 교육정책은 철저하게 결과에 기대어 교육현상을 경제적으로 판단하는 신자유주의적 움직임과 일치하고 있다. 노동시장의 유연화 역시 신자유주의적 현상의 하나인데, 이로 인해 비정규직 청년들은 늘어 가고, 대학교육에서도 상대평가, 외국어 연수, 스펙 쌓기 등의 경쟁적 고등교육의 풍토 속에 시달리고도 여전히 '88만원 세대'라는 별명을 안은 채 청년실업의 길을 걷는 젊은이들이 증가하고 있다.

현재 활개를 치고 있는 신자유주의적 세계화의 근본을 제국주의의 부활로 파악하는 입장이 있다. 세계 곳곳에서 나타나고 있는 빈곤의 문제를 제국의 식민지 시절에 당한 착취에서 그 원인을 찾고 있으며, 현재의 경제적 세계화는 식민지 없는 식민주의의 형성으로 본다. 세계화를 경제적 의미에서만 파악하고 있는 신자유주의적 세계화는 경제적 식민주의와 관련되어 있다.

이에 이 절에서는 교육현상에서의 신자유주의적 세계화를 교과서에 나타난 내용을 통해 살펴보고, 이를 탈식민주의적 시각을 통해 비판적으로 고찰하는 데 연구의 목적을 두었다.

먼저, 탈식민주의를 둘러싼 용어는 여러 가지로 혼용되고 있는데, 신식민주의, 제국주의, 후기 식민주의 등이 있는데 탈식민주의적 접근을 보다 구체화하기 위하여 각 용어의 정의를 구별해 보기로 하자.

첫째, 탈식민주의(post-colonialism)는 식민지 시대 이후 학자들의 지배적인 사상을 일컫는 것으로, 식민주의에서 벗어나기 위한 학문적 비판, 글쓰기와 학자적 자각의 움직임을 지칭한다.

둘째, 신식민주의(neo-colonialism)는 후기 식민주의자들에 의해 사용된 용어로 과거에나 현존하고 있는, 이전의 식민지 권력에 대한 국제적 · 경제적 정리 작업으로 제2차 세계대전 후 식민독립운동 이후에도 그 권력을 유지하기 위해 사용된 통제력을 지칭한다. 현재의 실제적인 식민주의를 의미하는데 자본주의에 의한 잠식, 외국에 대한 제국의 영향력, 경제적인 제국주의와 동일어로 쓰이기도 한다.

셋째, 백과사전에 의하면, 제국주의(imperialism)는 외국 제국이 군사력이나 무역에서의 이득을 위해 세운 시스템을 일컫는 용어를 말한다(wikipedia). 제국주의는 식민주의와 혼용되어 사용하는데 무리가 없는 용어로 여겨지고 있으나, 제국주의가 좀 더 광범위한 개념을 포함하는 복합적인 용어이고, 경제적 자원 침탈과 무력 지배, 형식적 · 비형식적인 군사력, 경제력의 지배가 강조된다.

넷째, 식민주의(colonialism)는 국가의 지배력이 다른 정착자나 식민 침략자에 의해 직접적으로 지배되고 대치되는 현상을 말한다. 식민주의는 서구중심, 인종주의, 백인, 문화지배라는 주요한 개념을 포함한다. 식민주의 용어는 문화적 · 사회제도적 종속이라는 뉘앙스를 내포하고 있다.

다섯째, 내부적 식민주의(internal colonialism)는 한 국가의 경제적 지배 부분이 주변부 지역을 착취하는 현상을 말하는데, Altbach와 Kelly(1978)는 문화와 언어적 지배 영역에서도 나타날 수 있다고 하였다.

마지막으로, 후기 식민주의(post-colonialism)는 식민주의의 문화적 논리에 대한 반응으로 철학, 영화, 정치과학, 문학 등의 텍스트에 대한 논쟁을 의미한다. 후기 식민이론 혹은 후기 식민지주의라는 명칭으로도 사용된다. 이 용어는 영어상의 표기가 탈식민주의와 같은데, 후기 식민주의는 특정한 학자와 학문을 집단으로 지칭하기 위해 생긴 용어라고 할 수 있다. 제국주의 시절에 식민지였던 국가의 우수 인력들이 미국이나 유럽에서 유학을 거치게 되면서, 모국의 학문이 제국주의 국가에서 받은 영향에 대하여 비판적으로 논의하는 학자 집단이나 학문 분야를 일컫는 용어가 후기 식민주의다. 후기 식민주의는 제국주의의 영향을 받았던 모든 문화와 역사에 대한 비평을 통칭하기도 하는데, 그 영역은 주로 문학, 문화비평, 페미니즘, 다문화주의다(Harvey, 2003).

탈식민주의를 둘러싼 용어의 관계에 의거해 이들의 개념을 정리하면 〈표 4-1〉과 같다.

탈식민주의와 관련된 여러 용어와의 관계에 의거하여 탈식민주의를 정리하면 다음과 같다. 탈식민주의는 이전 제국주의 강대국들의 약소국 지배가 최근에는 경제적 종속, 문화침탈로 나타나는 현상에 저항하는 움직임을 말한다. 탈식민주의는 서구가 제3세계라고 명명했던 개발도상국들이 실상 정치적 · 경제적 · 문화적 · 학문적 · 교육적으로 독립한 적이 없다는 아이디어에서 출발하여 여전히 경제적 · 문화적으로 종속되어 있는 개발도상국의 현

〈표 4-1〉 탈식민주의를 둘러싼 용어

용어	개념
탈식민주의(post-colonialism)	식민주의를 벗어나기 위한 비판적 움직임
신식민주의(neo-colonialism)	경제적 제국주의를 지칭하는 용어
제국주의(imperialism)	군사력이나 무력으로 약소국을 지배하여 세력을 팽창시키려는 움직임
식민주의(colonialism)	국가의 지배력이 다른 권력에 의해 대치되는 상태
내부적 식민주의 (internal colonialism)	국내의 경제적 부분이 다른 부분을 지배하는 현상
후기 식민주의(post-colonialism)	식민지 시절의 문화에 대해 비판하는 학자 집단과 그 사상

실을 반영한다. 제국주의의 중심이 서구 유럽에서 미국으로 대체되고, 무력 지배가 자본 수출과 잠식이라는 경제 분야의 잠재된 지배 형태로 나타나는 현상을 지칭한다. 탈식민주의는 공식적이고 표면적인 독립 형성에도 불구하고 외부의 권력에 의해 약소국이 통제되는 현상을 인식하고, 제국주의 시절보다 좀 더 교묘하고 은폐하는 방식으로 약소국을 착취하는 현재 강대국의 횡포에 대해 적극적으로 저항하고자 하는 사상을 일컫는다(한겨레, 1986; Harvey, 2003).

교육 분야에서 이러한 탈식민주의적인 움직임이 감지되는 곳을 찾아보면, 미국의 'Rethinking School'이라는 학교교육에 대한 진보진영을 꼽을 수 있다. 탈식민주의를 교육에서 찾아내고 반성하여 비판하는 이 진영에서는, 최근에 부상하고 있는 세계화의 논리 자체도, 신자유주의를 배경으로 왕년의 제국주의에 대한 향수를 실현하는 데서 시작되었다고 본다. 이들은 기존의 학교, 학교에서 가르치는 지식, 다문화교육, 세계적 글로벌 현상에 대해 비판적으로 다시 생각하며, 기존의 지식을 뒤집어 새로운 교육자료를 교사들에게 보급하고 있다. 여기에서 출판된 교육자료 중에 『Rethinking Globalization』(2002)이 있다. 이 책은 세계화를 바라보는 비판적인 시각을 소개하고 있으며, 실제로 학교에서 이루어지는 수업에서 학생들에게 세계화 현상을 어떻게 바라볼 것인지에 대한 자료와 수업활동을 제시하고 있다.

Rethinking 진영이 세계화나 콜럼버스를 비판적으로 다시 생각하는 이유는 교육에서 진보적인 시각을 확장시켜 나가기 위한 사회운동적인 측면이 강하다. 이들은 세계화를 제국주의의 부활로 보고 이를 경계하는 입장을 취하고 있다. 이 진영에서 제국주의는 역사 속의 현상이 아니라 여러 국가를 지배령으로 두고 있는 미국이 있는 이상, 지금 현재 이루어지고 있는 현상이라고 본다. 역사가 본격적으로 제국주의라는 용어를 사용한 때는 콜럼버스의 세계일주를 발판으로 스페인, 영국, 프랑스 등의 국가가 아프리카와 아시아 각국을 자신들 본국의 경제발전을 위한 착취대상으로 삼은 시기다. 그러므로 비판 진영은 콜럼버스를 단순히 신대륙을 발견한 훌륭한 사람으로 규정하기보다, 식민지 약탈을 가능하게 만든 선봉장으로 해석한다. 그래서 제국주의는 약소국을 식민지화시켜 그 나라의 자원을 착취하고, 자국의 생산물을 식민국가에 값비싸게 되팔아 높은 이윤을 취하는 제도로 본다. 이러한 정의하에 제국주의는 이후에 미국이 약소국 경제 종속을 꾀하는 신식민주의 대두의 선행적 발판으로 사용되었다고 본다. 비판 진영은 콜럼버스의 세계항해부터 시작하여 세계화와 관련한 우리 주변의 각종 시설이나 제도에서 숨은 이데올로기를 비판적으로 발견해 내고 이를 수업에서 구현할 수 있는 전략과 자료를 제공하고 있다(Bigelow & Peterson, 2002).

이 중 몇 가지를 살펴보면, Rethinking 진영은 세계화를 식민지 없는 경제적 세계식민주의로 파악하는 점을 알 수 있다.

Rethinking 진영이 주장하는 세계화에 대한 비판적 시각은 WTO를 대하는 관점에서 극명하게 드러난다. WTO는 현재 국제적으로 막강한 힘을 발휘하는 기구가 되었으나, 비판적으로 바라보아야 할 점은 WTO가 가장 중요하게 생각하는 것은 세계적 상업활동에서 이익을 만들어 내는 일이라는 것이다. 이윤 추구에 방해가 되는 것이면 그것이 국제적 문제이든, 지역성과 관련된 문제이든 개의치 않고 제거하기 위해 조치를 취한다. 〈표 4-2〉는 WTO

〈표 4-2〉 WTO에 대한 상반된 시각

WTO 측 입장	Rethinking의 입장
1. 자유무역 체제는 평화 유지를 돕는다. 2. 자유무역 체제는 구조적으로 조정할 수 있게 논쟁의 여지를 허락한다. 3. 이 체제는 권력보다는 규칙에 의거하여 삶과 제반 모든 것을 수월하게 한다. 4. 자유무역은 생필품가격(물가)을 동결시킨다. 5. WTO 체제는 소비자들에게 좀 더 많은 선택의 기회와 양질의 선택의 폭을 넓혀 준다. 6. 무역은 수입을 증대시킨다. 7. 무역은 경제성장을 자극하고 결국 고용 증대에 도움을 준다. 8. 자유무역 체제의 근본 원리는 가격을 동결하고 경제적인 효율성을 추구한다. 9. WTO 체제는 국가를 저금리로부터 보호해 준다. 10. 자유무역 체제는 좋은 국가를 만들어 낸다.	1. WTO는 다국적 기업의 이익을 위해서만 일한다. 2. WTO는 비밀스러운 결정을 한다. 3. WTO는 노동과 인권을 짓밟는다. 4. WTO는 환경을 파괴한다. 5. WTO는 사람을 죽이고 있다. 6. 미국의 WTO 적용은 비민주적이었다. 7. WTO는 지역경제를 약화시키고 가난한 사람들에게 페널티를 부과한다. 8. WTO는 불평등을 조장한다. 9. WTO는 국가의 존엄을 약화시킨다. 10. WTO와 자유무역을 거스르는 움직임이 있다.

출처: *Rethinking Globalization*, p. 100～115, 부분 발췌, 번역

의 주장과 Rethinking의 시각을 대조한 것이다.

신자유주의적 세계화를 경계하는 Rethnking의 입장에 대해 WTO를 대표적인 사례로 보다 상세히 정리해 보면 다음과 같다.

첫째, WTO는 다국적 기업의 이익을 위해서만 일한다. 예를 들어, 미국은 17개 산업 영역의 위원회들이 무역협상을 위해서는 투자를 쏟아붓지만 인권, 노동조합, 환경, 소비자를 위한 지원은 경시하고 있다.

둘째, WTO는 비밀스러운 결정을 한다. 무역에 장벽이 되는 안건 세 개가 검토되지도 않은 채 처리된 바 있고, 멕시코가 미국의 참치와 상어잡이에 대한 법안처리에 맞설 때, WTO 판사들은 미국의 편을 들어 멕시코의 어장자

원이 도둑질당할 수 있도록 도와준 셈이 되었다.

셋째, WTO는 노동과 인권을 짓밟는다. WTO는 자유무역 체제가 국가끼리의 노동력 공급 경쟁으로 노동권에 미치게 되는 영향을 애써 부인하고 있다.

넷째, WTO는 환경을 파괴한다. WTO는 자유무역에 방해가 되는 환경법안을 반대하고, 새우를 팔려고 희귀종 거북이들을 해칠 수 있는 값싼 어업장비를 허가하였다.

다섯째, WTO는 사람을 죽이고 있다. 80% 이상의 AIDS 감염자들이 아프리카에서 죽어 갈 때도 WTO는 그 사람들이 좀 더 저렴한 가격에 약을 구입할 수 있도록 미국의 무역장벽을 열어 주지 않았다.

여섯째, 미국의 WTO 적용은 비민주적이었다. 미국법안에 WTO에 대한 사항을 기록하기 위한 처리과정은 날치기 법안처리 수준이었다.

일곱째, WTO는 지역경제를 약화시키고 가난한 사람들에게 패널티를 부과한다. 지역주민이 지역의 공장에 고용되고, 지역의 농산물을 소비하며, 이는 다시 지역으로 환원되는 체제는 WTO 아래에서는 불법에 해당한다. WTO 체제에서 개발도상국이 국내 산업을 보호하는 것은 그 국가가 국제적 경쟁력을 갖춘 수준에 이를 때까지 금지되어 있다.

여덟째, WTO는 불평등을 조장한다. 세계의 부자나라 20%가 세계자원의 80%를 소비한다. WTO는 국가 간의 무역통로를 열어 노동력이 싸고, 착취가 수월하며, 환경 비용이 적은 지역으로 산업이 집중될 수 있도록 하고, 여기에 '개발'이라는 이름을 붙인다.

아홉째, WTO는 국가의 존엄을 약화시킨다. 국가를 초월한 국제재판 체제를 갖고 있는 WTO는 국가의 권력을 넘어선다. EU가 보건법에 기초하여 인공적 환경에서 길러진 쇠고기를 보이콧하려고 하자, WTO는 그 법안을 자유무역에 방해가 된다며 폐지시켜 버렸다.

열째, WTO와 자유무역을 거스르는 움직임은 현재 세계 여러 지역에서 분명히 일어나고 있다. 각종 환경과 시민단체들이 WTO의 독선적인 체제에 반대하는 운동을 하고 있다.

근본적으로 WTO는 세계화 진행과정에서 만들어진 기구다. 자유무역 장벽 철폐는 결국 선진국의 경제적 이익을 위한 것이고, 자유무역의 이름하에 개발도상국의 노래나 이야기, 민간요법에 쓰이는 약초 등의 지적 권리도 약탈당하고 있으며, 고단백 곡물의 판매권을 외국인이 갖게 되는 점, 아마존에 있는 독식물을 강대국의 연구자들이 발견했기 때문에 저작권을 가질 수 있다고 주장하는 등의 횡포는 Rethinking 진영이 고발했다.

Rehinking 진영에서 제시하고 있는 사실 이외에도 교과서가 소개하지 않은 세계화에 반대하는 전쟁은 지구촌 곳곳에서 일어나고 있다. WTO는 국제 자유무역의 압박을 받는 국가의 농민이나 생산자들의 격렬한 항의를 유발하고, 목숨을 거는 농민군의 전쟁도 지금 현재, 지구촌 곳곳에서 벌어지고 있다. 대표적인 사례로, 신자유주의적 세계화에 따른 수도와 전기의 민영화는 생활에 필요한 필수적인 자원에 대해서도 가난한 사람은 고통을 받고, 부자들만 편리한 생활을 누릴 수 있도록 지역 속 삶의 형태를 바꾸어 놓았다. 남아프리카공화국에서 끊이지 않는 반 WTO 시위는 대체로 WTO가 부를 누리고 있는 북반구의 국가들에게 유리하다는 점을 비판하며 저항의 일상을 이어 가고 있다. 남미 칠레의 농민군들은 무역장벽 철폐를 골자로 하는 WTO의 협상을 저지하기 위해 목숨을 걸고 싸우고 있다. 남미에서는 세계은행(World Bank)과 국제통화기금(IMF)의 폐지법을 고민하는 학술 세미나와 포럼이 열린다. 이러한 대표적인 학술행사로 세계사회포럼은 세계경제포럼과 대비된다. Chang(2007)과 같은 영국의 경제학자가 국제경제기구를 사악한 삼총사로 묘사하는 이유는 신자유주의적 세계화를 주도하고 있는 이들 국제기구의 폐해를 학술적으로도 근거를 가지고 논리적으로 설명할 수 있기 때문이다.

신자유주의적 세계화 체제에서는 모든 것이 다 상품화된다. 인간에게 필수적으로 필요한 물, 전기, 토지, 식량이 가난한 사람들은 누릴 수 없는 자본주의 상품으로 변모하는 것이다. 우리나라 교과서에는 언급조차 되지 않지만, 이에 대한 저항운동도 격렬하다. 무역개방으로 미국의 쌀이 수입되고, 전체적으로 우리나라에서 생산되는 쌀 가격이 싸지는 것은 농촌 지역의 삶에 위기를 가져오며, 세계화가 우리와 이웃의 삶을 위협하는 현상이 되었다.

한편, 세계화와 자유무역에 목숨을 걸고 싸우며 반대하는 전쟁이 있는가 하면 신자유주의적 세계화 현상에 대해 현실적으로 할 수 있는 대안을 모색하며 적극적으로 활동을 펼치는 진영도 있다. 최근에 관심과 호응을 얻고 있는 공정무역 상품이나 공정여행 등을 추진하는 입장이 대표적이다. 마트에서 찾아볼 수 있는 공정무역 커피는 신자유주의적 세계화에 대한 대안적인 탈식민적 운동에 속한다. 대체로 시민운동단체들이 주도적으로 추진하는 공정무역 커피는 다국적 커피 회사의 일방적인 가격에 원두를 납품하던 개발도상국 농민들에게 합당한 가격을 주고 커피를 구입하여 소비자들에게 공급하는 방법을 택하고 있다. 공정여행 역시 과열된 개발도상국의 관광에서 지역주민의 인력을 이용하고, 지역민의 숙소와 여행 프로그램을 이용하여 생활에 도움이 되도록 하는 일종의 반신자유주의적 세계화이자 탈식민주의적 운동이다. 주로 여행지 주민의 숙소를 이용하고, 지역주민을 가이드로 활용하고, 그 지역의 생태는 물론, 지구 환경을 해치지 않는 여행 형태로 진행된다. 공정여행은 여행자들의 여행지에서의 소비가 그 지역주민들에게 혜택으로 돌아가는 여행을 계획하고 실행하는 것을 말한다. 일반적인 여행이 여전히 그 지역에 진출한 맥도날드, 나이키, 이비스 등 다국적 기업의 음식을 먹고, 세계적인 체인을 가진 호텔이나 숙박업소를 이용하며, 다국적 기업의 물건을 쇼핑함으로써 여행지에 이득이 되지 않는 형태를 되풀이하는 데 대한 대안적 여행의 개념으로 대두된 것이다. 지역주민의 생업에 여행의 대가를 지불한다 하더라도, 예를 들어 히말라야 등반에서 세르파를 가혹한 임금으로 고용하는 것은 공정여행에 위배된다.

커피든 여행이든 상품으로 파악하는 입장은 반세계화 진영에서도 다르지 않지만, 이미 기정사실화된 신자유주의적 세계화를 인정하되 그 속에서 현실적이고 비판적인 대안을 찾는다는 점이 탈식민적 운동 진영의 특징이라

할 수 있다.

이렇게 교육 분야에서도 외국에서는 탈식민주의적인 움직임이 활발한데, 우리나라의 교과서는 세계화와 관련한 내용을 어떻게 진술하고 있는지를 탈식민주의적 관점에 의거하여 분석하는 것이 이 연구의 주요한 내용이다.

이 절에서 다루고 있는 연구에 대한 기본적인 사항은 다음과 같다.

첫째, 이 연구의 목적은 우리나라 교과서에 나타난 세계화 관련 내용을 탈식민주의 관점을 이용하여 비판적으로 분석하는 데 있다.

둘째, 연구목적 달성을 위한 연구문제는 '우리나라 교과서에 나타난 신자유주의적 세계화는 탈식민주의적 시각에서 어떠한 문제점을 드러내고 있는가?'로 설정하였다.

셋째, 이 연구에서는 내용 분석을 연구의 주요한 방법으로 사용하였다. 먼저, 분석을 위해 수집된 자료는 〈표 4-3〉과 같이 중학교 사회 교과서 4종이다. 선택 빈도가 높은 교과서 3종과 선택 빈도가 낮은 교과서 1종을 각 학년

〈표 4-3〉 분석대상 사회 교과서

학 년	저 자	출판연도	출판사
1	조화룡 외 11인	2001	(주)금성출판사
	차경수 외 11인		(주)교학사
	이진석 외 11인		(주)지학사
	최현섭 외 14인		고려출판
2	조화룡 외 11인	2002	(주)금성출판사
	차경수 외 11인		(주)교학사
	이진석 외 11인		(주)지학사
	김회목 외 11인		(주)동화사
3	조화룡 외 11인	2003	(주)금성출판사
	차경수 외 11인		(주)교학사
	이진석 외 11인		(주)지학사
	오경섭 외 11인		(주)도서출판 디딤돌

별로 선택하였다.

그다음으로, 자료 분석은 각 교과서에서 세계화에 대한 지식을 탈식민주의적으로 해석하는 과정을 거쳤다. 분석과정은 구문 단위, 상황 단위, 시공간의 물리적 단위를 내용 분석의 분석 단위로 삼아 교과서의 내용을 분석하였다. Fairclough(2003)의 담화 분석을 응용하여 어떠한 지식이 강조되고 왜곡되었으며, 또 소홀히 취급되거나 삭제된 지식은 무엇인지를 밝히고, 이를 탈식민주의적 관점에서 비판하였다.

넷째, 연구의 타당도 확보작업은 교육과정을 전공으로 하고 있는 동료 연구자 2인과 총 3회에 걸친 검토 작업을 통해 이루어졌다. 교과서의 세계화 관련 내용을 탈식민주의적으로 해석하는 과정에서 작위적인 해석이나 논리적 비약이 일어나지 않았는지 공동 검증과정을 거쳐 분석에서 저자와 의견이 일치하는 부분을 취하였다. 해석과정에서 상이한 의견이 나타나는 경우에는 연구자가 선행연구물 등 해석의 근거를 제시하여 설득할 수 있도록 토론하였으며, 최종적으로 설득력이 떨어진다고 판단한 해석은 연구 결과에서 제외하였다.

다섯째, 이 연구의 제한점으로는 연구가 제7차 교육과정에 의거하여 집필된 교과서를 위주로 하였으므로, 2007년 개정 교육과정에서 변화된 주제들은 연구 결과에 포함되지 못한 점을 들 수 있다.

2. 교과서에 나타난 신자유주의적 세계화

1) 경제적 의미의 세계화

교과서에서 묘사되고 있는 세계화란 경제적 의미로 한정된다. 세계화와 관련한 내용을 다루는 단원의 첫머리에 교과서는 교통과 통신 발달에 따라 각국 간의 교류가 활발해진 현상으로 세계화를 규정하고 있다. 세계화란 사람들의 생활과 활동범위가 사회와 국가의 경계를 넘어 전 지구로 확대되는 현상으로 묘사되고 있다.

> 이와 같이 교통과 통신 기술이 발달함에 따라 세계는 국경을 바탕으로 하는 국가의 역할이 줄어드는 대신, 정보와 대중매체를 통한 관계가 중요해지면서 지구촌 공동체로서의 성격이 강해지고 있다.
>
> - 중학교 3학년 금성출판사 사회, p. 180 -

> 이렇게 상호교류의 증대로 인한 상호의존의 심화로 다른 나라에서 발생하는 여러 가지 변화가 우리나라에 큰 영향을 끼치기도 한다.
>
> - 중학교 3학년 교학사 사회, p. 164 -

실제로 세계화의 의미는 상호의존이라기보다는 자원과 자본을 소유한 강대국이 약소국을 잠식하는 형태로 드러난다. 다른 교과서들이 상호교류의 증대로 세계화의 밝은 면만 부각시키는 것에 반해, 교학사의 교과서는 상호의존이라는 단어를 강조하여 세계화가 생활과 밀접하거나 절박한 문제일 수도 있음을 시사하고 있다. 물론 교과서는 세계화된 국제적 환경에서 곡물보유국이 식량 수출을 중단하거나, 산유국이 유가를 급등시킨다거나 하는 사태가 초래할 피해에 대해서는 언급하지 않는다. 한국의 식량 자급률이 얼마 되지 않아 타국으로부터의 식량수입이 중단될 경우, 식량부족 문제에 봉착할 수 있는 가능성은 제기하지 않는다. 식량부족 문제는 교과서가 강조하고 있는 인간의 존엄성에 치명타를 입게 될 수도 있다는 식의 구체적인 설명은 붙이지 않는다. 분명한 사실은 세계화가 활발한 상호교류 이상의 문제라는 점이다.

교과서는 외국과의 교류가 활발하게 일어나 자본주의가 확대되는 것을 세계화로 가정하면서, 항공 · 금융 · 관광 등의 3차 산업이 더 발달할 것으로 전망하고 있다. 3차 산업의 예로 사용된 것은 모두가 국제교류에 필요한 산업이다. 국제화가 3차 산업의 발달을 촉진한다는 식의 설명인데, 여기서의 국제교류란 곡물과 상품의 경제적 교류를 포함한다. 역으로 말하면 세계화는 도리어 1, 2차 산업을 위험에 빠뜨린다는 설명이 가능하게 된다. 그러나 교과서는 세계화로 인해 농업과 축산업이 무너지고 세계의 어느 한쪽에서는 목숨을 걸고 세계화에 반대하며 싸우고 있는 농민군의 존재를 무시한다(Kingsnorth, 2003; Pinitch & Leys, 2008). 1, 2차 산업의 황폐화는 내버려두고 세계화가 3차 산업을 발달시키게 되어 있다는 식의 주장을 강조하는 이유도 세계화를 경제적인 의미에서 파악하기 때문이다.

사회 교과서는 세계화 주제에 대해 한편으로 회피하는 태도를 취하고 있다. 세계화는 경제적 측면의 강대국 잠식을 의미하는 부분이 다분하며, 단순히 상호 활발한 교류로 인한 현상으로 단정 짓기에는 곤란한 측면이 있다. 세계화는 강대국이 자국의 이익을 위해 개발도상국과 불공정한 무역을 강요하는 또 하나의 자본잠식 현장이며, 다국적 기업이 지역의 상권을 장악해 나가는 현실이다. 경제적 의미에서 세계화란 한 사람 한 사람의 삶에 지대한 영향을 끼칠 수 있는 파급력이 있는 현상임에도 불구하고, 교과서는 세계화에 대해 교류 발달의 측면만 부각하여 경제적 영향력은 축소하고 있다. 또한 세계화와 그 대처방안에 대해 어쩔 수 없는 필수 불가결한 추세라는 식의 안이한 태도로 소개하고 있다.

교과서의 이러한 소극적인 태도는 세계의 도시와 인구문제를 파악하는 방식을 통해서도 알 수 있다. 교과서에 의하면, 선진국에서는 인구가 줄어들고 분포가 고령화되어서 문제이고, 개발도상국에서는 인구조절이 안 되어 식량부족과 빈곤이 발생하고 있다. 그러나 엄밀히 따지면, 기아와 빈곤의 문제는 자국의 인구문제에만 기인하는 것이 아니다. 많은 식량을 생산하고도 굶주림을 못 본 체하고, 자본주의 시장논리에 의해 잉여 식량이 있더라도 아프리카의 기아에 기부할 수는 없다는 것이 시장경제 체제의 현실이다. 왜냐하면 시장경제에서 곡물은 인간이 먹어야 할 양식이라기보다는 곧 돈으로 환원될 팔아야 할 상품이기 때문이다. 그렇기 때문에 상품인 육류를 만들기 위해 소의 먹이로 곡물을 공급할 수 있어도 기아 지역에 식량을 그저 원조할 수는 없다는 것이 자본주의의 논리다(Ziegler, 1999).

개발도상국에서 일자리나 주택이 부족함에도 불구하고 수도나 도시로 사람들이 과잉 집중되는 것 역시 초국적 기업이 지역경제를 잠식하여 일할 기회가 없거나 삶의 터전이 붕괴되었기 때문인 이유도 있는 것이다. 개발도상국들이 안고 있는 문제를 자국의 탓으로만 돌리는 것은 강대국들의 신식민지적 논리에 휘말리는 것에 다름 아니다.

2) 경제적 국제기구

교과서가 국제사회에 대해 설명하면서 언급하는 국제기구는 기아구조 단체이거나 국제경제 협력체제다. NAFTA, APEC, OECD, NATO 등의 국제경제기구들을 통해서 경제적 영역의 국제적 협력관계의 중요성을 강조하고 있다. 교학사의 교과서는 유니세프(UNICEF)에 대해서 소개하고 있다. 대체로 교과서가 소개하는 국제기구들은 정치적 객관성과 가치의 중립성을 유지하려는 경향이 있어서, 국제경제 협력기구나 무조건적인 인류애를 발산하는 기아구조 단체에 한정된다.

> 1946년 유엔총회는 이런 어린이들을 위하여 일할 임시기구인 임시아동구호기금을 만들었는데, 그것이 후에 상설기구로 되면서 오늘날의 유니세프가 설립되었다. 그 후 유니세프는 전 세계 어린이들을 위해 일하고 있다. 이들은 어린이들을 기아, 질병, 무지로부터 구출 · 보호하고 인류의 복지를 향상시키는 것을 목표로 하고 있다.
>
> \- 중학교 3학년 교학사 사회, p. 93 -

교과서는 국제경제를 좌우하는 국제기구에 대해서 주로 설명하면서 세계화를 경제적 측면의 이득에 대해서만 풀이하고 있다. 경제적인 역할을 수행하는 국제기구는 소개하고 있지만, 그린피스나 국경 없는 의사회, 기자회 등 세계 공동의 문제 해결을 위한 국제기구는 교과서에 잘 드러나지 않는다.

사회 교과서가 지속적으로 강조하고 있는 세계화와 자유무역에 깊이 관여되어 있는 세계무역기구(WTO)에 대해서 선택 빈도가 높은 출판사의 사회 교과서는 단어 수준에서만 이를 언급하고 있다(이진석 외, 2003; 조화룡 외, 2003; 차경수 외, 2003). WTO에 대해서 간단한 설명이 나와 있기는 하지만, 대체로 국제무역의 질서를 세우고 감시하는 기구로 긍정적인 기능과 역할수행에 대해서만 소개하고 있다.

> 산업사회에서는 경제 · 정치 · 문화 등의 여러 분야가 개별 국가 단위로 관리되던 것에 반해, 오늘날에는 세계적인 차원에서 관리 · 조정되고 있다. 이러한 현상의 대표적인 예가 경제 영역의 세계화를 주도하는 세계무역기구(WTO)다. 자유무역을 원칙으로 하는 WTO는 세계무역질서를 세우고 무역협상의 이행을 감시하는 국제기구로, 국가 간 경제 분쟁이나 마찰을 조정 · 판결하고 있다. WTO 체제의 출범은 세계를 하나의 규범과 기구로 통일하는 것을 의미하는데, 이에 따라 세계의 무역환경은 국경 없는 무한 자유경쟁시대가 되었다.
>
> - 중학교 3학년 디딤돌 사회, p. 189 -

교과서의 시각에서 WTO는 자유무역시대를 연 훌륭한 국제기구로 묘사된다. 국제금융기금(IMF)이나 세계은행(World Bank)에 대한 최소 몇 줄의 설명만이 허락되는 상황에서 진술은 자연히 일반적인 정보를 제시하는 수준에 머무를 수밖에 없게 된다. 일반적으로 알려진 바에 따라, 혹은 세계은행 쪽에서 주장하는 기능에 의거해서 세계은행의 역할을 소개하고 그치게 되는 식이다. 세계은행이 개발도상국들에게 어떤 영향력을 행사했고, 어떻게 강대국의 이익을 대변하고 있는가에 대한 부분은 자연히 생략되고 만다. 결국 교과서는 국제기구의 긍정적인 측면만 부각시키고 부작용에 대해서는 소개하지 않는다.

선택 빈도가 낮은 출판사(오경섭 외, 2003)의 교과서는 사회의 다원화를 언급하면서 WTO라는 국제무역체제를 설명하고 이에 반대하는 입장도 있음을 소개한다.

〈탐구활동 2〉 다음 논쟁을 읽고 세계화에 대한 자신의 의견을 발표해 보자.

세계화는 힘없고 가난한 나라의 희생을 강요하는 선진국들의 논리입니다. 지구촌을 하나의 시장으로 묶고 활발한 교류와 경쟁을 추구하는 세계화는 선진국의 의도대로 진행되고 있습니다.(중략)

세계화는 가난한 나라에도 발전의 기회를 주고 있습니다.(중략) 어느 사회든 소외되는 개인이 있는 것처럼 세계화 과정에서도 혜택을 보지 못하는 나라가 생길 수밖에 없습니다.(중략)

- 중학교 3학년 디딤돌 사회, p. 191 -

실제로 반제국주의 영역이나 세계화를 반대하는 진영에서는 전쟁도 불사할 만큼 WTO의 폐해를 고발하고 있다. 자유무역협정에 반대하는 시위와 집회, 죽음도 불사하는 농민군의 전쟁이 세계 곳곳에서 끊이지 않는 현상에 대한 소개는 생략되어 있다(Kingsnorth, 2003; Panitch & Leys, 2008).

앞서 언급했듯이, Chang(2007)은 WTO, IMF, 세계은행을 개발도상국의 '사악한 삼총사'로 분류한 바 있다. 이 세 국제기구는 주로 강대국에 의해 운영되며 종종 자유무역상 자신의 국가에게 유리한 조건을 예외조항으로 두거나, 원조를 제공하는 대신 강대국과의 무역에서 관세를 낮춰 줄 것을 요구하는 방법으로 가난한 국가들의 무역정책에 관여하고 있다. 강대국들이 약소국에게 자유무역이 경제성장의 지름길인 것처럼 선전하고 강요하면서도 과거에 자신들은 높은 관세장벽을 세우는 정책을 써서 자국의 산업을 보호하며 세계시장에서 경쟁할 수 있는 능력을 키워 온 전례는 교과서에서 언급하지 않고 있다. 실제로 자유무역을 통해서 개발도상국이 거둔 경제적 성장은 강대국의 1/3조차 되지 않는다고 한다. 교과서는 자유무역체제가 빚어 내고 있는 이러한 사실을 숨기고 있다. 강대국들은 약소국과의 각종 불평등 조약을 통해 자국의 관세는 높이 쌓으면서 약소국에는 낮은 관세율을 강요하는 방식으로 부를 축적한 역사가 있는데, 교과서는 이러한 사실을 감춘다. 비판적인 진영에서 발간하는 수업자료가 WTO 측에서 주장하는 자유무역에 대한 그들의 기여도와 더불어 WTO가 자유무역을 빌미로 개발도상국을 착취하는 내용 또한 학생들에게도 알려 주고 교육시키는 점은 한국의 교과서와 극적인 대조를 보여 준다.

3) 국제무역의 불균형

교과서의 설명에 기초하여 국제무역에 관한 정보를 조합하면, 국제경제 자체가 공정성에 기반을 두고 있는 듯한 착각을 하게 된다. 교과서는 자유무역의 추종자가 된 것처럼 옹호하는 진술을 반복하고 강대국이 주장하는 자유무역의 이점을 강조하고 있다. 진정한 의미에서 공정한 무역이 무엇이고 어떻게 되어야 하는가에 대한 문제는 교과서에 설명되지 않는다. 공정무역은 페루의 커피농장에서 지역의 주민들이 일한 만큼 노동의 대가를 받고, 초국적 기업이 국경을 넘을 수 있는 이점을 이용하여 이들의 삶을 탈취하지 않으면서 일반적인 소비자가 커피를 구매할 수 있는 구조를 말한다. 자유무역체제가 아프리카의 신생독립국들에게 단종 상품의 생산을 부추긴 이유는 그것이 강대국에게 이익이 되기 때문이었다. 이 때문에 아프리카 가나의 코코아 농장은 자유무역체제에서 국가의 전체 경제를 떠맡아야 하는 구조를 지속하고 있다. 강대국들은 자신들이 소비하는 바나나, 커피, 초콜릿을 식민지 시절 심어 놓은 플랜테이션에서 그대로 생산하도록 유도하고, 기술이나 공정무역으로 다가갈 수 있는 유기농법 등 경제적 도약점이 될 만한 아이디어는 제공해 주지 않는다. 교과서는 학생들에게 자유무역만 강조할 뿐, 한국인들이 소비하는 것들이 국경을 넘어 어디에서 만들어진 것이든 생산자에게 정당한 대가가 지불될 수 있는 국제무역의 구조를 만드는 공정무역이 필요한 것임에 대해서는 경시하고 있다.

제1차 세계대전 이후 프랑스와 영국을 비롯한 강대국들은 무역장벽을 설치하여 자국의 경제를 보호하다가 그것이 한계에 도달한 즈음, 태도를 바꾸어 가난한 나라들에게는 자국의 생산을 보호할 기회조차 주지 않은 채 일방적으로 자유무역 개방을 요구하기 시작하였다(Chang, 2007).

> 자본주의의 확대: 이에 따라 세계 각국의 경제 규모가 급격히 확대되었고, 강대국을 중심으로 무역의 장벽을 허물어 세계를 하나의 거대한 시장으로 만들려는 움직임이 일어났다.(중략) 한편, 러시아를 비롯한 동유럽 국가들은 급속한 체제 전환과정에서 한동안 물가 불안, 빈부 격차 등으로 많은 어려움을 겪기도 하였으나, 점차 시장경제에 적응하여 최근 눈에 띄는 성장을 보이고 있다.
>
> - 중학교 2학년 동화사 사회, p. 125 -

자본주의의 확대에 대한 소단원에서 제시된 앞의 설명은 교과서가 자본주의와 자유무역의 우월성을 옹호하고 있는 듯한 느낌을 준다. '공산권의 몰락' 이라는 소단원에서 내용으로 다루어지는 것은 사회주의 국가들이 체제를 바꾸는 과정이 아니다. 교과서는 공산권 국가들이 '실리' 라고 통하는 경제적 이익으로 돌아선 과정과 이후 경제적 교류가 활발해졌다는 설명에 더 많은 비중을 싣고 있다.

4) 다국적 기업

경제 부문의 다국적 기업에 대해서도 교과서는 왜곡된 사실을 실제인 것처럼 이야기한다. 미국에 대해서 설명하는 부분에서 교과서는 다국적 기업에 대한 읽을거리를 붙인다.

> 다국적 기업이란 세계 각지에 회사나 공장 등을 확보하고, 생산판매활동을 국제적 규모로 수행하는 기업이다. 미국의 대기업이 해외에 진출해 있는 경우 가 많은데, 대표적인 다국적 기업으로는 엑슨, 셸 등의 석유회사, 포드, GM 등의 자동차 회사, 그리고 IBM 등이 있다.
>
> \- 중학교 3학년 교학사 사회, p. 194 -

다국적 기업의 대표적인 예로 코카콜라, 나이키 등의 회사에 대해서도 이야기하는데 다국적 기업에 대한 정보를 교과서가 정확하게 제공해 주고 있는지 따져 볼 필요가 있다. 비판 진영에서는 다국적 기업이라는 말보다는 초국적 기업이라는 용어를 사용한다. 다국적 기업은 기업이 본래 창설된 국가 외에도 위치해 있는 지역의 국적을 가지고 생산활동을 전개한다는 이미지가 강하다. 다국적 기업이라는 용어는 외국 현지의 고용창출은 물론 기업의 이윤도 그 국가의 지역발전에 환원되는 듯한 이미지를 띠고 있다. 그러나 실제로 다국적 기업은 모기업이 있고, 노동력이나 자원 등 생산 여건이 좋은 지역에 공장을 세우고 그 이윤은 다시 모기업이 위치한 국가로 가져가는 형태를 취한다. 따라서 다국적이라는 말보다는 초국적이라는 말이 더 올바른 표현이다.

초국적이라는 용어는 국적과 국경을 초월해서 기업활동을 한다는 의미이고, 당연히 이윤은 모기업의 국적에 고스란히 돌아간다. 삼성이나 현대와 같은 한국 기업도 마찬가지이지만, 다국적 기업이 개발도상국에 진출하여 고용을 만들어 내는 등 그 지역의 경제를 살리는 효과도 분명히 있다. 하지만 값싼 자원과 자본, 노동력을 노리고 세워진 생산시설의 고용효과가 얼마나 해외의 그 지역주민에게 긍정적인 영향력을 미치는지에 대해서는 좀 더 면밀히 살펴볼 필요가 있다.

초국적 기업이 지역사회에 기반을 두고 있던 영세 산업을 고사시키고 환경문제를 야기하는 등 부작용을 일으키고 있는 것도 사실이다. 교과서는 객관적인 정보를 제공한다고 해 놓고 다국적 기업이 만들어 내는 이윤에만 관심이 있고 초점을 맞추고 있다. 다국적 기업을 둘러싸고 벌어지고 있는 지금의 현상에 대해서 무엇이 객관적인 정보인지에 대한 올바른 정의는 내리기 어렵다. 그러므로 각 관점의 주장과 정보를 골고루 제공해 주는 것이 교과서가 취할 수 있는 최선이 되어야 하나 현실은 그렇지 않다.

5) 부의 불균형

선진국과 개발도상국의 빈부 격차를 표현한 삽화(차경수 외, 2003: 179)는 보다 주의를 기울여 살펴볼 필요가 있다. 이 삽화는 인류의 과제로 세계의 빈부 격차 문제를 제기하고 있다. 선진국에는 계속해서 더 많은 자본과 자원이 몰리고, 가난한 나라는 투자를 받기도 힘들고, 식량을 비롯한 각종 자원부족 현상이 악순환되는 문제를 제기하고 있다. 선진국을 대표하는 사람은 뚱뚱한 백인 남자로 그려졌다. 선진국의 식탁 위에는 다 먹은 고기뼈와 맥주인지 와인인지 모를 술, 과일, 닭고기, 이미 발라먹은 생선뼈가 늘어서 있다. 식탁 너머의 개발도상국 사람들은 터번을 쓴 아랍인, 검은 피부와 꼬불꼬불한 머리칼을 지닌 흑인, 삼각뿔 모자를 쓴 베트남 사람 등이다. 이들 6명의 다른 인종 사람이 식탁 너머에서 선진국의 밥상을 쳐다보고 있다. 선진국은 백인 하나지만, 빈곤한 국가는 많다는 메시지를 전달하기 위해 1:6의 구도를 선택했다.

한 사회 내에서도 몇몇의 부자가 대부분의 자원과 자본을 독식하고 독식된 자본으로 전체 자원을 잠식해 나가듯이 국제사회에도 부자 나라는 많지 않다. 소수의 부자 나라들이 한정된 자원을 독식하고, 다수의 가난한 나라에게 기회조차 주지 않거나 힘든 개발도상국 사람들의 삶을 외면하는 현실을 보여 주고 있다. 탈식민주의적 관점에서 앞의 삽화는 국제사회의 현실을 비교적 정확하게 알려 주는 보기 드문 사례다.

중국 몽골지역에 사는 사람들이 빈곤으로 인해 숲을 마구잡이로 개발하고 벌목하는 일은 지역의 사막화를 초래했고, 그 피해는 중국은 물론 우리나라에까지 매년 봄마다 황사로 어려움을 겪는 결과로 나타났다. 개발 위주의 산업에 따른 오염물질과 부산물이 결국 전체 지구를 위험에 빠뜨리게 하고 이상기온과 천재지변을 유발하며, 그 피해가 우리 모두에게 돌아간다는 사실에 대해 교과서는 언급하지 않는다.

아프리카 지역의 오랜 가뭄과 기아문제는 현재 한국 사회에는 강 건너 불구경일지 모르지만, 조만간 빈곤지역의 고통은 국제사회에서 또 다른 전쟁이나 난민문제로 변하여 우리에게도 영향을 미칠 수 있는 것임을 교과서는 생각하도록 하지 않는다. 지구온난화를 촉진해서 기후변화를 조장한 것도 공업발달을 추진했던 강대국들이 저지른 일인데, 오늘날에 와서는 아프리카 사람들이 그 고통을 받고 있는 사실에 대해 교과서는 알려 주지 않는다.

결국, 지구 반대편의 가난도 우리와 무관하지 않으며, 다른 나라에서 일어나는 환경오염 문제도 전 지구적으로 사고하고 인식할 필요가 있음에 대해 학생들은 생각해 볼 기회도 없이 경제적 가치에 대해서만 인식하고 그냥 지나치게 되는 것이다.

이와 같이 교과서에서 다루고 있는 세계화는 경제적 세계화에 제한되어 있으며, 세계화에 대한 이러한 관점을 지극히 긍정적인 입장에서 묘사하고 있다.

3. 탈식민주의적 세계화 교육을 위하여

그렇다면 신자유주의적 세계화를 살고 있는 우리는 학생들에게 어떻게 세계화 현상을 설명해야 할까? Rethinking 진영은 지금의 세계화 현상을 새로운 식민주의라고 했다. 이러한 세계화 현상을 바르게 파악하고 판단하기 위해서는 탈식민적 접근이 필요하다. 학생들이 세계화를 교과서가 지시하고 있는 대로 수용하지 않도록 하는 비판적 관점이 필요한 것이다. 이에 이 절에서는 세계화에 대한 탈식민주의적 교육을 다음과 같이 간략하게 제안하고자 한다.

첫째, 세계화에 대한 비판적 운동에 관한 정보를 제공해야 한다. 교과서는 세계화에 대해 편향적인 시각을 보여 주고 있다. 세계화를 반대하는 움직임도 있다는 사실을 인지시킬 필요가 있다. 그렇게 할 때, 자본을 가장 우위에 두고 모든 자연자원과 환경을 상품으로 파악하고, 시장을 확대하고자 하는 신자유주의적 세계화를 비판적으로 바라볼 수 있는 관점을 기를 수 있다. 경제적 세계화 현상에 깃든 새로운 식민주의를 극복하는 길은 이에 대해 비판적 판단을 하는 것이고, 곧 탈식민적인 관점을 지향하는 방법이다.

둘째, 학생들이 세계화를 자신의 문제로 받아들일 수 있도록 별도의 장치를 마련해야 한다. 세계화 교육에 신자유주의적 변화가 자신의 삶에 미치는 영향을 역추적하는 활동을 포함시킨다든지, 생활 속의 구체적인 사례를 들어 세계화 현상을 보다 가까이서 파악하고 판단할 수 있도록 해 줄 필요가 있다.

셋째, 참여와 행동 영역을 세계화 교육목표에 포함시키는 방안을 고려할 수 있다. 이에 대해서는 Collins(1996)가 기존 세계화 교육을 분석하고 목표 영역을 지식(knowledge), 기술(skill), 참여(participation) 영역으로 구체화시켜 제시한 내용이 우리에게 단서를 줄 수 있다. 세계화 교육이 세계화에 대해 우호적이든 비판적이든 지식을 전달하는 데 그쳐서는 곤란하다는 점을 지적하고 싶다. 세계화 교육의 목적에 비판적 사고, 올바른 정보를 가려낼 수 있는 판단력, 세계화를 자기 삶과 연결되어 있는 문제로 인식하는 태도를 포함하는 방안을 고려해 볼 수 있다. 신자유주의적 세계화에 대한 탈식민은 머릿속에서 이루어지지 않는다. 무언가 행동을 취하는 일이 필요하다. 남미의 농민군처럼 무역장벽을 위해 직접 전쟁을 하며 싸우지는 못할지라도 세계화에 대한 자신의 생각을 담은 글의 신문 투고, 무역불균형으로 고통받는 개도국 사람들을 위한 적은 금액의 기부, 공정무역 커피나 티셔츠 등의 상품 구매, 반세계화 캠페인 참여 등을 들 수 있다.

참고문헌

김대현(2001). 한국교육의 신자유주의의 정치적 지형. 한국교육, 28(2), 277-299

김복영(2001). 탈 신민주의시대의 사회과 교육과정. 사회과교육, 34, 58-68

오경섭 외 11인(2003). 중학교 사회 3. 서울: (주)도서출판 디딤돌.

이옥순(2003). 우리 안의 오리엔탈리즘. 푸른역사.

이진석 외 11인(2001) 중학교 사회 1. 서울: (주)지학사.

이진석 외 11인(2002) 중학교 사회 2. 서울: (주)지학사.

이진석 외 11인(2003) 중학교 사회 3. 서울: (주)지학사.

조화룡 외 12인(2001) 중학교 사회 1. 서울: (주)금성출판사.

조화룡 외 12인(2002) 중학교 사회 2. 서울: (주)금성출판사.

조화룡 외 12인(2003) 중학교 사회 3. 서울: (주)금성출판사.

주재홍(2006). 교과서 속의 오리엔탈리즘: 제7차 교육과정 중학교 사회과 교과서를 중심으로. 박사학위논문. 한국학중앙연구원.

차경수 외 11인(2001). 중학교 사회 1. 서울: (주)교학사.

차경수 외 11인(2002). 중학교 사회 2. 서울: (주)교학사.

차경수 외 11인(2003). 중학교 사회3. 서울: (주)교학사.

한겨레 편저(1996). 신식민주의론. 서울: 도서출판 한겨레.

Bigelow, B., & Peterson, B. (2002). Rethinking globalization: Teaching for justice in an unjust world. Rethinking Schools.

Chang. H. (2007). *Bad Samaritans: The myth of free trade and the secret history of capitalism.* Intercontinental Literacy Agency. 이순희 역(2007). 나쁜 사마리아인들. 서울: 부키.

Collins, H. T., Czarra, F. R., & Smith. A. F. (1996). Guidelines for global and international studies education. *Issues in Global Education,* 135-136

Dijk, L. V. (2004). *Die geschichate Afrikas.* Campus Verlag GmbH. 안인희 역(2005). 처음 읽는 아프리카의 역사. 파주: 웅진지식하우스.

Fairclough, N. (2003). *Analyzing discourse: Textual analysis for social research.* New York: Routledge.

Harvey, D. (2003). *The new imperialism*. 최명두 역(2005). 신제국주의. 서울: 한울 아카데미.

Jacobs, S. (2004). *The postcolonial landscape: negotiating teachers' identities around race and culture*. Doctoral dissertation. University of Alberta (Canada).

Kingsnorth, P. (2003). *One no, many yeses. By* Conville & Walsh Ltd. 김정아 역(2004). 세계화와 싸운다. 서울: 창비.

Osterhammel, J. (2003). *Kolonialismus: geschichte formen folgen*. Verlag C. H. Beck OHG. 박은영 · 이유재 역(2006). 식민주의. 서울: 역사와 비평사.

Pinitch, L., & Leys, C. (2008). *Global flashpoints: Reactions to imperialism and neoliberalism*. Socialist Register. 이고성 역(2008). 세계의 발화지점들: 제국주의와 신자유주의에 대한 반발. 서울: 필맥.

Ransom, D. (2005). *The no non-sense guide to fair trade*. New International Publications Ltd. Oxford, UK. 장윤정 역(2007). 공정한 무역, 가능한 일인가? 서울: 이후.

Said, E. W. (1978). *Orientalism*. Wylie Agency. UK. 박홍규 역(2007). 오리엔탈리즘. 25주년 개정증보판. 교보문고.

Spivak, G. C. (1999). *A critique of postcolonial reason: Toward a history of the vanishing present*. Harvard University Press.

__________ (1990). *The post colonial critic: Interviews, strategies, dialogs*. Routledge, New York. 태혜숙 역(2006). 스피박의 대담. 서울: 갈무리.

Willinsky, J. (1998). *Learning to divide the world: education at Empire's end*. University of Minnesota Press.

Zambon, M. J. (2006). *Postcolonial displays of bodies and objects: An anlysis of three cultural of outreach programs and their implementation in schools*. Doctoral dissertation. University of Wisconsin Madison.

Ziegler, J. (1999). *La faim dans le monde expliquee a mon fils*. Du Seuil. 유영미 역(2007). 왜 세계의 절반은 굶주리는가? 서울: 갈라파고스.

제5장 •••

영화 속에 재현된 이주여성의 이미지: 오리엔탈리즘을 중심으로

- 김복영 -

1. 서 론

세계화가 이루어지면서 이주여성들은 한국사회에서 국제적 규모로 거래되는 성적 · 문화적 상품으로 취급되는 경험을 하게 된다. 한준상(2008: 286-288)은 이들을 노마드로 정의하고 세 가지 부류로 나누었다. 첫 번째 부류는 비자발적 노마드다. 이들을 '인프라 노마드' 라고 부른다. 원시부족의 후손들처럼 대물림에 의해 어쩔 수 없이 노마드가 된 사람들이다. 두 번째 부류의 노마드는 정착민이다. 이들은 주로 농민, 상인, 공무원, 엔지니어, 의사, 교사, 한곳에 소속된 노동자, 장인, 기술자, 은퇴자, 어린이 같은 사람들이다. 마지막 부류는 자발적 노마드다. 이들도 조건에 따라 하이퍼 노마드와 유희적 노마드로 분류된다.

그런데 이러한 노마드 중에서도 한 문화권에서 가장 어려움을 겪는 노마드가 인프라 노마드다. 이들은 아시아나 아프리카에 있는 사람들로서 기회만 주어지면 언제든 이주의 기회를 놓치지 않는 세력이다. 인프라 노마드는 고향을 포기한 사람들로 이주의 큰 부분을 이룬다. 그들은 국제결혼의 당사자가 될 수도 있고, 노동 세력이 될 수도 있으며, 용병이 될 수도 있다.

이수자(2004: 213)는 국내 해외 이주여성의 디아스포라(diaspora) 현상을 탈식민주의 페미니즘과 문화이론적 측면에서 분석하였다. 이 연구에서 "국제결혼의 배우자로서 이주한 여성은 가부장적 문화와 성역할의 국제적 편차에 직면하면서 타자화 과정을 겪고 있다."고 주장한다. 특히 매매혼적 성격의 결혼을 통해 한국 사회에 편입해 들어온 여성의 경우 오랜 시간 동안 고립되어 살면서 타자성(alterity)을 극복하지 못하는데, 그 주요한 원인은 언어소통의 문제와 한국의 가부장적 가족 문화에 잘 적응하지 못하기 때문이라고 진단한다.

예를 들어, 이들 여성에 대한 언어와 문화적 차이에 대한 이해가 전혀 없는 남성과 시댁 식구들은 그들이 가난한 나라에서 온 여성이라는 이유로 또는 피부색이 다르거나, 한국음식을 잘 못 먹는다는 이유로 '가난＝야만과 무지'라는 식의 차별을 하는 경우가 많다고 한다. 이런 과정은 이들 여성이 경제적 · 성적 · 문화적 측면에서 한국 사회에서 느끼는 열등감과 왜곡된 자기 정체성을 갖게 하는 주요한 요인이다.

몇 년 전까지만 해도 언론뿐 아니라 국제결혼 비즈니스를 주도하는 중매업체들은 신문이나 인터넷, 현수막 광고를 통해서 이들 외국인 여성을 한국남성들의 입맛에 맞게끔 성상품과 문화상품으로 포장하는 데 앞장섰다. 예를 들어, 이러한 광고를 통해 한국 남성들이 외국인 여성들과 결혼은 하되, 가부장적인 가족제도에 순응하는 전통적인 여성의 이미지를 선호하는 것을 보여준다. 나아가 이러한 광고는 외국인 여성을 성적인 신비감을 가지는 대상으로 소개하는데, 이는 서구 남성들이 동양의 여성을 신비화 · 성애화(sexuality)해서 바라보는 오리엔탈리즘의 시각을 한국 남성들에게도 각인시키는 예라고 할 수 있다.

이러한 대중문화 현상에 특히 관심을 갖는 다학문적(multidisciplinary)인

특성을 지닌 문화연구(cultural studies)는 Marx주의를 바탕으로 한 비판이론의 영향을 받아, 문화 속에서 작용하는 미시적 억압으로부터 문화활동에 참여하는 구성원을 해방(emancipation)시키기 위한 연구활동이다. 문화는 다양하게 정의할 수 있는 복잡한 개념이지만, 영국 버밍엄에 소재한 현대문화연구소(The Centre for Contemporary Cultural Studies)로부터 현재 활발히 이루어지고 있는 미국의 문화연구에 이르기까지 문화연구의 가장 기본적인 이론적 줄기는 Marx주의다.

Storey(1996: 27-28)에 따르면, 문화연구의 가장 기본적인 가정은 Marx주의이고, Marx주의는 문화를 분석할 때 사회구조 및 역사 발생과 관련지어 문화를 분석해야 한다는 점과, 문화연구는 지배집단에 대한 문화적 저항의 시도를 넘어서서 지속적인 이데올로기적 투쟁의 영역을 확보하는 작업이라는 점을 시사한다고 밝혔다. 최근의 문화연구는 토대와 상부구조의 이분법에 근거한 속류 Marx주의의 환원론을 거부하고, 프랑크푸르트학파의 비판이론과 Gramsci의 헤게모니 이론, Althusser의 이데올로기 이론 등 발전된 담론을 중심으로 전개되고 있다.

Hytten(1997: 41)에 따르면 문화연구는 문화, 권력, 지식, 권위 및 의미 사이의 접점에 대한 연구다. 그것은 비판적인 기획인 동시에 정치적인 기획이다. 비판적으로 볼 때 문화연구는 어떻게 특별한 문화적 상징과 인공물, 문화 형식이 중요한 가치를 획득하는지를 탐구하고, 엄밀히 말해 누가 또는 무엇이 이 과정에서 소외되는지를 탐구한다.

김복영(2006)은 문화연구에서의 문화는 미학적이라기보다는 정치적으로 정의되고 문화연구의 대상은 협의의 문화가 아닌 일상생활의 의사소통을 시도하는 모든 산물로서의 텍스트(text)와 그 실천 행위로 이해할 수 있다고 보았다. 이렇게 볼 때 문화연구는 문화를 지배계층의 엘리트 문화가 아닌 다수 대중의 문화로 보고 문화를 통한 사회 변화를 추구하려는 사회 참여적인 학문이라고 할 수 있다. O'Conner(1996: 187) 역시 문화연구의 전통은 가치중립적인 학문활동의 하나가 아니라 정치적인 참여 활동이라고 보았다.

이 연구의 분석 틀은 오리엔탈리즘을 토대로 하며, 방법론은 해석학적 접근을 기반으로 한 내러티브(narrative) 탐구를 채택하였다. 해석학적 접근은 실증주의와 전혀 다른 입장을 취하는 접근 방법이다. 해석학적 접근은 연구를 수행할 때 맥락(context)과 상황(situation)을 중시하며, 엄밀한 통제에 따른 현상의 양화(quantification)를 추구하기보다는, 상호 주관적인 과정을 통한 이해와 해석을 중시한다.

또한 해석학적 접근법이 추구하는 이해의 과정에 어울리는 연구방법론은 내러티브 탐구다. 이 연구는 한국 영화에 나타난 이주 중국동포 여성의 이미지를 오리엔탈리즘의 관점에서 분석하였다. 질적 연구의 내러티브 기법을 통해 영화에 등장한 이주여성 관련 오리엔탈리즘과 관련한 장면을 이야기로 재구성한다. 내러티브 기법은 복잡하고 모호하고 모순으로 가득 찬 인간의 경험 세계를 드러내는 데 적절한 연구방법이다. 또한 내러티브 기법은 개인적인 경험적 삶을 연구의 소재로 활용하기에 적절한 연구방법으로서, 영화의 개별 장면에서 오리엔탈리즘적 의미를 추출해 내는 데 적절하다.

내러티브 기법은 텍스트 분석뿐 아니라 교육 현장에 나타난 현상을 탐구하는 연구방법으로 널리 활용되고 있다. Rankin(2002: 9)은 내러티브의 의미를 세 가지로 분류했다. 첫째, 내러티브는 이야기하기의 한 형태로 이야기하는 사람, 이야기를 듣는 사람, 이야기의 주제를 포함하며, 이야기 속의 행위, 사건, 인물, 경험은 시간적 순서 또는 시간적 형상화(temporal configuration)에 따라 배열된다. 둘째, 내러티브는 자신과 세상에 대한 지식을 형성하는 의식의 한 양상이며, 셋째 내러티브는 세상에 대한 경험을 의사소통하는 주요 수단으로서, 이야기하는 사람과 이야기를 듣는 사람의 상호 작용이다. 이와 같은 내러티브의 성격으로 볼 때 시간의 흐름에 따른 서사적 전개를 보여 주는 영화를 분석하고 이를 다시 재구성하는 데에는 내러티브 기법이 적절할 것으로 판단된다.

이러한 점에서 내러티브는 해석학적 접근이라는 이 연구의 배경과도 어울리며, 특히 영화라는 대중문화 현상에 대한 연구자의 해석이 주된 연구 내용을 이루는 연구 특성과도 잘 부합한다고 판단된다. 신경림 외(2004: 346)에 의하면 질적 연구방법론으로서의 내러티브는 인간 경험에 초점을 두고 있으며, 인간 경험의 기본적인 구조이고 총체적인 질적 탐구를 추구한다.

따라서 이 연구는 비록 순정영화 성격의 픽션이지만, 다양한 문화연구의 메시지를 담고 있는 '파이란'(2001)과 '댄서의 순정'(2005)이라는 영화를 분석대상으로 하였다. 이들 영화는 그리 큰 흥행을 거두지는 못했지만, 2000년대에 제작된 영화로서 아직도 커다란 공감과 반향을 불러일으키고 있다. 또한 중국동포 여성들의 한국에서의 삶을 생생하게 재현하는 대표적인 대중영화라고 할 수 있다.

2. 영화 속에 재현된 이주 중국동포 여성의 이미지

이 연구는 점점 늘고 있는 한국 속의 외국인이 과연 어떠한 삶을 살아가고 있는지에 대해 우리 영화는 얼마나 관심을 가지고 어떻게 묘사하고 있는지에 관심이 있다. 이러한 시도의 하나로 황영미(2007)는 '한국 속 이방인 순례기'라는 글에서 한국 속의 외국과 외국인을 영화를 통해 분석하고 있다. 이와 맥락을 같이하여 이 연구의 대상은 취업을 위해 한국에 온 외국인 노동자들과 가난을 피하여 한국으로 결혼해 온 여성들이다. 외국인 노동자들의 문제를 정식으로 다룬 영화들은 영화적 완성도도 높고 외국인 노동자에게 한국 사람들이 얼마나 가혹하며, 그들이 얼마나 혹독한 삶의 조건에서 살아가고 있는지에 무관심한 우리의 모습을 되돌아보게 한다.

1) 파이란

(1) 서사 구조

중국에서 태어나 홀어머니와 함께 비록 가난한 삶이지만 맑은 마음을 가지고 밝게 살아가는 중국동포 처녀 파이란은 어머니를 잃고 홀로 남겨진다. 그녀는 유일한 혈육인 이모를 찾기 위해 낯선 한국 땅으로 오고, 그곳에서 새로운 삶을 시작하려 하지만 이모는 이미 캐나다로 이민을 가 버린 뒤라 낯선 한국 땅에서 갈 곳을 잃어버린다. 그러다 우연히 '희망직업소개소'를 찾게 되고 그곳에서는 예쁜 그녀를 술집에 비싸게 팔아넘기기 위해 위장결혼을 권한다.

파이란과 위장결혼을 하게 된 이강재는 폭력 조직에서 10년이 넘게 있었지만, 무엇 하나 변변하게 이룬 것 하나 없는 인물이다. 어느 날 살인사건에 연루된 과거 친구였던 보스는 그에게 그의 꿈인 배 한 척을 사서 고향으로 돌아가는 꿈과 감옥에서의 10년과 맞바꿀 것을 제의한다. 마침내 감방살이를 결정한 그에게 경찰이 들이닥쳐 아내 파이란의 부고를 전하게 된다. 그때서야 강재는 비로소 1년 전 위장결혼한 중국동포 아내 파이란을 기억하게 된다. 강재는 비록 서류상이지만 처음이자 마지막으로 남편의 의무를 위해 그녀가 살았던 동해로 여행을 떠난다.

그는 처음에는 이름조차 기억나지 않는 서류상의 아내에 무관심하기만 하지만 자신이 가장 친절하다고 말하는 그녀의 편지를 읽는다. 그 후 그는 그녀의 흔적을 찾아가면서 차츰 동요하기 시작하고 결국 그녀가 살았던 집에서 파이란의 마지막 편지를 읽고 오열한다. 그대로 고향에 돌아갈 결심을 한 강재는 보스에게 감옥에 가지 않겠다고 말한다. 그리고 떠나기 직전 우연히 파이란의 모습이 담긴 비디오를 발견하게 되어 처음으로 보는 그녀의 해맑은 미소를 바라보며 보스가 보낸 사람에 의해 목이 졸려 죽는다.

(2) 불법 착취의 희생자 파이란

파이란은 한국에서 살았던 1년이라는 짧은 기간 동안에 그녀가 겪었던 일과 그녀의 삶을 통해 우리에게 특별한 아픔을 자아낸다. 이 영화에서는 불법 체류 외국인 노동자와 위장결혼 문제를 소재로 삼고 있다. 낯선 한국 땅에서 갈 곳을 잃어버린 파이란은 우연히 강재가 속한 조직이 운영하고 있는 '희망직업소개소'를 찾게 되고, 그곳에서는 예쁜 그녀를 술집에 비싸게 팔아넘기기 위해 위장결혼을 권한다. 위장결혼을 하지 않으면 한국에 계속 있을 수 없다는 말에 100만 원을 받고 호적을 판 강재의 서류상의 아내가 된다.

거리를 걷는 파이란.
그녀의 눈에 인상적인 간판이 보인다.
〈희망인력소개소(希望 人力 紹介所)〉
추운 듯 입김을 손에 불어 보는 파이란

파이란: 희망……?

소개소 안

그리 넓지 않은 실내. 몇 개의 책상이 놓여 있고, 상담을 하고 있는 사람들.
파이란이 금테를 낀 중년 여인과 상담을 하고 있다.

금테: (중국어) 참 딱하시게 됐군요. 저희가 어떻게 도와드리면 될까요?
파이란: (한참을 망설이다가) …… 돈을 벌고 싶어요.
금테: 뭘해서 돈을 벌죠?
파이란: 저, 중국에서 한국어학원 다닌 적 있어요.
어떤 일이든지 열심히 할 자신도 있고요. 가능할까요?
금테: 물론, 가능하죠. 한데 문제가 있어요.
파이란: …….
금테: 체류기간은 어떻게 하시겠어요?
어영부영 시간 보내다 보면 불법체류에 걸릴 거고…….
파이란: (난감해한다.)
금테: 방법이 있긴 한데…….
파이란: (쳐다본다.)
금테: (파이란에게 귓속말로) 이 방법은 사실 아무한테나 말해 주는 게 아닌데, 파이란 씨 사정이 너무 딱해서 말해 주는 거예요. 혹시 이미테이션 메리지라고 들

어 보셨어요?

파이란, 금테의 말뜻을 잘 이해하지 못한다.

이 장면에서 파이란은 정확히는 알아듣지 못했지만 결혼 브로커의 유혹에 넘어간다. 이들 브로커는 한국 남성을 소개하는 단계, 결혼신고 단계, 입국 단계, 체류기간 연장에 협조하는 단계, 국적 취득 단계 등 단계별로 수수료를 받기 때문에 이주여성들은 한국에 입국한 이후에도 지속적으로 결혼 브로커에게 돈을 착취당한다.

일도 익숙해지고 거진 생활에 적응될 즈음, 파이란은 병이 심해져 각혈까지 하게 된다. 파이란은 매달 월급에서 떼는 돈을 미뤄 달라고 부탁을 하러 세탁소 소개에 중간 역할을 해 준 직업소개소 소장을 만나러 간다.

간성 소개소 (낮)

소개소 안에서는 소장이 무좀약을 바르고 있고, 소파에 두 남자가 바둑을 두고 있다.

입구에 경리로 보이는 20대 초반의 여자가 앉아 있다.

소장은 발가락 사이에 약을 바르고는 후후거리며 약이 마르길 기다리고 있다.

그때 조심스럽게 노크 소리가 들리면서 문이 열린다.

경리: 어떻게 오셨어요?

파이란: 음 …… 저기 …… (소장을 가리킨다.)

경리: 소장님!

발가락에 약을 바르던 소장이 파이란을 본다.

소장: 뭐야?

파이란, 깊이 숨을 들이마시고는 옆에 선다.

파이란: (준비를 해 온 말투로) 아픕니다. 많이 아픕니다.
소장: 뭐?
파이란: 제가, 많이 아픕니다.
소장: 뭐라구? 아퍼?
파이란: 제게 받는 돈, 조금만…… 5개월만…… 참아 주시면…… 나을 수 있습니다. …… 나을 수 있습니다. 노력하겠습니다.

심각하던 소장, 킬킬 웃더니,

소장: 별로 아파 보이지도 않네!
(발가락을 가리키며) 나도 많이 아퍼! 니 돈을 제대로 받지 못하면 내 발꼬락이 많이 아퍼. 한 달도 못 참아 줘.

파이란의 얼굴이 일그러진다. 자칫하면 울음이 터져 나올 것 같다.
하지만 애써 미소를 잃지 않으려고 노력한다.
노력하면 노력할수록 파이란의 얼굴은 더욱 일그러진다.
눈에서 눈물이 떨어지지만 입가에 미소는 계속되고 있다.
소장은 이미 다른 발에 양말을 벗어서 약을 바르고 있다.
누구도 파이란에 대해서 관심을 가지고 있지 않다.
경리마저도 파이란이 사무실에 없는 듯 잡지책을 뒤적이고 있다.
파이란, 이런 사람들에게 고갤 숙여 인사를 하고 사무실을 나간다.

고된 일을 하며 돈을 버는 파이란의 월급은 상당 부분 직업소개소 소장에게 착취당해 왔던 것이다. 착취의 고리와 희생자의 대립 구도는 이 장면에서 두드러진다. 병이 나서 일을 할 수 없는 외국인 노동자의 최하급 생활을 이 영화에서는 파이란을 통해 리얼하게 보여 주고 있다.

강재와 경식이 거진에 가서 만나게 된 직업소개소장은 파이란의 죽음이 번거로울 뿐이다.

강재와 경수가 술을 마시다 말고 소장을 쳐다본다.

소개소: 아, 글쎄 이 미친년이 죽기 한 한 달 전인가, 날 그 XX가 찾아 왔더라구.
그년이 뭐랬는지 아십니까?(파이란의 혀 짧은 소리를 흉내 내며)
'아 · 파 · 요. 많 · 이. 아 · 파 · 요. 제 · 가. 많 · 이 아 · 파 · 요. 아 · 파 · 요. 많 · 이 아 · 파 · 요.'
천만의 말씀. 받을 게 얼만데 걜 봐줘? 니미 씨부랄 내가 의사도 아니고, 지가 아픈 걸 어떡하라고!

소개소장이 자신이 흉내를 내고도 우스운지 낄낄거린다.
덩달아 경수도 파이란이 한 말을 흉내 내며 과장되게 낄낄거린다.
방바닥을 두드리며 웃던 경수가 강재를 향해 파이란의 흉내를 내보인다.
인상을 잔뜩 찡그린 채 흉내를 내는 경수, 강재 쓴웃음을 짓는다.
한 여자의 죽음을 놓고 이렇게들 농담을 해 댄다.
오징어잡이 배에서 나오는 불빛이 유난히 슬퍼 보인다.
……

화장터 앞

기다리고 서 있는 경수와 소장.
강재, 유골함을 안고 걸어 나온다.
경수, 강재에게 담배를 붙여 주고 유골함을 받아 든다.

소장: 강재 씨, 나 안에서 웃겨서 죽을 뻔했어.
정말 연기들도 잘하데, 모두 다 진짜 남편인 줄 알고 꼼빡 속아 넘어갔겠어!

> 소장의 말에 강재 눈치를 보는 경수.
> 강재, 소장을 노려 본다.
> 소장, 강재의 시선을 의식 못하고
>
> 소장: 아, 이제 다 끝났구만, 속이 다 시원하다.
> 그나저나 이년 빚은 누구한테 받지, '(흉내) 아파요, 나 많이 아파요.'
> 요럴 때 딴 데다 팔아 버렸어야 되는데, 안 그래, 강재 씨?

경식과 강재는 양심 없는 직업소개소장의 야박함이 지나치다며 원망한다. 직업소장은 어렵게 살아가는 주변의 다른 사람의 일은 관심이 없고, 오로지 자신의 돈벌이에만 악착같이 매달리는 유형의 모습을 대변한다.

> 바닷가 (아침)
>
> 파도가 숨쉬듯 조용해진다.
> 무릎에서 달그락거리는 파이란의 유골함을 드는 강재.
> 바다를 바라보는 강재의 눈이 붉게 충혈되어 있다.
> 눈가를 훔쳐 내며,
>
> 강재: 그래 18! 돌아가자, 파이란! 같이 돌아가자, 파이란.

강재는 바닷가에서 파이란의 유골함을 들고 처절하게 울먹인다. 이 장면은 외국인 노동자의 삶에 대해 아무런 관심도 없는 세상을 향한 울부짖음일 것이다. 물론 자신을 비롯한 소외된 자들의 삶이 서러워 울음이 북받친 것일 수도 있다.

2) 댄서의 순정

(1) 서사 구조

중국동포 주인공 장채린(문근영 분)은 조선자치주 댄스선수권대회에서 계속 우승을 해 왔던 언니 대신 한국에 오게 된다. 한때 최고의 선수로 촉망받던 영새(박건형 분)가 2년간 포기하고 있었던 자신의 꿈을 다시 찾기 위해 이번에 새로운 파트너를 구했기 때문이다.

중국동포들에게 한국은 무서운 나라라는 인식이 있었지만, 약혼자가 있었던 언니 대신 가족의 생계를 위해 채린이 한국에 도착한다. 장채린은 중국동포였기 때문에 나영새와 위장결혼을 한다. 하지만 언니 대신 온 것이 밝혀지고 채린의 입국에 돈을 썼던 영새의 선배 상두는 채린을 술집에 팔아넘긴다.

200만 원의 월급과 춤을 가르쳐 준다는 말에 채린은 희망을 잃지 않는다. 영새와 지냈던 며칠간의 따뜻했던 추억과, 연습실에서 본 아름다운 드레스와 슈즈를 기억하며 견뎌 내리라 다짐한다. 그러나 현실은 너무나 처절하다. 채린이 술집에 팔려 간 것을 알게 된 영새는 채린을 진심으로 걱정하고, 채린은 영새에게 댄스스포츠를 배우게 된다. 채린이 발군의 실력을 보이자, 영새의 전 라이벌이자 재력가인 현수는 채린을 데려왔던 상두를 통해 채린을 돈으로 매수하고, 영새의 다리를 쓸 수 없게 만든다. 영새는 채린을 현수에게 보내게 되고, 채린은 영새를 위해 춤을 추고 결국 대회에서 우승을 한다. 채린이 중국에서 가지고 들어온 반딧불이로 인해 두 사람은 서로의 마음을 확인하고 아름다운 춤을 춘다.

(2) 연변 처녀에서 판타지 속의 신데렐라가 된 장채린

물론 이 영화도 주제는 파이란처럼, 불법체류 외국인 노동자와 위장결혼 문제를 소재로 삼고 있다. 그러나 파이란과 달리 채린은 언니를 대신해 온갖 어려움을 무릅쓰고 댄스계의 신데렐라가 된다.

영새가 공항에서 데리고 온 채린이 영새의 집이 신기한 듯 물어본다.

채린은 가방을 든 채, 벽에 걸린 액자들을 신기한 듯 쳐다본다.
액자에는 연미복을 입고, 나풀거리는 드레스를 입은 여자와 왈츠를 추는
영새의 즐거워하는 모습이 사진에 담겨 있다.

채린: 요기 사진에 있는 사람이 아즈바이입니까?

영새는 자신의 말에 귀를 기울이지 않고 딴 짓을 하는 채린에게

영새: (연변 사투리로) 고저 거 한 번 말할 때 제대로 들으시라요.
채린: (뻘줌해져서) 미안합네다.
영새: (한 번 피식 웃고는 커튼 쪽을 가리키며) 그러고 침댄 안쪽에 있고
채린: 아…… 아즈바이는요?
영새: (옆 소파를 가리키며) 난 여기서 자면 되니까 걱정 말고 그쪽이나 침대에서 자요.
채린: 그래도 어떻게 그럽니까? 아즈바인 주인이고 또 …… 고긴 되기 추울 텐데요.
영새: 그런 걱정하덜 말고, 잠이나 자요.
그리고 거 …… 자꾸 아즈바이라고 부르지 좀 마쇼. 거 …… 듣기 좀 그러네.

채린, 고개를 끄덕인다.

이 장면에서 채린은 촌티 나는 연변 처녀의 이미지를 보여 주고 있다. 예를 들어, 연변 사투리로 영새를 '아즈바이' 라고 부르자 영새도 연변 사투리로 응답하는 장면에서 그러하다.

역시 이 영화에서도 위장결혼 장면이 나오며, 출입국 관리소 직원들이 이들의 위장결혼에 대한 증거를 수집하기 위해 집요한 추적이 이어진다.

수속을 밟고 서 있는 영새와 채린.
비자를 받고, 막 돌아서려고 하는데
이때 김 과장이 어느새 영새의 뒤에서 쓰윽 몸을 내민다.
영새, 뭐냐는 듯 보지만, 김 과장은 신경도 쓰지 않고 서류를 흘낏 보더니

김 과장: 나영새 씨?
영새: 예.
김 과장: 주민증은 2년 후에 발급됩니다.
영새: (정체가 뭔지 몰라) 그런데요?
김 과장: 물론 위장결혼이 아닌 것이 밝혀진 후에 일이겠지만.

영새, 뜨끔하지만, 걸어간다. 채린, 영새 뒤를 따른다.

김 과장: 나영새 씨!
영새: (멈춰선다.)
김 과장: 위장결혼이 발각되는 즉시, 여자는 영구 추방이고,
당신은 실형에 처해진다는 것쯤은 아시겠죠?
영새: !!!

하얗게 질리는 채린의 어깨를 의도적으로 감싸 안고 가는 영새.
김 과장, 두 사람의 뒷모습을 실눈을 뜨고 본다.
미소가 씨익 번지는 김 과장의 얼굴.

김 과장: 니들 얼마나 버티나 보자.

영새 쪽을 바라보는 김 과장의 눈빛이 빛나고
김 과장을 보는 은혜의 표정도 예사롭지 않다.

채린이 언니라고 속인 것이 발각되자 영새의 선배인 상두가 채린을 무자비하게 때

린다.
정물처럼 고요히 앉아 있는 영새와 채린.
영새, 화를 참고 있다.

영새: 왜 그랬니?
채린: 미안합네다.
영새: 왜 그랬냐고?!
채린: (더듬더듬) 어, 언닌 …… 결혼할 남자가 있었습네다.
형부될 사람이 남조선은 무서운 나라라고, 언닐 보내면 파혼하겠다고 해서…….
아즈바이, 저 어릴 적에 어린이 가무단에 있었습니다. 아즈바이가 가르쳐 주시면, 저도 잘 출 수 있습니다. 저한테 춤 배워 주십시오. 예?

이때 문이 벌컥 열리며 들어오는 상두와 상두 부하 선규, 영준.
매우 차가운 느낌으로 채린에게 다가오는 상두와 상두 뒤를 따라오는 선규, 영준.
상두는 겁에 질려 있는 채린 앞에 서서 따귀를 한 대 때린다.
채린은 상두에게 따귀를 맞고는 매우 겁에 질려 있다.
다시 채린의 따귀를 때리는 상두.
채린, 상두에게 따귀를 맞고 휘청거린다.
상두는 그런 채린을 째려보면서 잠시 사이를 두고
다시 채린의 따귀를 매우 세게 갈긴다.
그런 모습을 보고 놀라는 영새.
채린은 상두에게 따귀를 맞고 머리가 헝클어지며 바닥에 쓰러진다.
채린의 입가에서 주르르 흘러 나오는 피.
걷어찰 기세의 상두를 막는 영새.

영새: 형! 그만하구 데리구 나가.
상두: 뭘 그만해, 새꺄! 저년 데리고 올라고 날린 돈이 얼만데! 저런 년은 그냥 콱.
영새: 그냥 데리구 나가라니까.

상두, 씨근대지만, 영새 눈이 말린다.

상두: 끌고 가!

채린을 매몰차게 끌고 가는 선규와 영준.

채린: 아즈바이~ 죄송합네다. 정말로 죄송합네다.

상두에게 끌려간 채린이 영새에게 전화하는 장면이 이어진다.
수화기를 들고 있는 채린.

채린: 요기는요……. 가리봉동이라 그러는데요. 사람들이 꽃마차라고 부르는 것 같습네다.

채린, 뒤편으로 보이는 낡은 매미집 같은 분위기 간판에 적힌 '꽃마차'.

채린: (정말 밝은 얼굴로) 놀라지 마시래요. 매일 춤도 배워 주구요.
침식 제공에 200만 원이래요. 아주 좋습네다.

채린이 취직한 곳은 실은 상두가 팔아넘긴 술집이었다. 순진한 채린은 그것도 모르고 숙식은 물론 월 200만 원에다가 춤도 가르쳐 준다고 좋아한다. 그러자 영새는 채린을 구하기 위해 술집을 찾아간다.

어설픈 화장기 얼굴에, 눈물이 범벅이 된 채린.
반짝이가 붙은 야한 띠 원피스를 입은 채 무릎을 꿇고 빌고 있다.
엉엉 운다.

채린: 아즈바이. 잘못했습네다. 제발, 저 좀 보내 주십시오.

양아치 놈 하나와 마담인 듯한 여자가 독기 선 눈으로 채린을 보고 있다.

양아치: 니 손으로 직접 계약했잖아.
채린: 손님 접대하란 말은 없지 않았습니까? 제발, 저 좀 보내 주십시오. 엉~엉~.
양아치: (어이가 없어) 이 계집애 멍청한 거야, 순진한 거야?
이게 맛 좀 봐야 알겠나?

양아치, 씨익 웃더니 혁대를 끄른다.
채린, 주춤거리며 뒤로 물러난다.
맥주병을 들어, 양아치에게 겨눈다.

채린: 가, 가까이 오지 마십시오.

피식 웃는 양아치.
맥주병을 주먹으로 퍼억 갈긴다.
와장창 나가떨어지는 파편들.
비명을 지르며 주저앉는 채린.
양아치, 혁대를 푼다.
체념한 듯, 눈을 감는 채린.
이때 와당탕 문이 부서지며, 바닥에 나뒹구는 종업원 1.
양아치, 흠칫 놀라 돌아서자
눈에 불을 켠 영새. 땀이 범벅된 얼굴로 양아치를 노려보고 있다.

채린: 영새 아즈바이!
양아치: 이건 또 뭐야!
영새: 그 아이 놔 줘.
양아치: 놀구 있네. 야, 새꺄. 니가 이넌 남편이라도 되냐?

영새: 그래, 내가 남편이다!
양아치: (어이가 없는지) 참내, 별 거지 같은.

영새, 양아치를 향해 분노의 주먹을 쉬웅 날린다.
가볍게 피하는 양아치.
영새, 다시 전열을 가다듬고 덤비지만,
양아치 주먹이 영새의 면상과 복부를 퍽퍽 갈긴다.
바닥에 주저앉는 영새. 욱욱~ 마른침을 토해 낸다.
벽을 짚고 일어나는 영새.
순간, 옆 옷걸이를 들어 양아치를 내려찍는 영새.
비명을 지르며 나뒹구는 양아치.
분이 안 풀리는지, 쓰러진 양아치의 옆구리를 미친 듯이 걷어차는 영새.
도리어, 놀라서 영새를 붙드는 채린.

채린: 그만하십시오. 아즈바이. 그만하십시오.
(영새의 얼굴을 붙들고 눈물이 범벅된 눈으로 애원하며)
그만하세요. 제가 잘못했습네다. 아즈바이 제발요~.

영새, 그제야 숨을 몰아쉬며 발길질을 멈춘다.
채린을 노려보며 확 내려칠 듯이 손을 치켜 올린다.

영새: 이런 병신 같은 게 그냥 콱!

훌쩍대는 채린.

그 후 영새는 채린을 보살펴 주면서 춤을 가르친다. 그리고 얼마 안 남은 댄스경연대회를 준비하기 위해 열심히 연습을 한다. 서사 구조에서 소개한 것처럼 채린이 발군의 실력을 보이자, 영새의 전 라이벌이자 재력가인 현수는 채린을 데려왔던 상두를 통해 채린을 돈으로 매수하고, 영새의 다리를 쓸 수 없게 만든다. 영새는 채린을 현수에게 보내게 되고, 채린은 영새를 위해 춤을 추고 결국 대회에서 우승한다. 채린이 중국에서 가지고 들어온 반딧불이로 인해 두 사람은 서로의 마음을 확인하고 아름다운 춤을 춘다.

이 영화는 앞서 논의한 파이란과 달리 채린이 우여곡절 끝에 연변의 촌색시가 한국의 스포츠댄스계의 신데렐라로 등극하게 된다.

3. 오리엔탈리즘의 대상으로서의 이주여성

한국에서의 외국인 차별은 아주 교묘하고도 간접적인 형태로 사람들의 생각과 말, 그리고 행동방식을 통해서 표출된다. 우리가 유심히 지켜보지 않으면 그 심각성을 그냥 모르고 지나치게 된다. 예를 들어, 한국적 인종주의는 '깜둥이' '쪽발이' '짱깨' 라는 표현과 같은 일상적으로 무심코 쓰는 언어에서부터 시작해서, 외국인을 다루는 텔레비전 드라마와 영화에서 재현을 통한 부정적 이미지의 재생산, 제3세계 문화에 대한 철저한 무지와 영미 중심적인 사고방식의 유입으로 생겨난 무의식적 거부감 등으로 나타난다. 이러한 것은 매우 광범위한 영역에서 진행되는 전면적이고도 철저하지만 유연한 방식의 인종차별이라고 할 수 있다.

이미 Said(1979)는 그의 저서 『오리엔탈리즘』을 통해 이러한 점을 지적하였다. 이 책에서 Said는 영국과 프랑스를 비롯한 유럽의 열강이 팔레스타인과 동양을 어떻게 왜곡하고 차별하며 타자화해 왔는지 예리하게 파헤치면서, 그 기저에 동양에 대한 담론(discourse)이 작동하고 있음을 드러내고 있다. 여기서 담론이란 Foucault가 처음 만든 개념으로, 본래는 글 또는 언어의 연대에 의해 정리된 내용을 갖는 논리적이고 개념적인 언어표현을 의미한다.

Said는 『오리엔탈리즘』에서 이러한 담론을 소설이나 탐험가들의 여행기,

제국주의 군인들의 보고서, 신문기사 등 다양한 형태의 글과 말로 이루어진 동양에 대한 것들, 다시 말해 서구인의 시각으로 본 동양을 '재현하는(represent)' 글과 언어와 사상의 집합이라는 의미에서 쓰고 있다. 예를 들어, 누군가가 소설에서 동양 여성은 순종적이고 성적 능력이 강하다고 기술하면, 다른 작가가 그걸 보고 부풀려서 더 선정적으로 써 놓고, 이것이 확산되어 서양인의 의식 속에서 동양 여자는 '순종적이며 섹시하다' 는 관념으로 형성된다.

한국식 인종차별 역시 이런 총체적인 담론에 의해 이루어진다. 더욱이 한국인들이 문화제국주의적인 영미 문화에 함몰되어, 서구인들이 후진국을 바라보는 시각까지 그대로 답습하고 있다. 예를 들어, 팔레스타인 사람들이나 할렘가 흑인들에 대한 한국 사람들의 일반적인 생각은 미국의 보수적인 백인 집단이 가진 편견과 크게 다르지 않다는 것을 발견하게 된다(주재홍, 2009).

Postman(1979)은 아이들이 태어나 텔레비전에서 최초로 경험하는 교육과정을 제1교육과정(first curriculum)이라고 명명했다. 어린 시절부터 텔레비전에서 경험한 미국의 할리우드 영화는 아랍 사람에 대한 편견에 사로잡힌 묘사와, 범죄자로서의 흑인에 대한 선입견을 갖게 한다. 사람의 속성은 자기가 잘 모르는 것에 대해서는 두려워하거나, 반대로 폭력적이 되게 마련이다. 더욱이 한국인들은 단일민족적 정체성에 대한 자부심, 왜곡된 방향으로 발전한 방어적 민족주의, 외국인을 접할 기회가 부족한 데서 오는 관용의 결여 등 인종차별을 하기에 좋은 조건을 두루 갖추고 있다.

예를 들어, 계속적으로 재현되는 '연변처녀'의 이미지는 각종 일일 드라마에서 재생산되고 있다. 흔히 연변처녀의 캐릭터는 기구하고 가련한 팔자를 견디며 순박하고 순진무구하고 생활력이 강하고, 앞의 두 영화에서 보여 주듯이 이국적인 촌스러움의 패션을 자랑하고 주변 남자들의 관심을 끈다. 드라마와 영화에서 재현되는 이러한 연변처녀는 실제로 존재하는 인물이 아니다. 이러한 이미지는 일종의 담론에 의해 형성된 허구이며, 중국동포 여성들에 대한 극단적인 타자화(alterity)이며, 오리엔탈리즘의 가장 태만하고 무책임한 사례라고 할 수 있다.

실제로 현실의 중국동포 여성들을 보면 대부분 30대 내지 40대 아주머니이며, 한국말도 결코 아주 이상한 억양으로 구사하지도 않는다. 대체로 그들은 경제적인 이유에서 한국으로 이주해서 노마드(nomad)적인 고단한 삶을 살며, 단지 한국의 물정에 대해 잘 모르는 보통 사람일 뿐이다. 드라마와 영화에 나오는 그러한 연변처녀는 지금까지 존재한 적도 없고, 앞으로도 존재하지 않을 것이다.

그러면 드라마와 영화에서는 이러한 캐릭터를 계속 재현하는 이유는 무엇인가? 물론 대부분의 경우 주인공 캐릭터를 좀 더 독특하고 개성적인 모습으로 그려 내기 위해서 이러한 전략을 이용할 것이다. 그런데 오리엔탈리즘을 표방한 대부분의 영화나 소설 역시도 같은 이유에서 아랍인이나 베트남인을 등장시키고 활용한다. 그런데 문제는 이런 부류의 작품에서 외국인을 그리는 방식이 아주 불공정할 뿐 아니라, 그들을 주체가 아닌 타자로, 입체적인 인간이 아닌 평면적인 대상으로 묘사한다.

문제는 그들이 사심 없이 쓴 결과물이 기존에 형성된 그들에 대한 이미지를 고착화하고 타자로서 배제하는 원리의 일부분으로 포함되어 버린다. 소설가나 영화감독이나 작가와 같은 담론을 만들어 낼 수 있는, 이른바 문화 권력을 지닌 위치에 있는 사람이라면 좀 더 자신이 다루는 대상에 대한 성실함과 진지함을 갖춰야 한다.

문근영이 연변처녀 장채린으로 나온 '댄서의 순정' 도 착취와 위장결혼이라는 주제로 일관하고 있다. '파이란' 과 마찬가지로 장채린 역시 인천항을 통해 한국의 관객들에게 첫 모습을 드러낸다. 그리고 비극으로 끝나는 '파이란'과 마찬가지로 장채린도 처음 계획했던 일이 뜻대로 되지 않아 일이 꼬였고 남자 나영새의 사랑을 받는다. "아즈바이, 죄송합네다."를 연신 외치는 귀여운 모습, 댄스선수권대회에서 우승한 언니라고 속인 당돌함, 그리고 발레의 최고 기술이라는 '그랑 알레그로' 를 선보일 때의 화려함과 섹시미까지 한마디로 '댄서의 순정'에서 장채린이 보여 준 연변처녀의 이미지는 귀엽고 순박하고 화려하고 섹시하다.

이처럼 한 여성에 대한 이미지의 총합이 온갖 최상급의 이미지를 한데 모은 것이라면, 그건 분명 판타지다. 중국 내 중국동포 자치주인 연변 사람들은 언제나 순박하고 사람 좋을 것 같다는 한국의 평균 남녀가 갖는 그 따뜻한 판타지에, 한국 남성이 기대하는 이상적인 여성성을 결합한 것이 바로 이 같은 연변처녀에 대한 판타지라고 할 수 있다.

파이란은 시댁이 될 뻔했던 가족들의 사진을 보면서 호칭을 외울 정도로 가정적이었고 사려 깊었으며, 이제는 저 세상 사람이 되었지만 남자를 기다리며 빵과 우유로 허기를 채우는 외로웠던 여자였다. 장채린 역시 눈과 반딧불이를 소중히 여기고 언제나 상대 남자를 용서해 주고 그러다 뒤돌아서서 눈물만 흘릴 뿐인 소녀였다.

4. 결 론

다문화주의가 본격적으로 논의되기 시작한 시점은 불과 30년쯤 전이고, 그것이 서구 국가들의 이념 및 정책으로 시행된 역사는 그것보다 더 짧다. 한 이념 및 체제가 새로 도입되어 구체적인 결과를 내기까지는 오랜 시간이 걸린다는 점과 또한 그것을 시행하는 국가들이 각기 다른 민족 구성 및 역사적 배경을 가진다는 점도 고려해야 한다.

현재 한국에서 다문화주의라는 용어가 키워드가 되고 있는 시점에서 한국 사회에 인종, 계층, 젠더 차이에 의해 발생하는 문제가 과연 대중문화, 특히 영화 속에 어떻게 재현되고 있는지는 매우 중요한 연구라고 할 수 있다. 왜냐하면 다문화주의는 한 사회 내 다양한 정체성에 의해 나타나는 차이를 근본적으로 외면하거나 지배문화에 단순히 동화시키려 하지 않기 때문이다.

즉 다문화주의는 다양성에서 기인하는 차이를 존중하는 가운데 조화를 이루어 나가려 시도하고, 그 이념 및 정책이 국가나 인종, 민족 등의 거시적인 차원에 국한되는 것이 아니라, 사회 내의 여성 및 외국인을 포함한 소수자가 자신의 권리를 주장하는 것에 대한 정당성을 부여하는 중요한 기제로 작용하기 때문이다. 이러한 면에서 다문화주의는 개인이 가진 차이와 특수성에 초점을 맞추는 것과 동시에, 그 초점은 모든 사람이 공유하지 않는 어떤 특별한 속성을 가진 개인에게 그들만의 차이와 특수성을 존중하고 인정하라는 인정의 정치논리와 연계된다.

개인은 문화적 존재이기 때문에 자신의 문화적 특성 때문에 다른 사람과 다르게 구분되는 것은 당연하다. 그러나 누구나 다름이 틀림으로 오인받지 않고, 다르기 때문에 특별하고, 또한 다르지만 인간이기 때문에 모든 사람에게 인간으로서 존엄성을 인정받고 싶어 한다. 한국인이 단지 인간으로서가 아니라 한국인으로서, 여성이 여성으로서 존중받고자 하는 것도 이러한 이유다.

이는 차이에 대한 무시를 거부하지만, 그 차이로 인해 자신의 인간적 존엄성이 위협받지 않기를 원한다는 것이다. 그렇지만 한국처럼 아직 가부장주의와 남성우월주의가 지배적인 사회에서 모든 개인이 소유하는 문화적 특수성과 차이가 차등 없이 평가받고 존중받기란 현실적으로 쉽지 않다. 이런 맥락에서 다문화주의에 관심을 가지는 한국사회가 '문화적 차이'의 정확한 의미와, 본질성 · 범위 등에 관해서 심사숙고하고, 이것이 한국이라는 특수한 환경에서 어떻게 수용되고 발전해 나갈 수 있을지 심도 있게 고민하고 성찰해야 할 것이다. 왜냐하면 이러한 고민과 성찰 없이는 배타주의, 혈통주의, 가부장적 가족 및 사회질서를 가진 한국 사회에서 위장결혼을 통해 이주한 외국인 여성이 한국 사회에 주체적으로 편입해서 자기 존중을 기반으로 한 삶을 살아가기 힘들다고 보기 때문이다.

마지막으로 한국 사회가 다문화 교육정책을 고려할 때 단기적인 경제적 효과에만 치중하는 것을 지양해야 할 것이다. 서구의 다문화를 표방하는 국가들처럼 문화적 다양성을 경제적 이익 추구에 활용하기에 급급하다면, 이는 문화의 상품화 · 물질화 등의 역효과를 낼 것이며, 타문화에 대한 교육적 이해보다 문화의 자본주의적 이해를 받아들여 결과적으로 자국문화-타문화라는 상하 이분법적 문화구조를 생산할 수 있기 때문이다. 그러므로 한국의 다문화 교육정책은 인간 존중의 내실을 다지는 것을 목표로 삼고 전개되는 것이 바람직할 것이다.

이 연구에서는 한국이 서구의 다른 국가들과 같은 다수의 문화(예를 들어, 한국중심주의 문화, 남성 편견적 문화 등)를 보편적 가치로 두는 단일 중심주의 다문화주의가 아닌 보편적인 인간 존중을 바탕으로 하는 다중심성에 입각한 다문화주의를 모색하는 것이 중요하다는 점을 강조한다. 이러한 점에서 앞으로 대중문화 속의 소수자들의 이미지에 대한 연구가 이어졌으면 하는 바람이다. 이에 덧붙여 학교교육에서도 다문화교육에 초점을 둔 미디어 리터러시(media literacy)에 관한 연구와 교육에도 더욱더 관심을 가져야 할 것이다.

참고문헌

김복영(2006). 교육과정학 연구방법으로서 문화연구의 가능성과 한계. 홀리스틱교육 연구, 10(2).

김재련(2007). 국제결혼을 통한 이주여성의 지위. 명지대학교 산업대학원 석사학위논문.

신경림 외(2004). 질적 연구방법론. 서울: 이화여자대학교출판부.

이수자(2004). 이주여성 디아스포라. 한국사회학, 38(2).

주재홍(2009). 우리 안의 만들어진 동양: 세계사 교과서 속의 오리엔탈리즘. 서울: 아카넷.

한준상(2008). 다문화 교육에 대한 호모 노마드식 접근. 유네스코 아시아·태평양 국제이해교육원(편). 다문화 사회의 이해. 서울: 동녘.

황영미(2007). 한국 속 이방인 순례기. 서울: 너머.겨울호.

Hytten, K. (1997). Cultural studies of education: Mapping the terrain. *Educational Foundation, Fall.*

O'Conner, J. (1996). American cultural studies. In John Storey (ed.), *What is cultural studies?* Arnold Publication. 진기행 역(2000). 문화연구란 무엇인가?

서울: 커뮤니케이션북스.

Postman, N. (1979). The first curriculum: Comparing school and television. *Phi Delta Kappan, 6*(3).

Rankin, J. (2002). What is narrative: Ricoeur, Bakhtin, and process approaches. *Concrescence: The Australasian Journal of Process Thought. 3.*

Said, E. W. (1979). *Orientalism*. Vintage Books.

Storey, J. (1996). Cultural studies. John Storey (ed.), *What is cultural studies?* Arnold Publication. 진기행 역(2000). 문화연구란 무엇인가. 서울: 커뮤니케이션북스.

제6장

비판이론의 시각에서 바라본 국제이해교육: 영화 텍스트를 통한 이해[1]

- 허창수 -

1. 서 론

> 국제이해교육은 세계 여러 나라가 공통으로 겪는 세계문제나 세계이슈에 대한 학습과 경제, 환경, 문화, 정치, 그리고 기술적으로 상호 연결되어 있는 세계체제에 대한 학습이며, 문화 간 이해의 증진을 위한 학습으로서, 다른 나라 문화를 이해하고 인정하는 학습뿐 아니라 타인의 관점에서 세상을 바라보며, 다른 나라 사람들도 우리와 똑같은 욕구와 필요를 가지고 있음을 인정하는 세계적 시각에 대한 교육이다(Tye, 1999; 김현덕, 2007: 4 재인용).

앞의 인용문처럼 국제이해교육이란 세계라는 공간에서 나타나는 다양한 쟁점을 대상으로 교육활동을 전개함으로써 세계적 시각을 형성해 가는 과정

1) 이 논의에 사용된 영화 관련 글은 2008년부터 2009년 인터넷 소식지 ODA Watch에 게재한 글을 일부 수정하여 사용하고 있음을 밝힌다.

을 말한다. 이를 전개하는 과정에는 다양한 관점이 존재하는데 이 장에서는 그 중에 하나로서 비판이론을 선택하여 국제이해와 그에 따른 교육을 논의하고자 한다. 비판이론이란 다음과 같이 정의할 수 있다(허창수, 2006: 397-398; Alvesson & Sköldberg, 2000).

> 비판이론은 1930년대 프랑크푸르트학파에게서 정립되어 체계화되었으며 사회과학 분야에서 일상적인 현상에 대한 이론과 방법론적인 접근에 사용되고 있는 중요한 하나의 근저 담론이다. 초기 비판이론은 마르크스주의와 신마르크스주의로부터 큰 영향을 받았다. 따라서 비판이론은 마르크스주의를 연상시키는 하나의 기호처럼 여겨지기도 해 왔다. 그러나 실제로 비판이론가들의 중요 연구 주제는 독일 철학자들이 고민해 온 인간의 이성과 합리성에 초점을 두어 왔다. 이들은 인간의 이성이 다양한 형태의 지배와 권력관계 내에서 중립적이지 않다고 주장하고 있다. 이렇게 중립적이지 않고 지배와 권력관계 내에서 형성된 이성을 비판이론가들은 도구적인 이성이라고 정의하고 있다. 이와 같은 주장과 함께 비판이론가들이 추구하는 것은 사회현상의 정치적인 본질에 대한 인식을 증가시키고 당연시 여기는 일상에 비판적으로 반성할 수 있는 연구자의 능력을 발전시키고자 하는 것을 목표로 한다.

결국, 이와 같은 관점에서 세계의 이해관계를 조명하고자 하는 것이 바로 비판이론의 시각에서 살펴보는 국제이해교육이라 할 수 있다. 즉, 당연시 여기며 살아가는 일상의 사회현상을 변증법적 사유를 통해 살펴봄으로써 그것들이 가진 본질적인 의미를 이해해 가는 과정을 추구하는 것이 비판이론에 기초한 연구이며 교육일 것이다. 이를 기초로 하여 이 절에서는 영화라는 텍스트를 선택하여 사회현상을 논의하고 이해하고자 하였다. 그 이유는 영화가 우리의 일상을 반영하고 있는 실제적인 텍스트로서 다양한 사회현상을 이해하는 데 많은 도움을 제공하기 때문이다.

그렇다면 이와 같은 시도가 탈식민주의적인 시각에서는 어떠한 의미가 있을까? 학자들에 의하면(김영천, 2006; Giroux, 2005), 탈식민주의란 당연시 여기며 인정해 왔던 일상적 상징과 그들의 실행을 거부하는 것이 아니라 그것이 제국주의와 식민주의적 시각에서 어떻게 형성되고 실행되어 왔는지를 이해하는 것이다. 특히 이데올로기적 논리와 물질적 유산 내에 숨겨진 의미를 이해하고 이를 기초로 상징을 재구성하는 것을 의미한다. 따라서 이와 같이 일상 속에 뿌리 깊게 자리 잡고 있는 제국주의와 식민주의적 성격의 이데올로기와 물질적 유산을 담은 모든 상징을 비판적 사유 속에서 이해하고 해체하여 재구성하는 것이 바로 탈식민주의적 사유의 과정이라고 할 수 있다. 따라서 일상적 상징과 그들의 실행을 담고 있는 영화라는 텍스트를 비판이론이라는 시각으로 조명하는 것은 바로 탈식민주의적 맥락에서 중요한 의미를 가지고 있는 것이다.

방법론적 측면에서 이 절은 세 가지 특성을 가지고 있다. 언급하였듯이 다양한 쟁점을 보여 줄 수 있는 텍스트로서 영화를 선택하고, 특정 상황이 제공하는 의미를 비판이론적인 관점에서 조명하여 국제이해교육을 위한 시각을 보여 줌으로써 교육적 의미를 제공하고자 하였다. 두 번째는 영화를 중심으로 논의된 각각의 절들은 마치 영화 속 한 장면처럼 구성되며, 각각의 절은 모두 모여 충돌 속에 새로운 하나의 이미지를 형성한다. 이는 물론 비판이론을 통해 살펴본 국제이해교육에 대한 이미지이며 학습자로서 가져야 할 시각을 의미한다. 이를 영화의 용어를 빌리면 몽타주(motage)[2]라고 할 수 있다. 따라서 각 절들은 개별적으로 독립되어 있으며 서로 충돌할 때는 새로운 이미지를 형성한다. 마지막으로 이 글들은 이야기 형식을 사용하고 있기 때문에 삶의 경험을 기초로 하여 특정 주제를 중심으로 구성되어 있다. 따라서 시점은 모두 1인칭으로 구성되어 있음을 밝힌다.

2) 몽타주는 원래 '조립(組立)하는 것'을 의미하는 프랑스어다. 영화는 촬영(撮影)되는 것이 아니라 조립되는 것, 다시 말해서 원래 따로따로 촬영된 필름의 단편(斷片)을 창조적으로 접합(接合)해서 현실과는 다른 영화적 시간과 영화적 공간을 만들어, 거기에 새로운 현실을 구축하여 시각적 리듬과 심리적 감동을 자아내게 하는 데서 영화의 예술성이 성립된다고 보고 그 방법을 명확하게 하려는 이

2. 여가를 채워 주던 영화가 내 삶의 일부가 되고 학문적 동반자가 되다

'씨네 키드'는 아니었지만 명화극장을 즐겨 봤고, 중 · 고등학교 때 공부하기 싫으면 현실을 도피라도 하듯 영화관을 찾았다. 이렇게 친구가 된 영화는 상영관과 비디오 대여점이 활성화되면서 내 여가 시간을 채워 주는 역할을 해 왔다. 이런 영화가 내 삶의 일상이 된 시기는 바로 미국에서 생활하던 때였다. 어린 시절 기억 속에 남아 있던 것을 시작으로 다양한 영화를 수집하였고, 볼 때마다 느끼는 새로움과 영어 공부라도 한다는 안도감으로 반복해서 보게 되었다. 이러던 중 그 관심은 이제 이른바 이야기하는 독립영화로 옮겨졌다. 이유는 대중영화, 특히 할리우드식 영화들의 반복되는 내용에 대한 지루함 때문이었으며, 독립영화들을 통해 내가 살아가는 이 삶의 터전을 직간접적으로 이해하는 데 커다란 도움을 받기 시작했기 때문이다. 또한 내가 있던 곳은 영화학교로 유명해서인지 많은 적자에도 불구하고 독립영화만을 상영하는 곳이 있었다. 이러한 상황 속에서 일주일에 2~3번씩 찾아가 커다란 상영관에 혼자 앉아 보기도 하고 소수의 관객과 함께 보기도 하는 등 영화는 내 삶의 일부가 되었다. 그리고 이제는 영화가 가진 일상적 텍스트 성격의 매력에 빠져 연구 대상으로서 그리고 교수 자료로서 세상을 읽고 이해하는 방식의 예가 되었다. 이러한 과정을 지금에 와서 살펴보니, 영화는 나에게 친

론이 몽타주 이론이다. 프랑스의 무성영화(無聲映畵) 이론과 미국의 그리피스 등의 실험작품을 세밀히 연구해서 이론을 체계화시킨 것은 러시아의 S. M. 에이젠슈타인, 푸돕킨 등이다. 1920년 그들은 많은 논문과 저서를 발표해서 보급에 힘쓰는 동시에 자작 '전함 포템킨'(1925, 에이젠슈타인) '어머니'(1926, 푸돕킨) 등을 통하여 훌륭한 실천을 보여 주었다. '흡인(吸引)의 몽타주' '상극(相剋)의 몽타주' 등 특히 에이젠슈타인의 개성적인 제창이 중요시되었고, 무성영화시대에는 이 이론이 전(全) 영화이론의 골격을 이루었다. 유성영화로 넘어오는 변혁과정에서도 지도적 구실을 하게 된 것은 음(音)과 화면과의 고차적인 '조립'을 명시한 에이젠슈타인의 몽타주 이론(유성영화에 관한 선언)이었다(몽타주, 2010)

구처럼 다가와서 여가 시간을 채워 주었고, 이제는 현실화되어 나의 일상 속에 살아났으며, 심지어 내 학문적 동반자가 되었다. 아마도 어느 시점에는 영화가 나의 일상을 집어삼키고 서로가 전도되어 나의 삶이 영화화될 것이다.

학자들은(허창수, 2008a; 허창수 · 이주욱, 2008; Frow & Morris, 2000) 영화가 사회문화, 정치, 경제, 종교 그리고 역사적 상황을 통해 표현된다고 주장하고 있으며, 영화에서 보여 주는 연속적 그리고 불연속적 장면은 우리 일상사의 다양한 맥락에서 무의식, 반의식, 그리고 의식적으로 구성되고 창조되는 하나의 텍스트이기 때문에 그 시대의 거울로서 사회현상을 이해하는 데 커다란 도움을 준다고 한다. 영화는 또한 우리 일상을 통합적으로 구성한 가장 보편적인 텍스트 중 하나이기 때문에 이를 통한 교육을 넘어선 의식화 과정에, 특히 이데올로기적인 헤게모니 형성에 매우 중요한 역할을 한다. 또한 교육적인 차원에서 영화는 과학, 철학, 심리학, 사회학 등 다양한 학문 분야를 다루고 있기 때문에 이를 통해서 우리 일상의 풍요로움을 증폭시킬 수 있다고 한다.

그렇다면 영화가 이러한 독특한 텍스트를 제공하는 요인들, 그리고 맥락들을 좀 더 구체적으로 살펴보자. 우선, 한편의 영화를 제작하기 위해서는 이야기가 필요하다. 이야기는 기존에 있는 것을 각색하는 경우도 있고, 영화를 위해 새롭게 창조하기도 한다. 이렇게 구성된 각본은 감독에 의해 재구성된다. 보편적으로 작가와 감독이 매우 중요한 역할을 하며, 그 역할을 통해 한 편의 영화가 구성되는 것 같지만, 실제로 이는 우리가 인식하고 있는 것처럼 간단하지 않다. 한 편의 영화를 제작하기 위해서는 시나리오 작가와 감독 외에 다양한 각도에서, 예를 들어 촬영감독, 미술감독 등 전문가들이 함께 그들의 해석을 일정 부분 포함시킨다. 그리고 이러한 제작진뿐 아니라 영화배우 또한 그들의 퍼포먼스를 통해 각본과 여러 촬영 상황에 대한 해석을 포함시킨다. 이렇게 생각해 보면 한 편의 영화에 포함되는 해석에 참여하는 사람들은 그 수를 헤아릴 수 없이 다양하다. 즉, 마치 꼴라주처럼 만들어지는 영화 텍스트는 다양한 사람들에 의해 구성되고 창조된다는 것이다. 또한 이러

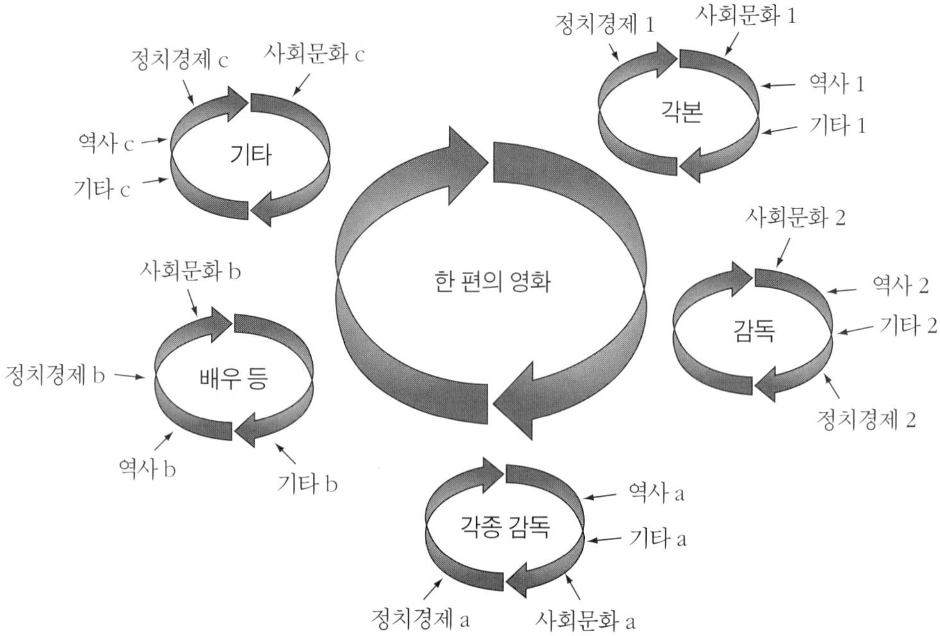

[그림 6-1] 영화 제작의 해석학적 순환

한 텍스트의 토양이 되는 것은 바로 참가자들의 사회문화, 정치, 종교, 경제, 역사 등의 경험이다. 따라서 참가자들은 의도하였든 의도하지 않았든 상관없이, 그리고 무의식, 반의식, 의식적으로 사회의 일상을 통해 한 편의 영화를 보여 주며, 이는 과거, 현재, 미래라는 시간을 모두 아우르고 초월하여, 특정 장소와 상황을 넘어 다양한 현실과 가능성을 제시하고 있다. [그림 6-1]은 그러한 과정의 순환 특성을 보여 주고 있다.

이것이 학문적으로 중요한 이유도 앞과 같은 과정 때문인데, 이를 해석학적 순환(hermeneutic circle)이라고 한다. 즉, 하나의 현상은 다양한 상호작용의 순환을 통해 재현된다는 것이다. 이러한 관점에서 한 편의 영화가 가지고 있는 다양한 재현을 이해하면, 결국 다양한 맥락의 경험에 의해서 형성된, 우리의 일상으로부터 보여 주는 다양한 가능성을 알 수 있다. 또한 서로의 상호작용에 의한 해석학적인 입장에서 [그림 6-1]과 같은 과정 중에 형성된 영화는 가장 객관성에 가까운 일상적 텍스트라 할 수 있다. 물론 이러한 텍스트는 그 자체로서 우리의 일상을 적나라하게 보여 주고 있지만, 꼴라주 되어 있는 작은 조각을 하나씩 벗겨 내면서 이해하는 우리의 현실은 더욱 흥미로운 결과를 가져올 것이다. 즉, 해석학적 순환에 의해 형성된 텍스트를 역순환시켜 살펴보는 것은 우리가 살아가고 있는 이 세계를 하나씩 해체해서 재구성할 수 있는 기회를 제공한다는 것이다.

이와 같은 영화의 특성에 대한 예를 들어 보자. 2001년 9월 11일 미국 뉴욕에서는 세계적인 참사가 있었다. 바로 비행기 납치와 그 비행기가 건물에 충돌하는 사건이었다. 이 사건은 많은 인명을 앗아 갔고, 아직까지 그 여파는 충격적인 이야깃거리를 만들고 있다. 내가 이 사건을 다시 상기하는 것은 사건 당시 많은 사람들이 영화에 대한 이야기를 했기 때문이다. 그동안 수 차례에 걸쳐서 뉴욕에서 발생할 수 있는 다양한 사건을, 특히 테러 관련 사건을, 영화에서는 예견이라도 하듯이 보여 주었지만 사람들은 그것을 영화로만 인정하고 아무런 대책을 세우지 않았다는 것이다. 즉, 뉴욕에 대한 테러는 매우 일상적인 가능성이었음에도 불구하고, 따라서 영화에서는 이를 하나의 텍스트로 자주 사용하고 있었음에도 불구하고, 영화의 일상성에 대한 이해의 부족이 결국 더욱더 커다란 인명피해를 가져왔다는 이야기로 회자되곤 하였다.

다른 예로 2009년 2월 20일 버락 오바마(Barack Obama)가 미국 역사상 처음으로 백인이 아닌 흑인 대통령으로 취임식을 하였다. 이 또한 언젠가는 일어날 것으로 예견되던 일이었다. 이를 알 수 있는 단서가 최근 들어 영화에서 매우 간헐적으로 보이고 있었기 때문이다. 예를 들어, 영화 '딥 임팩트(Deep Impact)[3]'는 1998년 상영하였던 영화로서, 지구로 향하고 있던 혜성을 해체하여 지구를 구하는 보편적인 미국 할리우드식 팝콘 영화다. 특히 지구를 구할 수 있는 국가는 미국뿐이라는 의식을 우리들에게 심어 주는 것 같은 매우 가

3) 영화들에 대한 참고문헌 제시는 모두 생략하였다.

증스러운 이미지를 담고 있기도 하다. 여기에 나오는 대통령이 흑인이다. 나는 이 영화에서 매우 흥미로운 두 가지 쟁점을 다소 비약적이긴 하지만 현실에 적용하고 싶다. 미국 영화에서 흑인 대통령의 출현은 매우 희귀한 일이다. 이러한 일들이 최근에 나타나고 있다는 사실은 이제는 영화가 현실화될 시간이 되었다는 것이다. 그리고 2009년 영화 속 이야기는 바로 현실이 되었다. 두 번째로 매우 소수인 흑인 대통령 출연이 하필이면 지구가 멸망하기 직전의 상황에 나타나는 이유는 무엇일까? 다소 비약이지만 아마도 흑인 대통령의 출현에 대한 백인 중심의 미국 사회가 가질 수 있는 두려움 때문에, 이를 지구의 종말이라는 사건을 내세워 막아 보고자 하는 의도는 아닐까? 그리고 '인디펜던스 데이(Independence Day)' '에어포스 원(Air Force One)' 과 같은 지구를 구하는 영화에서 보여 주었던 백인 대통령의 역할과는 달리, 흑인 대통령이 무기력하고 백인의 희생만을 기다리는 모습으로 그려지는 것은 미국의 백인 중심 사회를 엿볼 수 있는 부분이며, 흑인 대통령이 당선되어도 지구를 구하는 것은 백인들이라는 메시지를 담고자 한 것은 아닐까 싶다.

그렇다면 우리들은 영화를 어떻게 인식하고 있을까? 이를 잘 보여 주는 영화의 한 장면을 예로 들어 보자. 유하 감독의 '비열한 거리' 가 있다. 남성주의적인 성격을 가지고 있지만, 실제적이고 적나라한 인생의 치열함을 그려 내고 있어서 나의 호감을 더욱더 끌어낸 영화다. 영화 중에서 병두와 민호 사이에 갈등이 생기는 장면이 있다. 민호가 병두의 비밀스러운 살인 이야기를 영화의 한 장면으로 사용하였기 때문에 생긴 갈등이다. 문제는 민호와 병두의 다른 시각인데, 민호는 병두에게 누구나 상상할 수 있는 이야기이고 병두 스스로 저지른 일이라 생각할 필요가 없기 때문에 문제될 것이 없다고 한다. 반면, 병두는 그에 대해서 매우 심각하게 판단하고 민호에게 경고한다. 물론 내가 지금까지 기술한 것과 비교할 때 이 둘의 가정은 모두 사실일 수 있다. 이러한 가능성을 병두는 그의 삶과 밀접하게 연관되어 있기 때문에 매우 민감하게 본능적으로 느낄 수 있는 것이며, 반면 민호는 사실이기보다는 하나의 가상적 현실로서 관객의 흥미만을 자극하고자 하는 태도로 이해할 수 있는 것이다. 영화 관객들은 대부분 하나의 장면이나 이야기를 이 둘처럼 양분되어 이해하거나 그 중간 지점 어딘가의 시각으로 이해할 것이다. 물론 현 한국의 사회는 민호의 의식이 너무나 강하기 때문에 다소 걱정스러운 면이 있기도 하다. 영화는 매우 흥미로운 이야기들이 모여서 진행된다. 그것이 사실일 수도, 사실이 아닐 수도 있다. 하지만 우리의 일상이 포함되어 있는 것만은 분명하다.

1895년 뤼미에르 형제에 의해 탄생하여 이제 100살의 나이를 조금 넘은 영화는 이제 우리 일상에 매우 친숙한 친구와도 같은 존재로 진화되었다. 더 나아가, 한국에서는 특정 영화를 보지 않으면 사회에서 도태되는 현상까지 나타나기도 한다. 소외되지 않기 위한 몸부림이라고나 할까. 이러한 사회적 분위기가 마치 특정 영화가 인기몰이 하는 현상을 자아내기도 한다. 물론 상업화와 언론이 같은 편이 되어 사람들의 인식을 부추기기도 한다. 더욱 속상한 것은 우리 삶에 일상화된 영화를 상업성에만 치우쳐 농락하는 경우도 비일비재하다는 것이다. 어찌 되었든 이와 같은 현실에서 그것이 긍정적이든 부정적이든 영화는 우리 삶의 한 부분이며 일상이다. 또 그것이 오락이든 사회를 바라보는 직 · 간접적 텍스트이든 우리와 생체적으로 결합되어 있는 것만은 분명한 것이 현 시대의 흐름이다. 따라서 마지막으로 한 가지 작은 '바람'과 함께 이 절을 마치고자 한다. 영화를 보는 것이 오락임은 분명한 사실이다. 하지만 오락을 즐기는 사이 영화가 가진 일상성을 망각할 수 있으며, 이러한 태도는 우리의 삶을 더욱 풍요롭게 하는 것을 거부하게 한다. 현 한국 사회는 이러한 현상이 매우 지배적으로 진행되는 것 같아 한편으로는 마음이 씁쓸하다. 또한 관객들의 왜곡된 태도는 우리에게 친숙한 영화 세계를 매우 건조하게 하는 것이며, 이는 결국 우리의 삶을 동화시킬 것이다. 그렇지 않아도 우리 사회는 매우 건조하고 기계화되어 생동감이 죽어 가고 있다. 이제는 관객으로서 영화를 바라봐 왔던 시선을 조금 바꿔 보는 것은 어떨까 하는 바람이다.

3. '개 같은 세상'과 '자유롭지 않은 세계'에서 살아가는 이주민은 '빵과 장미' 모두 필요하다[4)]

이주민들은 다양한 동기를 통해 자국을 떠난다. 그 중 하나가 바로 직업을 얻기 위해서다. 미개발국에서 일자리를 구할 수 없고, 소득의 기회가 상실된 상황에서 생계의 위험을 느끼게 되자 개발국이나 선진국으로 이주하는 현상은 자본주의와 신자유주의 체제가 팽배한 현실에서는 당연한 것이라 할 수 있다. 한국 사회에서 다문화 현상에 급격히 관심을 가지게 된 시점은 바로 이와 같은 이주민 인구가 한국 내에서 급성장하기 시작하면서다. 서로의 경제성장 목적과 맞물린 이와 같은 이주는 한편으로는 현 사회에서는 필수불가결한 것인지 모르겠다. 하지만 이러한 의미와는 달리 이주민에 대한 원주민의 태도는 과히 상상을 초월한다. 다음의 영화 세 편은 이러한 현실을 고발하고 있다.

첫 번째는 '도그빌(Dogville)'이다. 라스 폰 트리에(Las von Trier)가 감독했으며, 3시간 동안 하나의 무대 위에 소품을 올려놓고 진행하는데, 마치 하나의 연극 같은, 한 마을의 이야기를 담은 영화다. 이진경(2007)은 『부커진 R 1호』에서 이 영화를 통해 한국 내 이주민의 쟁점을 신랄하게 꼬집고 있는데, 그 내용을 잠시 소개하기로 한다. 우선 영화의 줄거리는 다음과 같다.

어느 날 그레이스(Grace)는 불안한 표정으로 쫓기듯 도그빌이라는 마을에 들어오게 된다. 마을의 한 청년인 톰(Tom)은 그레이스를 발견하고 호감을 갖는다. 그리고 의심스러운 눈과 마음으로 바라보는 마을 사람들을 설득하여 그레이스를 마을에 머무르게 한다. 그레이스는 이에 대한 보답으로 잔일을 도와주고 그에 대한 대가로 최소한의 임금을 받기로 한다. 마을 사람들은

4) 이 글은 ODA watch에 게재된 글을 수정하여 다문화교육 연구에 투고한 연구논문 「나의 삶과 한국 다문화교육의 위치: 탈근대주의와 비판교육학의 시각으로」(허창수, 2008b: 27-30)에 포함되어 있는 글임을 밝힌다.

처음에 그레이스에게 마지못해 일을 주지만 차츰 이에 익숙해지고 그레이스에게 많은 일을 맡기게 된다. 그러던 중 경찰이 그레이스의 현상 포스터를 마을에 가지고 나타난다. 마을 사람들은 이에 대해서 회의를 열게 된다. 그 결과, 그레이스가 가지고 있는 위험성을 담보로 일을 가중시키고 임금을 내리기로 한다. 이제 그레이스에게 이 마을의 고된 하루는 견딜 수 없을 정도다. 참다 못해 마을을 떠날 것을 계획하지만 마을 사람에게 속아 다시 끌려오게 된다. 이제 그레이스의 발은 묶이게 되고, 마피아 보스인 그레이스의 아버지가 톰의 안내로 마을을 방문하게 된다. 이제 그레이스는 마을에서 자유를 얻는다. 하지만 그레이스의 고통과 좌절은 극에 달했고, 이를 해소하기 위해 '개 같은 마을' 을 불사르고 모든 사람을 죽여 버린다.

여기서 이진경(2007)은 그레이스를 이주민, 특히 이주노동자로 의미화하고 있다. 한국의 이주노동자들 또한 한국인들의 의심스러운 태도에도 불구하고 함께 일을 하게 되었고, 이제는 한국인들이 이주노동자들의 노동력을 착취하면서 그들의 배를 채우고 있다. 특히 그레이스가 그랬던 것처럼 미등록노동자들에게는 저임금으로 더욱더 많은 노동력을 착취하고 있는 것이 한국의 실정이다. 그리고 필요하지 않으면 미등록이라는 이유로, 마치 그레이스가 당했던 것처럼, 그들을 동물처럼 묶어 가두어 두었다가 쫓아 버리는 것이 한국의 현실이다. 하지만 영화의 종말처럼 이주민들의 인내는 한계가 있을 것이다. 2005년 프랑스의 소요사태는 이를 증명해 주는 것이며, 세계 곳곳 이주민들의 항의는 쉴 틈이 없다. 이주민들에 대한 한국인의 태도를 유지한다면, 프랑스와 같은 타국에서 나타난 이주민들의 항의 상황을 맞이할 날도 머지않았다.

다음은 케네스 로치(Kenethe Loach) 감독의 두 영화 '빵과 장미(Bread and roses)' 와 '자유로운 세계(It's a free world)' 다. 영화 감독 로치는 한국에서는 좌파 지식인 감독으로, 세계적으로는 자연주의, 사회적 현실주의, 또는 사회주의적 지식인 감독으로 알려져 있다. 그가 지금까지 다루고 있는 주제들은 이주민, 노동자 등과 같이 억압받는 소수자들을 중심으로 자본주의 · 신자유주의 등을 비판하며 회의적으로 이 시대를 그리면서, 관념적이고 피상적인 쟁점화보다는 행동에 초점을 둔다. 그는 영화를 감독하는 영화 철학자다.

두 영화의 줄거리는 다음과 같다. '빵과 장미'는 이주민들의 인권을 찾기 위한 작은 움직임에 대한 이야기다. 마야(Maya)는 언니의 도움으로 멕시코에서 미국에 오게 되고 건물 '미화원'으로 일자리를 얻는다. 하지만 그곳 이주민들은 그들이 처한 상황을 교묘히 이용하는 회사 측에 의해 부당한 대우를 받고 있다. 친동생의 일자리를 구하기 위해 감독관에 몸을 허락한 언니 로사(Rosa), 첫 달의 월급을 고용의 대가로 요구하는 감독관, 한 번의 지각으로 인해 해고당하는 동료 등과 같은 부당함으로 분노한 마야를 비롯한 이주노동자들은 어느 날 도움을 준 '미화원' 노조원인 샘(Sam)과 함께 건물주를 대상으로 노동운동을 전개한다. 영화 제목 '빵과 장미'는 제임스 오펜하임(James Oppenheim)의 시 제목에서 차용한 것이다. 영화에서도 잠시 언급되지만, 이로부터 영감을 받아 1912년 미국 매사추세츠 주에서 여성 이주민들이 벌인 노동운동 투쟁을 통해 승리를 이끌어 낸 사건을 상징하는 것이다. 이주여성 노동자들은 빵도 필요하지만 인권과 존엄성을 상징하는 장미도 필요하다는 것이다. 영화에서는 마치 1912년 미국에서 일어났던 노동운동의 의미를 상기하고 행동의 필요성을 이야기하듯이 샘과 마야를 주축으로 진행된 노동운동이 성공한다. 하지만 그러한 과정에 배신, 생존, 희생 등과 같은 다양한 쟁점이 부각된다.

다음은 2008년 개봉한 '자유로운 세계(It' s a free world)' 다. 당시 정부와 국방부에서는 '불온서적'을 구분하는 시기였음에도 불구하고 상영금지 판정이 내려졌어야 할 영화가 어쩐 일로 상영이 되었을까? 하기야 1980년대 운동권 학생들이 쫓겨 다니던 시절, 이들을 잡기 위해 혈안이 된 전경들이 대학가 카페에서 찾던 드미트리 쇼스타코비치(Dmitrii Shostakovich)의 '혁명' 교향곡도 무사했으니, 멀티플렉스 극장도 아니고 마니아만 찾아드는 한 대학 후문에 위치한 두 개의 상영관을 가진 독립영화관에서의 상영쯤이야 문제는 없었을 것이다. 잠깐 줄거리를 소개하면 다음과 같다. 앤지(Angie)는 이주민들의 직업을 알선해 주는 회사에서 일을 하는 여성이다. 상관의 성희롱 등을 참아 가며 열심히 일을 하지만 결국 해고를 당하게 되고 앞으로 살길이 막막해진다. 그러나 그녀는 함께 사는 로즈(Rose)와 미등록된 이주민 직업소개소를 열게 된다. 타 직업소개소를 운영하는 파렴치한들과 달리 어려움에 처한 이란 사람들을 도와주기도 하는 등 앤지에게는 아직도 인간미가 있다. 하지만 시간이 지날수록 앤지는 더욱더 '돈' 에 집착하게 되고 자신의 이익만을 챙기는 여타 직업소개소처럼 이주민들의 고통을 외면하게 된다. 그러던 중 이주민들의 순간적인 폭력과 협박으로 고통을 당하기도 한다. 그리고 이제는 앤지도 타 직업소개소에서 했던 것처럼 이주민을 대상으로 자신의 이득만을 이중으로 챙기는 파렴치한으로 몰락하게 된다. 이 영화에서 켄 로치는 자본주의와 신자유주의 속에서 변해 가는 앤지를 통해서 주어진 체제에 순응할 수밖에 없는 나약한 인간들의 회의적인 모습을 보여 주고 있다. 즉, 자유로운 것 같지만 자유롭지 않은 세계 속에 살아가는 우리와 이주민의 모습을 반영하고 있는 것 같다.

잠깐, 이주민에 대한 한국 사정을 생각해 보자. 예를 들어, 이주결혼여성과 노동자들은 본국에 있는 그들의 어려운 가계를 살리기 위해 경제적 수입을 목적으로 한국에 입국하는 경우가 대부분이다. 이로 인해 생성된 자금, 즉 결혼과 노동의 대가로 받는 자금, 그리고 그것의 송금은 자국에 있는 가족들에게 생계를 유지할 수 있는 노동 창출 기회를 제공한다. 이주결혼여성과 노동자들을 포함해서 한국에는 이미 100만 명이 넘는 국제이주민이 살고 있다. 이는 공식적인 통계 수치이기 때문에 아마도 미등록자들을 포함하면 더 많은 이주민들이 한국 내에서 살아가고 있을 것이다. 이들에 대한 한국의 사회 · 정치 · 경제 · 문화적 여건은 아마도 최악이라고 해도 과언이 아닐 것이다. 이러한 열악한 여건 속에서 이들은 자국에 남아 있는 가족을 위해 그리고 자신들의 생존을 위해 한국 내에서 다양한 고통과 위험을 무릅쓰고 살아가고 있다. 하지만 이들에 대한 다양한 맥락에서의 보장은 전혀 이루어지지 않고 있는 듯하다. 오히려 이들을 더욱더 억압하고 착취하며 기업과 사회의 소모품으로 이용하고, 또 이를 방관하는 것이 현실인 듯하다. 현 한국 내 이주민들은 '개 같은 세상'과 자유를 보장하지만 역설적으로 '자유롭지 않은 세상'에서 살아가며 '빵과 장미' 모두를 절실히 요구하고 있다.

4. '인 디스 월드'에 난민은 존재하는가[5)]

인류 문명이 시작된 후 성인 남성들의 병정놀이인 전쟁은 세계 곳곳에서 진행되어 왔으며 지금까지도 지속되고 있다. 사실, 평화로운 일상 속에서 잘 느끼지는 못하지만 세계 각 대륙 곳곳에서는 국가 간, 그리고 국가 내부에서 크고 작은 전쟁들이 여느 때처럼 벌어지고 있다. 그 이유는 종교 · 이념 등 다양한 갈등 때문이기도 하지만 인간의 욕망과 나약함, 그리고 이기적인 이권 싸움이 가장 핵심적인 원인이라고 할 수 있다. 특히 이들은 대부분 남성의 세계에서 만들어진 그들의 생물학적 그리고 사회적 본능에 의해 조성된 상황이다. 더 나아가 이와 같은 전쟁은 무기에 의한 접촉뿐 아니라 정치 · 경제 · 문화 등과 같은 맥락에서도 변형된 형태로 일상적으로 나타나고 있으며, 이에 의한 피해자들은 때론 난민이라는 지위로 세계를 떠돈다. 이 절에서는 이와 같은 난민과 관련한 영화 한 편을 소개하고자 한다. 이는 더 나아가 다문화 현상에서 한국 사회의 난민에 대한 인식의 부족을 고발하고자 하는 목적을 가지고 있다.

'인 디스 월드(In this world)'는 파키스탄(Pakistan)의 난민촌에서 태어난 아프가니스탄 사람 자말(Jamal)의 영국을 향한 여정을 그린 로드무비(road movie)[6)]다. 자말은 삼촌의 도움으로 사촌형 에나야트(EnayatuNah)와 함께 많은 돈을 지불하고 영국을 향해 여행을 시작한다. 하지만 이들의 여행은 순

5) 이 글은 ODA watch에 게재된 글을 수정하여 다문화교육 연구에 투고한 연구논문 「나의 삶과 한국 다문화교육의 위치: 탈근대주의와 비판교육학의 시각으로」(허창수, 2008b: 37-39)에 포함되어 있는 글임을 밝힌다.

조롭지 않다. 부패한 국경수비병을 만나기도 하고 무리한 이란 중개인을 만나기도 하는 등 어려움에 접하지만 영국을 향한 여행은 지속된다. 그러던 중 이란의 테헤란으로 가는 길 국경에서 수비병들에 의해 그들의 여정이 멈춰지고 파키스탄으로 되돌아오게 된다. 하지만 그들의 의지는 계속되고 에나야트의 비상금을 털어 다시 시도하게 된다. 이번에는 테헤란을 거쳐 이스탄불까지 그럭저럭 순조롭게 통과하고 그들의 목적지에 점점 더 가까워진다. 영국 런던에 가는 날만을 기다리며 공장에서 일을 돕고 있던 중 어느 한 중개인에 의해 짐차에 실려지고, 그들은 항구로 배송될 컨테이너로 이송된다. 컨테이너 속에서 자말과 에나야트 그리고 몇몇의 다른 이주민은 어두움 속에서 곧 자신들의 목적지에 도달할 것이라는 기대와 함께 즐거운 표정을 하고 있다. 하지만 몇 시간이 지나도 도착하지 않자 모두 불안해하기 시작하고 함께한 아기는 계속 울어 댄다. 40시간 후 컨테이너를 실은 배는 망망대해(茫茫大海)를 지나가고 있다. 컨테이너 속 이주민들은 모두 어둠과 폐쇄공포증으로 울면서 벽을 치고 고통을 호소한다. 일부 사람들은 이미 정신을 잃고 죽어가고 있다. 하지만 배는 무심히 평온한 바다를 항해하고 있다. 한참을 지나 이탈리아에 도착하게 된다. 배에서 내린 컨테이너는 또다시 이동하고 마침내 문이 열린다. 아기는 울음을 터뜨릴 기력도 없이 칭얼거리고 자말은 정신이 혼미한 채 몸을 일으켜 신경질적인 반응과 함께 밖으로 나온다. 그 외 이주민들은 모두 고통 속에 이미 죽어 있었다. 잠시 정신을 차린 자말은 그곳에서 달아난다. 2주 후 자말은 이탈리아 어느 카페에 나타나 작은 물건을 팔고 있다. 하지만 가는 곳마다 그를 반기는 곳은 없다. 자말은 식당에서 손님의 가방을 훔치게 되고 돈을 꺼내어 프랑스행 기차를 탄다. 기차 내에서 자말은 비몽사몽간에 잠을 청하지만 컨테이너 속 악몽은 지속되고 그를 괴롭힌다.

---

6) 여행을 통해 인간관계의 새로운 계기를 마련하거나, 진정한 자기 정체성을 정립하는 과정을 제시하는 영화를 말한다. 로드무비의 가장 큰 매력이라고 한다면 여행 동안 벌어지는 예측 불허의 사건을 들 수 있을 것이다. 여러 사건 속에서 삶의 의미를 찾아가는 주인공을 통해 관객 역시 자신을 되돌아볼 수 있는 것이다.

프랑스 상가트에 도착한 자말, 이제 영국해협을 건너면 바로 런던으로 갈 수 있다. 자말은 난민들의 숙소에서 만난 런던에 위치한 식당에서 일하는 유셉의 도움으로 컨테이너 차 밑에 숨어서 무사히 국경을 넘어 런던에 도착한다. 이제는 런던의 한 식당에서 접시를 닦고 있다. 그리고 파키스탄에 전화해서 자신의 위치를 알리고 에나야트의 죽음 소식을 알린다. 자말은 2002년 16세이던 해에 이와 같은 경험을 한다. 자말의 영주권은 기각되었지만 예외적으로 입국이 허락되었고, 18세가 되기 전에 영국을 떠나야 한다. 영화 마지막은 자말이 모스크에서 열심히 기도를 하고 있다. 결국, 난민인 자말은 미등록 이주민으로서 영국 정부에서 받아주지 않는다.

나는 이 영화를 통해 한국 사회에서 다문화라는 의미를 형성하는 하나의 인구로서 난민은 어떠한 현황인지 의문을 가져 본다. 한국은 1992년 난민 지위에 관한 협약에 가입하였으며, 2008년 현재 2,000명이 넘는 수의 난민 신청자가 있다. 특히 2005년 이후 그 수가 급증하고 있으며, 2007년에는 717명이 신청하였다. 그에 비해 난민 인정자는 모두 76명으로 집계되고 있다(법무부, 2008; 박진숙, 2008 재인용). 자말은 난민이기에 앞과 같이 영화와 같은 경험과 환경에 놓여야 했다. 한국에는 2,000여 명이 넘는 '자말'의 변형적 존재가 살고 있다. 또한 자말과 같은 존재이지만 신청조차 생각하지 못하는 이들도 거주하고 있다. 과연 이들의 존재는 무엇인가? 마지막으로 난민은 한국 사회의 다문화 인구에서 가장 소홀하게 여겨지고 있는 대상이기에 이 절에서 쟁점화하였다. 그 외에 북한이주민, 중국동포 등 다양한 인구에 대한 고민도 분명히 진행되어야 할 것이다. '미셸 위, 하인즈 워즈 등도 한국인인데, 북한이주민, 중국동포는 과연 누구인가?'

5. 숨길 수 없는 식민주의 만행에 대한 상기

영화 '히든(caché, hidden)'에서 정지된 카메라 프레임 안에는 평범한 가정과 그 앞을 오가는 사람들, 주차되어 있는 차들을 하나의 일상처럼 보여 준다. 아무런 특이성도 가지지 않은 평범한 일상일 뿐이다. 하지만 이것은 누군가가 특정 장소를 선택하여 촬영한 후, 거주자인 조르주(Georges)와 안느(Anne)에게 알 수 없는 메시지를 보내기 위한 영상이다. 이후 나타나는 다양한 숨겨진 진실들 또는 숨기고 싶은 진실들, 그리고 그 진실 속에 숨겨진 인간의 욕망을 하나씩 보여 주고 있다. 어떤 면에서 보면 감독 미카엘 하네케(Michael Haneke)는 정지된 프레임 내 평범한 일상 속에 인간의 욕망으로 인한 다양한 폭력이 내재되어 있다는 것을 암시하며, 관객에게 이런 인식을 심어 주기 위해 반복적으로 영상을 제시하고 있는지 모르겠다. 영화는 다음과 같은 장면이 모여 전체 이야기를 구성한다.

조르주는 마지드(Majid)의 전화를 받고 집으로 찾아간다. 마지드는 와 줘서 고맙다고 한다. 조르주는 왜 전화를 걸어서 오라고 했냐고, 무슨 일이냐고 다소 경직되고 높은 톤으로 나무라듯 마지드에게 이야기한다. 마지드는 이 자리에 조르주가 반드시 있었으면 했기 때문에 전화를 걸어서 이곳으로 오라고 부탁했다고 한다. 마지드는 주머니에서 작은 '커터' 칼을 꺼내 든다. 그리고 칼날을 펴서 서슴없이 자기의 목을 잔혹하게 긋는다. 그리고 목에서 흐른 피는 사방으로 튄다. 벽에 붙어 있는 영상물과 함께 배달됐던 어린아이가 그린 듯한 그림의 피 흐름과 유사하다. 마지드는 식탁 옆에 쓰러진다. 그리고 바닥은 그의 피로 조금씩 물들어 간다. 조르주는 놀란 표정으로 멍하니 잠시 바라보고 있다가 어찌할지 몰라 하는 듯 좌우로 왔다 갔다 한다. 잠시 후 입에 손을 대고 기침을 몇 번 한다. 그리고 장면은 바뀐다. 이 장면에서 자신의 목 혈관을 여는 마지드의 잔혹한 행동은 차마 눈을 뜨고 보기 어려울 정도다. 마지드는 조르주의 앞에서 왜 자살을 해야만 했는가? 무엇을 말하려고

하는가?

조르주는 지적인 텔레비전 문학 토론 프로그램의 진행자다. 조르주는 출판일을 하는 부인 안느와 아들 피에르(Pierre)와 함께 프랑스 사회의 지식인이며 상류층을 상징하는 인물이다. 조르주의 일상은 텔레비전 프로그램을 준비하고, 운영하며, 유사한 계층의 친구들과 만나 고급스러운 저녁을 즐기고, 아들인 피에르의 성장에 관심을 가지고 하루하루 생활을 즐긴다. 이러한 평온한 일상에 누군가 집 앞을 촬영한 영상물과 어린아이가 장난스럽게 그린 듯한, 어린아이가 입에서 피를 흘리는 또는 닭의 목에서 피가 흐르는 그림이 함께 배달되기 시작한다. 처음에는 대수롭지 않게 생각했지만, 지속적으로 배달되는 영상물과 사진은 현재의 행복함에 젖어 잊고 있던 조르주에게 과거를 조금씩 상기시킨다. 영상물은 집 앞뿐 아니라, 부모님의 집을 찾아가는 길, 그리고 부모님의 집에서 일하던 알제리인 부부의 아들 마지드의 집을 찾아가는 길 등이 담겨 있다. 그림을 담은 엽서는 피에르에게 배달되기도 한다.

과거를 조금씩 기억하기 시작한 조르주는 영상물과 그림을 보내는 이유를 알기 위해 부모님의 집을 찾아가기도 하고 마지드를 찾아가기도 한다. 어머니의 건강 악화를 모르고 있었던 조르주는 놀라움과 함께 과거 마지드를 상기시켜 보려 하지만 어머니는 전혀 기억을 못한다. 계속되는 이와 같은 낯선 배달은 조르주와 안느의 신경을 자극하며 많은 스트레스와 갈등을 유발시킨다. 이러한 상황에서 마지드를 찾는 조르주는 이미 많이 화가 난 상태다. 오랜만에 만나 반가워하는 마지드에게 무엇을 원하는지, 돈을 원하는지 등 다짜고짜 따지기 시작한다. 마지드는 영문을 몰라 당황스러워하다가, 영상물과 그림은 자신이 한 짓이 아니라고 변명한다. 하지만 이미 마지드의 행동이라고 마음을 정한 조르주는 믿지 않고 또다시 이와 같은 짓을 하면 그냥 두지 않겠다고 협박을 하고 집 밖으로 나온다. 마지드는 다시 한 번 자신의 짓이 아니라며 만나서 반갑다고 문을 박차고 나오는 조르주의 등 뒤에 말한다. 밖으로 나온 조르주는 안느에게 전화해서 아무도 없었다고 거짓말을 한다.

얼마 후 협박하던 상황을 담은 영상물이 집으로 그리고 직장 상사에게도 배달된다. 그리고 조르주는 안느에게 과거 마지드와의 일을 이야기한다. 마지드의 부모님은 알제리에서 이주한 조르주의 집 일꾼이었다. 일을 잘했기 때문에 부모님에게 신뢰를 얻었고 그에 대한 대가로 마지드 가족은 좋은 대우를 받았다. 그러던 중 1961년 알제리의 독립 전쟁이 끝나 가던 중 프랑스 파리에서 알제리의 독립을 요구하는 대규모 시위가 있었고, 마지드의 부모님은 그 시위에 참여하기 위해 파리로 간다. 그리고 그들은 돌아오지 않았다. 많은 알제리인들이 세느 강에 빠져 죽었고 그들 중 마지드의 부모님도 있었던 것이다. 마지드를 불쌍히 여긴 부모님은 책임감일지도 모르는 감정과 함께 양자로 삼으려 했다. 조르주는 그때 나이 여섯 살이었고 이러한 부모님의 결정이 싫었다. 조르주는 마지드에 대한 허위 소문을 퍼뜨리고, 결국 마지드는 고아원으로 보내진다.

이후 또 하나의 사건이 발생한다. 아들인 피에르가 집에 돌아오지 않는 것이다. 조르주와 안느는 경찰서에 신고를 하고 마지드의 집을 방문하여 그의 아들과 함께 연행한다. 그들은 경찰의 조사를 받고 무혐의로 풀려난다. 그리고 피에르는 어머니 안느에 대한 오해로 친구 집에서 머물러 있었다가 그 친구 부모님의 동행으로 집으로 돌아온다. 얼마 후 조르주에게 마지드가 전화해서 집으로 와 주기를 요구한다.

마지드가 죽은 후 조르주는 일상적으로 회사에 출근한다. 마지드의 아들은 조르주와 이야기할 것을 요구한다. 하지만 바쁘다는 핑계로 조르주는 피하려 한다. 그러자 사무실 안의 모든 사람이 들을 수 있을 정도의 큰 소리로 조르주를 부르고 결국 그 둘은 화장실에서 잠시 이야기를 나눈다. 하지만 조르주는 아직도 화가 풀리지 않았으며, 그동안 일어났던 모든 일이 마지드와 그의 아들의 소행이라고 굳게 믿고 있다. 그리고 마지드의 아들은 마지드가 배우지 못한 것이 한이 되어 자신에게는 교육을 아끼지 않았다고 하며, 많이 배운 사람은 어떠한 모습인지 보고, 이야기를 하고 싶었다고 한다. 그리고 화를 내는 조르주에게 이제는 알 것 같다는 말과 함께 더는 할 말이 없다고 한다. 조르주는 화장실을 떠난다.

영화 '히든'에서 감독 하네케는 관객들에게 무엇을 이야기하고 있을까? 평범한 일상 속에는 다양한 진실이 숨겨져 있음을 보여 주고자 하는 것일까? 식민주의와 인종주의 이념하에 이성적으로 이해할 수 없는 많은 폭력이—프랑스 사회 내에 이러한 잔혹한 이념은 지금은 사라지고 없어진 듯하지만—일상 곳곳에 숨겨져 있다는 것을 암시하고 있을까? 과거에 비이성적인 행위로 인해 가해진 작은 폭력들은 결국 자신에게 언젠가는 돌아온다는 것을 보여 주는 스릴러를 표현하고자 하는 것일까? 진실을 밝히려고 하지는 않고 다양한 비합리적이고 우연적인 일상의 모습을 보여 주며 지속적으로 질문만을 던지며 다양한 진실의 가능성을 주장하고 있는 것일까?

마지막으로, 나는 이 영화가 지니고 있는 다양한 시각 중 식민주의와 관련된 관점을 지적하고자 한다. 식민주의(colonialism)라는 용어는 표면적으로는 지구상에서 이미 사라진 이념일지 모른다. 하지만 이 이념은 지구상 인류의 태동으로부터 현재 이 글을 쓰는 순간에도 끊임없이 그 모습을 달리하며 곳곳에 숨겨져 있다.

아마도 조르주는 식민주의를 행하는 주체의 상징적 모습이며, 마지드는 식민주의에 의해 유린당한 사람을 상징할 것이다. 많은 사람들은 프랑스라는 나라에 대해서 톨레랑스(tolerance)라는 수식어를 사용하는 것을 서슴지 않는다. 하지만 2005년 이주민 3세가 중심이 된 프랑스 소요사태로 이러한 수식어는 이제 의심이 가지 않을 수 없게 되었다. 하네케는 이와 같이 프랑스 사회의 잠재되어 있는 또는 숨겨진 식민주의 만행으로 나타날 가능성을 가진 진실을 지적하고 있는 것은 아닐까 하는 생각이 든다. 흥미로운 것은 조르주의 태도다. 식민주의를 행한 주체임에도 불구하고 그것을 인정하고 자신들의 행동에 대해서 반성하고자 하는 태도는커녕 오히려 그들을 멸시하고 의심하며 두려운 존재로 낙인찍어 버리는 행위는 프랑스인들의 모습 중 일부가 아닐까. 아무런 증거 없이 단지 심증만으로 마지드 부자를 의심하고, 자신의 과오를 은폐하기 위해 또 다시 과거 폭력의 대상인 마지드를 괴롭히면서 만족해 하며, 죽음으로써 또는 피로써 이에 대한 항거를 자행하는 마지드에게 아무런 책임감도 죄책감도 없이 오히려 저주하는 조르주의 모습은 프랑스인들뿐 아니라 전 세계적으로 과거 식민주의를 자행한 모든 국가의 모습일지도 모른다.

6. 나는 '시리아나'를 보고 국제개발을 비판하면서 커피를 마시고 있다: Hypocrisy!

'시리아나(Syriana)'는 워싱턴의 정치 참모들이 미국 중심의 이상향과 이해관계에 걸맞도록 재편된 중동의 새로운 지역 구도를 일컫는 용어다. 영화 '시리아나'는 이러한 미국의 중동 석유개발을 위한 정치 · 경제적 입장과 관련하여 네 명의 인물 주변에서 일어나는 사건을 다룬 영화다. 물론 이 영화의 주제 특성상 미국의 이기주의적이며 일방주의(unilateralism)적인 정치적 성향이 드러나지만, 이 영화는 이를 집중적으로 다루고 있지는 않다. 그 이유를 생각해 보건대, 이와 같은 미국의 이기주의적이고 일방주의적인 정치적 세계 패권주의는 너무나 표면화되고 보편화되어서 이 영화에서 다룰 필요조차 없이 대중적으로 공식화되었기 때문에, 감독 '스티븐 개건(Stephen Gaghan)'은 이에 초점을 맞출 이유가 없었다고 판단했던 덕은 아닐까? 다른 가능성으로, 현 시점에서 이와 같은 민감한 쟁점을 정치적으로 다루기에는 부담스러웠던 것은 아닐까?

영화의 전체 줄거리를 요약하면 다음과 같다. 영화는 네 가지 이야기가 서로 연결된 듯, 독립된 듯 짜깁기되어 있다. 이는 최근 영화에서 더는 새로운 것도 아니며 심지어 하나의 장르화되는 듯하다. 첫 번째 이야기는 미국 CIA 요원인 밥(Bob Barnes)을 둘러싼 이야기다. 밥은 CIA 요원으로서 평생을 공헌하며 살아왔다. 영화 '시리아나'는 밥을 통해 미국 첩보원의 불안정한 일상과 변덕스러운 미국 정부의 이권 챙기기에 소모품으로 살아가는 모습을 재현한다. 그리고 그를 둘러싼 미국 정부의 공작 활동은 현 시대에서 경제 ·

정치적 이권을 위해서 적(敵)이란 아무 의미가 없다는 것을 보여 주고 있다.

두 번째는 이권을 위한 두 석유회사의 합병으로 인해 실직하게 된 파키스탄 이주민을 둘러싼 이야기다. 아버지와 함께 행복한 나날을 기대하며 일하던 석유회사에서 어느 날 갑자기 해고 통지를 받은 파키스탄 이주민 '아기자(Mohammed Sheik Agiza)'는 직업을 얻기 위해 노력도 해 보지만 그 또한 수월하지 않았다. 결국, 그는 이슬람 사원에 들어가 코란을 공부하게 되고 자살폭탄 테러리스트가 되기를 제안받는다. 스스로 고민에 빠져 보기도 하지만 결국 폭탄을 들고 합병된 석유회사의 LNG선에 뛰어든다. 그리고 그는 석유개발을 통해 얻는 이익은 개발지역의 특정 소수와 서양, 특히 미국의 석유회사들만을 위한 것이며, 이러한 구조적인 결함으로 고통받는 현지인을 포함한 노동자들의 현실을 호소하고, 테러리스트가 아닌 생존을 위해 안간힘을 쓰는 그들의 존재를 알리는 듯하다.

세 번째는 야심찬 변호사인 버넷(Bennett Holiday)이 예상하지 못했던 한 석유회사의 사상 최대 석유개발권 계약과정의 불법 거래를 파헤치기 위한 조사에 투입되면서 시작된다. 조사과정에서 기대했던 대로 석유회사의 불법적 요소를 발견하게 되고 이는 미국 석유회사들의 일상임을 알게 된다. 변호사와 검찰은 언제나 서로의 이권을 위해 거래를 하듯이, 버넷 또한 검찰 측과 협상을 하게 된다. 버넷은 석유개발권을 위해 노력한 불법적 행위가 석유회사의 전체 개입이 아닌 개인의 독립적인 노력으로 인정하고, 그를 검찰에 넘겨 주는 대신 두 석유회사의 합병과 석유개발권 승인을 제안한다. 그러나, 검찰 측은 만족하지 못하고 그 이상을 요구한다. 이에 버넷은 자신의 동료이자 상사가 변호사로서 취한 부당한 이익을 검찰에 고발할 것을 다시 제안하고, 이에 석유회사 측과 검찰은 모두 이를 흔쾌히 승낙한다. 버넷은 자신의 명예와 이권, 검찰과의 타협을 위해 동료를 버리는, 다른 변호사들과 마찬가지로 기회주의적 행동을 한다. 그리고 두 석유회사는 합병과 석유개발권을 승인받는 데 성공한다.

네 번째는 석유를 소유하고 있는 중동 국가인 이란의 아미르(amir, 아랍어로 왕)와 두 왕자들을 둘러싸고 일어나는 이야기다. 두 왕자 중 동생은 어리석고 이기심이 강하며 아미르가 되고자 하는 강한 욕망이 있다. 반면, 형은 매우 총명하며 자신들의 이권만을 챙기려는 미국 정부에 대항하여 국가를 민주적이며, 기업이나 특정 계층보다는 민중의 이익을 우선시하는 사회로 만들고자 하는 야심차고 혁명적인 생각을 가지고 있다. 또한 이를 바탕으로 석유개발권을 미국 석유회사가 아닌 중국의 석유회사에 넘기기도 한다. 이러한 반미국 성향의 태도를 가진 형이 그의 총명함으로 인해 아미르가 되는 것은 시간문제다. 하지만 미국 석유회사와 정부는 이를 원치 않는다. 그들은 미국 친화적인 아미르를 원하고 이에 음모를 꾸미게 된다. 결국 새로운 아미르는 동생에게 넘어가고 그의 형은 미국 CIA에 의해 저격당하게 된다.

ODA는 'Official Development Assistance'의 약어로, 공적개발원조를 말한다. 이것의 다양한 의미 중 하나는 개발도상국을 대상으로 경제 · 사회문화 · 정치적 국제협력을 통해 풍요로운 삶을 형성할 수 있도록 원조하는 것이라 할 수 있다. 이 중에는 선진국들과 함께 천연자원 개발을 목적으로 진행하는 지원도 주요 활동에 포함되어 있다. 즉, 이를 통해 대상 국가가 가지고 있는 발전 요소를 극대화하고, 경제 · 사회 · 정치 · 문화적 발전을 도모하며, 궁극적으로 전 지구 친화적인 개발도상국으로 발전할 수 있도록 도와주는 지원 사업이 ODA의 한 방향이다. 하지만 이러한 지원을 목적으로 하는 ODA, 즉 공적개발원조가 주요 원조국들로부터 정치 · 경제적으로 중립적 · 독립적일 수 있을까? 현대는 자본주의가 팽배하고 신자유주의가 판을 치는 시대이며, 경제적으로는 사기업의 이권을 위해, 정치적으로는 패권주의를 위해 진행되고 있다고 해도 과언이 아니다. 이러한 시대에 원조국들의 자원개발에 대한 공적개발원조 태도는 어떤 위험성을 가지고 있지 않을까? 이러한 의심에 찬 질문과 자원개발을 둘러싼 ODA에 대한 경고의 목소리는 그동안 지속적으로 제기되어 왔다. 이에 대한 근거로 과거 역사 속 제국들의 이권을 위한 천연자원 개발을 상기할 수 있으며, 영화 '시리아나'는 이러한 목소리에 힘을 실어 줄 수 있는, ODA 과정에서 석유를 둘러싸고 발생 가능한 왜곡된 현상을 잠시 경험하게 해 준다.

자원개발을 위한 원조는 과거 역사에 비추어 볼 때 그다지 핑크빛 미래만을 연상할 수는 없을 것이다. 실제로 겉으로 드러나는 모습, 그들의 '겉옷'과 '가면'의 모양은 바뀌었을지라도 이를 통한 이권 쟁탈에 대한 욕망은 인류 진화 과정 속에서 항상 변하지 않아 온 인간의 본성이며 삶의 본질이었다. 예를 들어, 과거 향신료를 위한 동아시아의 동인도제도와 같은 회사들의 침략과 커피, 감자 등의 재배를 위한 강제적인 타국 토양의 식민지적 지배가 그러한 예들이다. 물론 원조 대상국 소수 지배계층의 경제·정치적 야욕(野慾)이 이러한 욕망에 시너지 효과를 극대화하는 역할을 해 왔다는 것은 두말할 필요가 없는 사실이다. 이들은 모두 근대화와 자원개발 원조라는 '겉옷'과 '가면'을 쓰고, 각 국가의 정치적 욕망과 사기업의 이권이라는 몸을 숨긴 채 진행된 과거 ODA의 모습이라고 주장하면 비약일까? 이러한 역사적 흐름은 현 시대에도 아프리카의 다이아몬드와 중동, 아프리카 등지의 석유개발 같은 천연자원 개발로 이어지고 있다.

영화 '시리아나'는 이러한 선진국들의 정치·경제적 이권을 중심으로 진행될 가능성을 충분히 가지고 있는 ODA의 모습을 예견할 수 있도록 해 준다. 물론 이 영화는 사기업과 이를 위한 미국 정부의 일방적인 석유 쟁탈을 드러냄으로써 직접적으로 ODA의 차원이라고 할 수는 없다. 하지만 영화에서 보여 주는 정치·경제적 성격이 ODA의 근본적인 방향성과 분리될 수 없음은 이 시대의 팽배된 자본주의, 일방주의, 권위주의, 패권주의 등과 같은 이념이 잘 이야기해 주고 있다. 이러한 이념 아래 과연 자원개발 원조는 ODA의 근본적인 이념처럼 대상국의 순수한 삶의 풍요를 목적으로 하고 있는 것일까? 앞에서도 언급하였듯이 이러한 활동은 정치와 경제적으로 독립적이지 않다. 사실, 두 맥락이 그 성격상 독립적이라는 표현은 적합하지 않다. 경제적인 맥락에서 사기업의 목적은 이윤을 추구하는 것이며, 그들의 원조 개입은 결국 대상 사기업의 이윤과 직결되어 있다는 사실은 너무나 당연하다. 또한 정치적인 맥락에서 지원국이 대상국을 마치 '시리아나'라는 용어의 의미처럼 그들의 '입맛'에 맞추기 위해 노력한다는 것은 잘 알려진 사실이다. 이러한 사기업의 이권과 지원국을 위한 정치적인 이데올로기의 방향성은 표면에 나타나지 않고 영화 '시리아나'처럼 은밀히 진행되고 있다. 석유와 직결되어 나타나는 이와 같은 현상, 즉 미국과 같은 서양 거대 국가들의 이기적이고, 일방적이며, 패권주의적인 야심은, 영화 '시리아나'를 통해 이해할 수 있으며, 이는 ODA와 무관하지 않다.

이 글을 쓰면서 나는 나 자신의 태도를 한번 돌아본다. 나는 어떠한가? 나는 이 글을 쓰고 있는 이 시점에도 한 잔의 커피를 찾는다. 그리고 역설적으로 커피의 즐거움을 만끽하며 가진 자의 사치를 즐김과 동시에 이를 비판하고 있다. 생체권력에 의해 훈육을 넘어서 통제화되고 있는 현실을 이해하면서도 깰 수 없는 또는 깨는 것을 두려워하는 현대인들 속의 내 모습은 과연 위선적이지 않은가?

7. 전쟁과 여성, 일상 속 위선 그리고 감독은 7년간 위안부의 삶을 담고, 지식인은 부끄러울 뿐이다

1991년 변영주 감독은 기생 관광에 대한 다큐멘터리를 제작하는 과정에서 일본 관광객을 대상으로 하는 요정(料亭)에서 일하는 한 여성을 만났다. 그 여성과의 대화 중 돌아가신 어머니가 위안부[7]였으며, 병원치료비를 마련하기 위해 스스로 성매매를 할 수밖에 없었던 사실을 알게 되었다. 이것이 계기가 되어 변영주 감독은 1993년부터 위안부에 대한 다큐멘터리 영화를 만들기로 결정했다. 이후 1999년까지 7년간, '낮은 목소리 1, 2', 그리고 '숨결'이라는 위안부들의 삶을 담은 세 편의 영화가 완성되었다.

7) (군)위안부란 제2차 세계대전 당시 일본 정부의 조직적 계획에 의해 전쟁터로 끌려가 일본군의 성노예로 착취당한 여성들을 말한다. 피해자 대부분은 한국을 비롯한 일본 식민지 국가의 11세에서 32세에 이르는 젊은 여성들이었으며 그 숫자는 약 20만 명으로 추산된다(영화 '숨결' 중 재인용, 1999).

세 다큐멘터리의 흐름은 매우 간단하다. '낮은 목소리 1'의 배경이 된 곳은 지금은 경기도 광주에 자리 잡고 있는 '나눔의 집'인데, 1992년 마포구 서교동에서부터 시작한 이곳은 1993년 당시에는 불교단체에서 위안부들의 안타까운 삶을 알고 지원했던 혜화동 한 한옥에 위치하였다. 그곳에는 갈 곳 없는 6명의 위안부가 살고 있었다. 한옥 외에 지금과 같은 지원이나 자급자족할 수 있는 토지와 시설이 갖춰져 있지 않은 상태에서 위안부들은 어려운 삶을 살고 있었다. 이들의 삶은 추위와 굶주림, 그리고 트라우마적인(traumatic) 내외적 고통에 시달리면서 약에 의존하며 제2차 세계대전 당시 태평양전쟁의 시간과 공간 속에 머물러 있었다. 변영주 감독은 '낮은 목소리 1'에서 처절했던 과거에 멈춰 선 위안부의 현재 삶을 조명하였다.

1993년부터 2년간 진행된 '낮은 목소리 1'이 완성된 후, 1995년 12월 나눔의 집은 지금의 위치인 경기도 광주로 이주하였다. 그리고 얼마 후 강덕경 위안부로부터 변영주 감독에게 전화가 걸려온다. 폐암 말기를 선고받고 죽음을 기다리는 강덕경 위안부는 자신의 삶이 많은 사람들에게 기억되고, 다른 이들에게 반복되지 않길 바라는 마음에서 죽어 가는 모습을 영화로 제작해 줄 것을 부탁한다. 이에 변영주 감독은 1997년 2월 2일까지 강덕경 위안부의 마지막 삶을 지켜보며 다큐멘터리 '낮은 목소리 2'를 제작한다. 감독은 강덕경이라는 한 한국 여성을 중심으로 위안부들의 고통스러운 현재 삶을 '낮은 목소리 2'로 재현한다.

4년 후 변영주 감독은 위안부를 다룬 세 번째 영화 '숨결'을 완성한다. 변영주 감독은 위안부 시절과 그 후 그들의 삶을 간접적으로 경험하는 것에 한계를 느꼈는지, 이번에는 한 위안부가 직접 만들어 가는 영화를 기획한다. 이 영화에서는 한 위안부가 한국뿐 아니라 필리핀 등 국내외 여러 곳을 방문하여 다른 위안부들과 태평양전쟁 당시 경험한 처절한 삶에 대해서 대화를 나누는 것을 촬영하여 다루고 있다. 이는 기존의 변영주라는 간접적인 '기계'를 통하기보다는 쟁점의 대상 스스로가 그들의 경험을 나누는 직접적 목소리를 재현한다는 점에서 영화뿐 아니라 학문 분야에서도 매우 흥미롭고 중요한 의미를 가지고 있다.

이 영화들이 주는 구체적인 의미에 대해서 살펴보면 다음과 같다. '위안부'는 1945년 해방 후 극소수자들만의 고통과 쟁점으로 남아 있었다. 그러던 중 1990년 일본 정부의 위안부 관련 내용에 대한 부정과 1991년 처절했던 삶의 한을 풀지 못한 채 지금은 고인이 된 김학순 위안부(1997년 12월 16일 사망)의 증언으로부터 이 쟁점은 한국 사회의 표면으로 드러나기 시작하였다. 국내에서는, 비록 한국 정부가 미온(微溫)적 태도를 보일지라도, 이러한 표출에 힘입어 NGO(Non-Governmental Organization)를 중심으로 다양한 활동을 전개하고 있다. 예를 들어, 1992년 1월 8일 수요일 정오부터 시작하여 16년 동안 진행해 온 '위안부' 문제 해결을 위한 '수요 집회'는 2008년 8월 13일에도 200여 명이 일본대사관 앞에 모여 826번째를 맞이했다. 일본의 부정에도 불구하고, 국제적으로도 UN(United Nations)과 ILO(International Labour Organization) 같은 국제기구의 다양한 노력은 지속되고 있다. 하지만 논의되기 시작한 1991년 이후 18년이 지난 현재, 강덕경 위안부의 죽음에 앞선 마지막 바람과는 달리, 그리고 1991년 초기 온 국민의 적극적인 관심은 간데없이 '위안부'의 쟁점은 많은 한국인들의 마음속에 잊혀진 채 사라져 가고 있는 듯하다. 쟁점의 해결 없이 하나둘씩 한을 품은 채 무관심 속에 사라져 가는 위안부들(2007년 통계에 의하면 위안부임을 밝힌 233명 중 112명 사망)과 앞에서 소개한 세 편의 영화의 비대중성에서 나는 그와 같은 확신을 가질 수 있었다.

위안부에 대해서는 국제개발과 이해의 관점에서 살펴볼 때도 매우 복잡하고 다양한 시각을 가지고 있다. 그 중에서 세 가지만을 예시적으로 소개하면 다음과 같다. 첫 번째는 여성주의적인 시각에서 국제개발이라는 가면을 쓴 전쟁이 강요하는 여성이라는 특정 계층의 수난을 꼽을 수 있다. 전쟁과 국제개발이 매우 밀접하게 관련되어 있음은 최근 어느 한 신문에 게재된 기사에서 쉽게 이해할 수 있다. 이 기사는 일제강점기의 참혹한 침략의 만행과 다양한 수탈 행위를 한반도의 근대화 과정이라고 주장하는 한 집단에 대해서 비판적 논의를 하고 있었다. 근대화를 가장(假葬)한 전쟁은 일제강점기뿐 아니라 세계 곳곳에서 발생해 왔고 지금도 진행 중에 있다. 일제강점기를 근대화로 바라보는 역사관의 입장이라면 전쟁과 국제개발 또한 같은 입장에 있다고 해도 과언이 아닐 것이다. 다시 여성주의 시각으로 돌아가면, 전쟁을 빙자한 국제개발은 남성 중심 국가주의(nationalism)와 군사주의(militarism)를 강력히 불러오기 때문에, 여성이라는 특정 계층의 무시와 희생을 강요한다. 즉, 여성의 위치는 남성의 욕망을 추구하기 위한 하나의 수단으로 희생의 대상이며, 그에 대한 대표적인 역할이 위안부다. 한국의 역사 속에서도 이러한 상황은 예외일 수 없다. 이를 테면, 원나라의 지배하에 당한 여성의 수모와 한국전쟁 이후 미군을 위한 집창촌(集娼村) 여성의 수난은 대표적인 예라 할 수 있다. 따라서 위안부 문제는 단순히 일본과의 문제뿐 아니라 전쟁과 국제개발이라는 측면에서 여성에게 폭력을 가한 인류 역사의 일상에 잠재되어 있는 부끄러운 허위의식(false-consciousness)의 발현(發現)으로서 반드시 조명되고 논의해야 할 쟁점이다.

두 번째는 자랑스러운 한국인으로서의 자부심만큼이나 부끄러운 위선적 태도의 모습을 위안부 쟁점에서 이해할 수 있다. 역사적으로 발생한 '화냥년' '일제강점기 위안부' '미군기지 집창촌' 등은 모두 국가주의와 군사주의에 의해 강요된 여성의 희생이다. 하지만 한국 정부뿐 아니라 그로부터 혜택을 받은 모든 한국인은 순결 이데올로기(chastity ideology)라는 얼토당토않은 소리와 함께 남의 일 보듯 하며, 심지어 위안부들 각 개인의 잘못으로 여기고, 그들을 경멸한다. 더 나아가, 스스로 위안부였음을 부끄러워하도록 의식화한다. 이렇게 직·간접적으로 두 번의 희생을 강요하는 위선적인 태도는 우리 일상 곳곳에서 볼 수 있다. 한 예로 일제강점기 위안부 문제를 1945년 이후 50년이 넘도록 아무런 진전 없이 위안부들이 죽어 사라지기만을 기다리는 듯한 한국 정부의 미온을 넘어선 무시 행위를 들 수 있다. 이러한 현 상황에서 진행하는 한국의 국제개발의 주체와 객체 역할, 그리고 국제이해는 어떠한 의미를 가지고 있는지 의문을 가지지 않을 수 없다. 즉, 국제 관계 속에서 발생한 위안부와 같은 오래된 문제점을 '검정 고무신이 낡고 닳아 사라지듯 대하는' 현 한국 사회와 정부의 위선은 바로 우리가 최근 강조하는 국제이해, 국제개발, 그리고 다문화 등 세계화의 방향성에 근간이 된다.

세 번째는, 한국 지식인들의 위선, 그들에 대한 경멸, 그리고 스스로에 대한 부끄러움은 변영주 감독이 7년간 세 편의 영화를 제작하는 과정에서 느낄 수 있다. 모든 지식인이라고 할 수는 없지만 일부 지식인은 현실과 실제를 무시한 피상적이고 관념적인 논의를 찬미하고, 그를 추종하는 스스로의 모습을 나르시스적으로 평가하며 쟁점이 불거질 때마다 유행에 편승하듯이 목소리를 높이고 있다. 이러한 과정에서 정작 그 문제에 대한 근본적인 해결이나 적극적인 대응의 모습과 태도를 보여 주기보다 이권이나 명성(名聲)만을 챙길 뿐이다. 반면, 현실적 문제를 아무런 보장 없이 실제적으로 다년간 다루는 '영화인' 변영주 감독의 모습은, 현 시대에 주류 지식인 학자들에게 매우 놀라운 자극이 아닐 수 없다. 즉, 학문 분야의 시론(時論)이 관념에 지친 학자들에 의해 실행(praxis)을 강조하는, 또한 '숨결'과 같은 현장의 목소리를 적극적으로 표출하고자 하는 노력이 난무하는 지금, 변영주 감독의 다큐멘터리를 위한 7년 간의 작업은 일시적 유행에 따르며 내용 없는 목소리를 높이는 일부 학자들의 태도에 일격을 가하는 듯하다.

8. 성인들의 병정놀이 속 아동들의 세계

냉소적으로 말하면, 4절에서도 언급하였지만, 전쟁은 인류 문명의 역사와 밀접한 관계가 있다. 전쟁과 같은 갈등이 인간사의, 특히 성인 남성들이 지배하는 사회의, 본질적 특성이라면 때론 그에 대해서 어느 정도 인정해 주기로 하겠다. 하지만 문제는 이러한 성인들의 병정놀이에 의해 삶의 위협을 받아 가면서 살아가는 많은 계층이 존재하며, 그 중에서도 아동에 대해서 우리는 너무도 무관심해 왔고, 그들의 삶을 철저히 무차별적으로 빼앗아 왔다.

Ngugi Wa Thiong' O(1993)는 우리의 미래를 이해하기 위해서 현 시대의 아동들을 살펴보라고 했다. 그들의 현재 삶이 고통스러우면 우리의 미래는 고통스러울 것이라고 경고했다. 그리고 Emmanuel Levinas는 우리의 삶이 사람의 얼굴을 통해 재현된다고 하였다(강안중, 2005). 즉, 이를 '얼굴의 현현(顯現)' 이라고 하는데, 이러한 전쟁이 일상인 현재 우리의 지구촌 아이들 얼굴은 모두 '어두움' 으로 물들어 있거나 물들여질 것이다.

이 절에서는 이러한 '전쟁과 아동' 이라는 주제 아래 두 편의 중동 국가들을 대상으로 하는 영화를 간략히 소개하고자 한다. 아프가니스탄 출신 감독인 세디그 바르막(Siddiq Barmak)의 '천상의 소녀(Osama)', 이란 출신의 감독인 바흐만 고바디(Bahman Ghobadi)의 '취한 말들을 위한 시간(A time for drunken horses)' 이라는 두 편의 영화를 간략히 소개하면 다음과 같다.

'천상의 소녀' 는 아프가니스탄, 탈레반(Taleban) 정부가 이슬람 종교 이념 중 극단적이고 보수적인 성격만으로 지배하는 곳에서, 오사마라는 여자아이가 겪는 삶의 몸부림을 보여 주는 영화다. 오사마의 가족은 전쟁으로 인해 모든 남성은 집을 떠난 채, 할머니, 어머니와 함께 살아가고 있다. 이들은 여성이 밖에서 일할 수 없다는 국가정책으로 인해 삶에 위협을 받고 있다. 사실, 남자 없이는 외부 출입이 금지된 아프가니스탄에서는 집 밖을 나가는 것조차 자유롭지 않다. 여자들이 시위를 하면서 정부에 대항해 권리를 주장해 보지만 물대포와 닭장 같은 철창에 강제로 감금되는 등 정부의 강경대책에 속수무책이다. '이러한 꼴' 이 2008년 촛불문화축제를 전경들이 막아 냈던 서울의 모습과 크게 다르지 않다. 이러한 상황 속에서 오사마의 어머니는 병원에서 병든 사람들을 수발하면서 생계를 근근이 이어 가려 하지만 그 또한 용이하지 않다. 마지못해 내리게 된 결정은 오사마의 머리카락을 짧게 자르고 그의 아버지 친구 가게에서 남장아이로 일을 시키는 것이다. 오사마의 완강한 거부에도 불구하고 삶과 죽음의 기로에 서 있는 이들에게는 선택의 여지가 없다. 오사마는 가게에서 남자 행세를 하며 일을 하게 되지만 모든 남자아이들처럼 곧 군인이 되기 위한 훈련소로 징집된다. 불안해하는 그의 얼굴 표정과 행동은 다른 동료 아이들에게 의심을 받고 한바탕 소란이 있은 후에 소녀의 비밀은 탄로가 나며 곧바로 재판에 회부되어 사형을 선고받는다. 사형이 집행되려는 순간 어느 한 노인이 나타나서 손녀와 같은 소녀를 구해 주게 된다. 하지만 그 대가는 돈을 지불하고 소녀를 노인의 집으로 데려가 부인으로 삼는 것이었다. 밤이 되면 소녀는 '꽃단장'을 하고 노인을 기다리고 있다. 노인이 곧 나타나 그들의 첫날밤을 보낸다. 그리고 영화는 소녀의 과거 천연덕스러운 줄넘기 장면과 함께 자막이 오른다.

'취한 말들을 위한 시간'은 이라크와 이란의 전쟁이 끝난 후 국경 주변 쿠르드(Krud) 지역 주민들이 살아가는 모습과 함께 부모 잃은 오남매의 삶을 보여 주고 있다. 전쟁으로 생계가 막막해진 주민들은 삼엄한 국경을 넘나들며 밀수로 근근이 연명하고 있다. 그러던 중 지뢰에 의해 인명사고가 나고 아마네(Ameneh)의 아버지는 사망하고 만다. 아윱(Ayoub), 로진(Rojin), 마디(Madi), 아마네(Amaneh), 그리고 한 아기 등 오남매는 결국 부모 없이 남게 된다. 특히 이 중 마디는 의사의 주기적 관리와 함께 수술이 필요한 장애인이다. 곧 수술을 하지 않으면 위험하다는 의사의 경고가 주어진 상태다. 거리에서 사람들의 물건을 싸 주거나 다른 잡일을 하면서 가게를 도우며 학교를 다니던 아윱은 가족의 모든 일을 책임지게 된다. 야윱은 마디의 수술과 아마네의 학교생활, 그리고 가정을 유지하기 위해 학교를 그만두고 삼촌의 소개로 국경을 넘나드는 밀수를 돕게 된다. 하지만 그의 벌이는 변변치 않고 가계를 유지하는 정도에 지나지 않는다. 당장 마디의 수술비가 급한 지경에 이르고, 결국 하나의 방편으로 로진을 결혼이라는 명목 아래 팔기로 결정한다. 그 조건은 마디를 수술시켜 주는 조건이다. 하지만 로진을 받아들이기로 한 남편의 부모는 마디의 수술 대신 말을 한 필 넘겨 준다. 아윱은 이 말과 함께 밀수를 계속한다. 그러던 중 마디의 수술이 긴박해지고 야윱은 아마네와 아기인 막내 동생을 집에 남겨 둔 채, 마디를 데리고 이라크로 넘어가 말을 팔아서 수술시키기로 결정한다. 저녁이 되자 야윱은 밀수꾼들에게 부탁하여 물건을 싣고 여느 때처럼 추운 날씨와 무거운 짐으로 인한 고통을 줄이기 위해 그의 말에게 술을 먹인다. 오늘은 더 추워진 날씨로 인해 평소보다 더 많은 술을 먹이고, 마디와 함께 출발한다. 국경 주변 이라크군들의 경계는 삼엄하고 결국 그들의 추격을 받게 된다. 날씨는 몹시 춥고 말들은 취해서 움직임을 거부하기 시작한다. 사람들은 상황이 급해지자 짐을 버리고 도망가기 시작하지만 야윱의 말은 취하여 쓰러지고 만다. 다른 밀수꾼들은 도움을 요청하는 야윱의 애처로운 목소리를 아랑곳하지 않고 모든 짐을 버리고 도망간다. 총소리가 바로 뒤에서 들리고 야윱의 말은 누워 있다. 야윱은 울음 섞인 외침을 질러보지만 아무도 도와주는 사람이 없다. 우여곡절 끝에 야윱은 말의 짐을 풀어 주고 움직이기 시작한다. 이미 모든 밀수꾼들은 사라지고 야윱은 혼자 남는다. 얼마 지나지 않아 야윱은 쿠르드 지역을 뒤로 한 채 이라크 국경을 넘는다.

9. 인간 중심 개발 이념이 재창조한 암울한 지구의 생태환경

나는 한동안 미 플로리다 주에서 살았었다. 내가 살던 도시는 인구가 많지 않았고, 나무들이 곳곳에 활개치고 있는 공기 좋고 한적한 살기 좋은 곳이었다. 그런데 이곳에 처음 도착해서 이상하고 낯설었던 기억이 있었다. 그것은 바로 길에 쓰러져 가루가 되어 사라지길 기다리고 있는 야생동물의 죽음이었다. 그 야생동물들은 아마딜로(amadillo), 너구리, 청솔모 등이었다. 내가 살던 아파트 근처에도 나무들이 많이 있었다. 그러다 보니 집에 가는 길에 가끔 아마딜로들이 길을 건널 때가 있었다. 하루는 늦게 식당에서 일을 마치고 집으로 돌아가는 길 위에 아마딜로가 있었고 내가 구석을 돌면서 발견한 모습이었기 때문에 피할 겨를도 없이 아마딜로 위로 차를 몰게 되었다. 차 밑에서는 쿵하는 소리가 들렸다. 다음 날 아침 다행히 아마딜로 시체를 길 위에서 발견할 수 없었다. 죽지는 않은 것 같다. 그 도시에 있으면서 가끔 출현하는

'야생동물의 길 건너기' 상황에서 차를 피해 운전해 본 경험이 여러 번 있다. 하루는 밤에 낚시를 가던 길이었다. 한참 동안 양쪽에 숲밖에 보이지 않는 곳이 있었다. 그곳을 지나가려면 가끔 사슴인지 노루인지 유사한 동물들이 도로 옆에서 풀을 뜯어 먹고 있다가 차가 오면 불빛으로 인해 고개를 든다. 물론 로드킬(roadkill)을 행한 적은 없었지만 가끔 길가에는 이들의 죽음이 남겨져 있었다.

영화 '어느 날 그 길에서' 는 황윤 감독이 다큐멘터리 형식으로 구성한 한국 내 로드킬에 대한 이야기다. 로드킬이란 도로 위를 돌아다니다가 차에 치어 죽는 동물들의 상황을 뜻하는 말이다. 이 영화는 세 명의 생태운동가들이 30개월간 지리산 주변 120킬로미터의 도로 위에서 발생한 로드킬의 흔적에 대한 조사과정을 담고 있다. 발견된 로드킬 흔적의 양적 수치는 약 5,700여 곳이다. 두꺼비, 노루, 삵, 소쩍새, 토끼, 뱀, 너구리 등 다양한 종류의 야생동물이 그 도로 위 전역에 죽어 있었다. 조사 후 동물시체를 발견한 지점을 점으로 찍어 보니, 그들이 모여 120킬로미터 도로가 구성되었다. 지리산 주변 도로 위의 로드킬은 그저 일상일 뿐이다. 다음은 영화 속 사건에 대한 이야기를 나열해 보았다. 이야기 제목은 내가 임의로 정해 보았고, 일부분은 이야기의 흐름을 위해 조금 각색을 하였다.

첫 번째 이야기 '팔팔이의 묘.' 팔팔이는 아직 성장 중에 있는 삵이다. 한국에서는 유일하게 남아 있는 고양잇과 동물이며, 보호의 대상이다. 어느 날 한 마리의 삵이 도로 위에서 차와 충돌하여 뇌상을 입은 채 발견되고 급히 동물병원으로 수송된다. 아마도 먹이를 찾기 위해 또는 자신의 영역을 확인하기 위해 활동하던 중 도로를 건너다 일어난 사고일 것이다. 다행히 죽지 않고 치료 후 사람의 보호 아래 차츰 건강을 회복한다. 회복하면서 야생성도 찾아간다. 이 삵은 88고속도로 위에서 발견되어 이에 대한 경고의 의미에서 그리고 회복하여 잘 살아가라는 의미에서 '팔팔이' 라고 이름지어진다. 회복 후 팔팔이는 야생으로 돌아간다. 하루 이틀은 움직임을 줄이고 주위를 맴돌며 정황을 살피는 듯하더니 며칠 후 신호가 끊기고 사라진다. 다음 날 혹시나 발견한 곳으로 이동하지 않았을까 하는 마음에 찾아 나서는데 바로 그 근처에서 팔팔이 신호가 잡힌다. 수십 킬로미터가 넘는 곳을 아무런 안내도 없이 자신의 본능만으로 거주지를 찾아 하루 동안 달려간 것이다. 팔팔이를 보호하던 사람들조차도 신비함을 표현한다. 얼마 후 평상시처럼 88고속도로를 조사하던 중 한 마리의 삵이 죽어 있는 것을 발견한다. 그 옆에서 팔팔이의 활동을 보호 관찰하기 위해 목에 달아 둔 신호기도 발견된다. 팔팔이는 결국 도로 위에서 죽음을 맞이한 것이다. 그리고 지금은 지리산 자락 어느 곳에 '팔팔이의 묘' 라는 표시 아래 고이 잠들어 있다. 그를 묻어 준 사람들은 하늘에 가서는 행복하게 살라고 한다. 그리고 지켜 주지 못해서 미안하고, 다음에는 도로가 없는 곳에 태어나라고 기원한다.

두 번째 이야기 '효심 깊은 새끼 너구리.' 오늘은 엄마와 나, 가족 소풍이라도 되는지, 아니면 하루하루 자라는 어린 새끼 너구리인 나의 야생 훈련이라도 되는지, 엄마는 나를 조심스레 옆에 끼고 고속도로 주변을 맴돈다. 그러던 중 엄마는 어쩐 일인지 둔탁한 소리와 함께 바닥에 쓰러져 형체조차 알 수 없는 모양으로 움직이지 않는다. 어찌할지 모르는 나는 엄마의 주변에 서성거리며 아슬아슬 네 바퀴 달린 동물을 피하면서 사라졌다 나타나기를 반복하며 쓰러진 엄마에게 칭얼거린다. 그러던 중 한 사람이 안타까운 표정으로 나를 바라보지만 지체할 수 없었는지 나를 뒤로 하고 그 길을 떠난다. 얼마 후 나는 의식을 잃었다. 그 후 조사원은 죽어서 싸늘해진 형체조차 알 수 없는 엄마 너구리 옆에 같은 모양을 하고 쓰러져 있는 새끼 너구리를 발견한다. 어찌 보면 앞으로 일어날 일이 조금 먼저 나타났는지도 모르겠다. 안타까워하는 조사원의 마음은 무너지는 것 같다.

세 번째 이야기 '두꺼비 없는 섬진강.' 오늘은 유난히 비가 많이 온다. 섬진강은 '두꺼비 나루' 라는 의미를 담고 있듯이 두꺼비가 유난히 많이 사는 곳이다. 비가 많이 오는 오늘과 같은 날이면 두꺼비들은 땅 위에서 활발한 움직임을 보인다. 그리고 그들은 조심스럽게 고속도로를 넘나든다. 열심히 피해 보고 달려 보기도 하지만 역부족이다. 눈에 불을 켠 네 바퀴 달린 동물들의 질주 속에 그들의 몸은 산산조각이 나고 만다. 비가 유난히 온 다음 날 조사원들은 로드킬을 조사한다. 얼마 되지 않는 길 위에는 많은 두꺼비들이 죽어서 형체도 알아볼 수 없을 정도로, 살은 어디로 갔는지 껍질만, 까맣고 차갑고 거친 아스팔트 바닥 위에 씹다 버린 껌 조각처럼 달라붙어 있다. 조사원들은 두꺼비의 잔해인지조차 확인하기 어려워 차들의 위험을 무릅쓰고 가까이 다가가 확인해 본다. 그날 발견된 두꺼비 숫자만 헤아려도 네 자릿수를 채우고도 남는다.

네 번째 이야기 '도로에 갇힌 꽃뱀.' 사람들은 나를 꽃뱀이라고 부른다. 뭐 좋은 의미가 담겨 있는 것 같지는 않다. 학명은 '유혈목이' 다. 오늘은 저 건너편 넘어 쥐라도 한 마리 잡아먹을 계획을 가지고 있다. 다니던 길의 일부는 네 바퀴 달린 동물들의 길이 세워지면서 두 동강이 나고 이제는 나의 활동무대가 좁아들어 항상 굶주림에 시달려야 한다. 오늘은 기필코 넘어가련다. 주위를 잘 살피고 넘어가야지. 슬금슬금 주위를 살피고 기회를 포착해서 넘어간다. 이제는 건너편 숲이 바로 앞이다. 아이고! 이게 어떻게 된 것이란 말인가! 앞에는 인공으로 만든 작은 고랑이 있다. 옆을 타고 조금 내려가니 이제 숲 아래는 시멘트로 만든 높은 벽이 막고 있어 올라갈 수 없다. 올라가기를 반복해보지만 안타깝게도 이내 떨어지고 만다. 몇 번을 반복하다가 이제는 포기해야겠다는 생각이 든다. 다시 돌아서서 왔던 길을 가자니 앞이 막막하다. 도로 위에는 네 바퀴 달린 동물이 무섭게 오간다. 그래도 어쩔 수 없이 돌아가야 한다. 돌아가던 길 네 바퀴 달린 동물이 내 피부 가까이 느껴진다. 시간이 얼마 지나고 이제는 껍질만 남은 꽃뱀의 죽음은 조사자들에 의해 발견된다.

앞의 이야기들은 지리산 주변 120킬로미터 고속도로 위에서 어느 날 수없이 죽어 간 야생동물 중 극소수에 불과하다. 무분별한 자연의 훼손과 함께 오직 인간의 편의만을 위한 개발이 불러온 새로운 지구 생태계 환경, 그리고 그 환경 속에서 파괴되어 가는 야생동물들은 약육강식(弱肉强食)의 결과인가? 철학자 레비나스는 윤리적 질문이야말로 철학에서 가장 중요시 여겨져야 한다고 주장한다(강안중, 2005). 그리고 그러한 윤리적인 생활의 초석은 타자에 대한 '종교적 의미의 관용(tolerance)을 넘어선 배려(care)' 라고 한다. 지구상의 천상천하유아독존(天上天下唯我獨尊) 인간은 같은 종뿐 아니라 다른 종들과 함께 살아가는 터전인 이 지구를 위해 어떠한 '관용을 넘어선 배려'를 행하여 왔던가? 타자의 파괴는 곧 나의 파괴를 의미한다. 아직은 피부로 느껴지지 않을지라도 인간 중심의 무분별하고 이기적이며 자본주의적인 경제논리에 의해서 행해지는 국제와 국내를 포함한 모든 인위적 개발은 야생동물을 포함한 '지구 생태계 파괴' 라는 의미를 포함하고 있다. 또한 더 나아가, '인간 스스로를 위한 풍요로운 삶의 환경을 파괴하여 자멸한다는' 의미를 차연(différance)하고 있다. 영화 마지막 부분에서 조사원들은 현재 한국에는 10만 여 킬로미터의 도로가 있지만, 이들은 몇 년 지나지 않아 20만 킬로미터로 늘어날 것이라고 한다. 문제는 이들의 상당 부분이 불필요한 개발이며 인간만을 위한 것이라고 조사원들은 주장하면서 안타까워하는 심정을 어찌할지 몰라 한다.

10. 결 론

이 장에서는 영화라는 일상적 텍스트가 가지고 있는 특성에 대한 논의에서부터 시작하여, 이주민과 그 중에서도 노동자, 난민, 일상 속 숨겨진 식민주의, 국제개발이 가지고 있는 허상, 전쟁 중 발생하는 여성 위안부, 전쟁 속 무관심 아동, 생태환경에 대한 주제를 각 절에서 다루고 있다. 이들은 모두 국제이해교육에서 필요한 쟁점임에는 틀림없는 사실이다. 그 중에서도 특히 이 장에서는 한국 사회에서는 외면당하고 있는 사실을 골라 소개하였다.

다시 한 번 언급하면, 비판이론의 시각에서 바라본 국제이해교육이란 이처럼 당연시 여겨지고 있는 많은 현상의 실체에 대해서 변증법적인 사유를 통해 이해하고, 그 과정에서 나타나는 다양한 쟁점을 표면화하여 해체하고 새로운 모습으로 재구성해 가는 과정을 의미한다. 앞에서 언급한 쟁점 외에도 국제이해교육 내에서는 매우 다양한 것이 존재한다. 예를 들어, 미국의 일방주의, 환경, 젠더, 정치, 경제, 사회, 문화 등 그 수를 헤아릴 수 없이 많은 쟁점이 존재한다. 하지만 우리는 살아가면서 이와 같은 일상에 대해서 둔감하고 무관심한 태도를 보여 주고 있다. 비판이론이란 이러한 현실 속에서 우리가 누구인지를 일깨워 주는 매우 중요한 시각이 될 것이다. 더 나아가, 비판이론적인 시각은 제국주의와 식민주의가 팽배해 있는 현 사회에서 이를 해체하고 재구성하는 것이 목표인 탈식민주의적 방향을 위한 하나의 안내로서 중요한 역할을 하고 있다. 따라서 현 국제적 · 학문의 장에서는 비판이론과 탈식민주의에 많은 중요성을 부여하고 있으며, 시류적 주요 이론임을 주장하고 있다.

최근에는 국제이해교육 차원에서 형성해야 할 태도로서 세계시민주의를 매우 중요한 것으로 제안하고 있다. 그 이유는 세계체제에서 우리가 갖춰야 할 태도가 특정 지역의 시민이 아닌 바로 세계시민이라는 것이며, 이를 기초로 한 삶을 살아가는 것이 국제이해교육 차원에서 추구하는 인간상이기 때문이다. 세계시민주의란 근본주의, 환원주의, 기초주의 등과 같은 유사 이념을 철저히 해체하고 다양성을 인정하며, 타자에 대한 이해와 관용을 넘어서 배려를 핵심적인 조건으로 기술하고 있다(Appiah, 2006). 또한 세계시민주의는 국가주의, 민족주의, 종족주의와 같은 이념과는 분명히 그 경계를 달리하고, 국가 · 민족 · 종족 중심주의에서 또는 특정 문화 중심을 넘어서 생각하자는 이념은 분명하다. 이와 같은 세계시민주의적 태도를 형성하기 위한 교육과 국제이해교육의 과정 중 하나로서 나는 비판이론에 입각한 교육과정을 이 장에서 주장했다. 또한 영화라는 일상적 텍스트를 사용하고 있지만 이것이 가진 핵심은 바로 일상에 대한 엄밀한 고찰을 의미한다. 따라서 일상적 텍스트에 대한 이해, 해체, 그리고 재구성은 비판이론의 시각에서 바라본 국제이해교육과 탈식민주의적인 세계시민주의를 구성할 수 있는 하나의 교육과정임을 마지막으로 제안한다.

참고문헌

강안중(2005). 타인의 얼굴: 레비나스의 철학. 서울: 문학과지성사.

김영천(2006). 탈식민주의와 교육과정 연구. 김영천(편) After Tyler: 교육과정 이론화 1970년-2000년 (pp. 549-585). 서울: 문음사.

김현덕(2007). 다문화교육과 국제이해교육의 비교연구: 미국사례를 중심으로. 비교교육연구, 17(4). 1-23.

몽타주(2010). 네이버백과사전(2010.06.17. http://100.naver.com/100.nhn?docid=64043).

박진숙(2008). 난민 가정의 문화 정체성에 대한 문화기술지적 사례연구. 연세대학교 미간행 석사학위논문.

법무부(2008). 제14차 난민워크숍 자료집. 법무부 출입국 · 외국인정책본부.

이진경(2007). 도그빌, 혹은 이주자들을 갈취하는 개 같은 나라. 부커진 R, 1, 308-314.

허창수(2006). 비판이론과 교육과정 연구. 김영천(편) After Tyler: 교육과정 이론화 1970년-2000년 (pp. 397-440). 서울: 문음사.

허창수(2008a). 나의 삶, 성찰, 그리고 통합교육과정. 교육과정연구, 26(4).

허창수(2008b). 나의 삶과 한국 다문화교육의 위치: 탈근대주의와 비판교육학의 시각으로. 다문화교육연구, 1(1). 25-57.

허창수 · 이주욱(2008). 일상 속 숨겨진 당연시 여기는 폭력들. 교육인류학연구, 11(2), 173-205.

Alvesson, M., & Sköldberg, K. (2000). *Reflexive methodology: New vista for qualitative research*. Thousand Oak, CA: Sage Publications.

Appiah, K. A. (2006). *Cosmopolitanism: Ethics in a world of strangers*. 실천철학연구회 옮김(2008). 세계시민주의: 이방인들의 세계를 위한 윤리학. 서울: 바이북스.

Frow, J., & Morris, M. (2000). Cultural studies. In N. K. Denizen & Y. S. Lincoln (Eds.), *Handbook of qualitative research* (2nd ed.) (pp. 315-346). Thousand Oaks, CA: Sage Publications.

Giroux, H. (2005). *Border crossing: Cultural workers and the politics of education*. New York: Routledge.

Tye, K. (1999). *Global education: A worldwide movement.* CA: Interdependence Press.

Thiong' O, Ngugi Wa. (1993). *Moving the center: The struggle for cultural freedom.* London: James Curry.

제3부

한국에서 유학생활을 하는 대학생과 대학원생의 학업과 삶

제7장 ••• 외국인 유학생의 한국 대학생활 적응과정[1]

- 강이화 · 김아영 · 김대현 -

1. 서 론

이 장에서는 외국인 유학생의 한국에서의 대학생활에 관한 연구 작업을 소개하고자 한다.

최근 학업을 위해 한국의 대학에 진학하는 외국인 유학생의 수가 꾸준히 증가하고 있다. 한국의 대학에 재학 중인 외국인 학생 수는 그 유입 초기에 해당

1) 이 글은 세 논문 가운데서 외국인 유학생들의 적응 모습을 모아 재정리한 글이다. 세 논문은 다음과 같다.

- 김대현 · 김아영 · 강이화(2007). 중국인 대학원 유학생들의 학업적응 경험에 대한 근거이론적 연구. 아시아교육연구, 8(3), 159-187.
- 강이화 · 김아영 · 김대현(2007). 중국인 유학생들의 대학생활 적응 경험에 관한 연구. 교육사상연구, 21(3), 65-88.
- 김아영 · 강이화 · 김대현(2009). 국제 유학생들의 한국어 학습과정에 대한 근거이론적 연구. 수산해양교육연구, 21(4), 523-542.

하는 1992년에는 1,989명에 불과했지만, 2004년도에 1만 6,832명으로 증가해 10여 년 사이에 8배 이상으로 증가하였다. 이때 교육인적자원부(2006)는 'Study Korea 프로젝트'라는 외국인 유학생 유치확대 종합방안을 수립하고 유학생의 수를 2010년까지 5만명으로 확대하려는 목표를 세우고 활발한 정책적 지원을 펼친 결과, 그 목표는 이미 2007년도에 4만 9,270명으로 거의 달성되기에 이르렀고, 2010년에는 외국인 유학생 수가 8만 3,000여 명에 이르고 있다.

이러한 정부의 유학생 유치 전략에 발맞추어 각 대학들도 국제화교육을 표방하여 학교의 위상을 제고하려고 노력하고 있고, 경우에 따라서는 등록금을 포함한 재정수입까지 고려하며 유학생 유치에 자구적인 노력을 기울이고 있다. 이러한 유학생들의 양적인 팽창이 가져오는 국가 간 학문연구 분야에서의 교류, 인적자원 교류를 통한 국가 간 상호 이해, 한류(韓流) 현상과 한국 기업의 위상 제고에 따른 취업 기회 등의 다양한 긍정적 효과에 대한 기대가 커 앞으로도 한국 대학에서 유학생들의 숫자는 더욱 늘어 갈 전망이다(교육인적자원부, 2006; OECD, 2004).

그런데 이렇게 늘어 가는 외국인 유학생들의 양적인 증가 이면에 있는 그들의 실제 유학생활 모습이 어떠한지는 잘 알려져 있지 않다. 이와 관련한 문헌을 살펴보면, 외국인 유학생에 관한 기존의 연구들은 다인종 문제나 외국인 문제를 오랫동안 겪어 온 미국이나 유럽에서 많이 이루어져 왔음을 알 수 있다. 여기에는 외국인 유학생 유치에 관한 연구(Bollag, 2006; Shah & Laino, 2006; Shanka et al., 2005), 유학생 체류지원에 관한 연구(Tesang et al., 2002), 유학생들의 문화적응과 자아개념 이해(Alencar et al., 2003; Devos, 2006; Qin & Lykes, 2006; Wang, 2004; Yurkovich, 2001) 등에 이르기까지 아주 다양한 측면에서 연구가 있어 왔다.

최근에 와서는 국내에서도 외국인 유학생 관련 연구들이 이루어지고 있는데, 이때는 주로 한국인 유학생을 포함한 유학생 현황 파악을 하거나(안병철,

1996; 홍기영, 1994) 또는 외국인 유학생을 위한 한국어 교육에 관한 연구(이해영, 2001), 외국인 유학생들의 대학 국제화 프로그램에 대한 의식 연구(김귀성 · 김영태, 2005), 중국 유학생들의 문화적응 문제(최태일, 2001)나 한류 관련 인식 조사(조혜영, 2003) 등이 있다.

이들 연구 가운데 외국인 유학생 혹은 이와 비슷한 상황의 대학생들의 적응 관련 연구를 몇 가지 살펴보면, Qin과 Likes(2006)의 연구에서는 미국에서 유학생활을 겪으며 정착해 가는 중국 여성들의 자아정체감 발달과정을 다루고 있는데, 중국 여성이 미국에서 학업하면서 겪는 자아이해의 과정을, 고향에서의 여대생으로서의 자아이해에서 타국(즉, 미국)에서의 국제적 여성으로서의 자아이해로 바꾸어 가는 과정으로 나누어 보여 주면서, 그들의 자아이해는 분열되는 자아를 재통합하는 과정이라고 보고한 바 있다. 즉, 유학경험이라는 것이 한 외국인에게는 자아의 분열과정을 겪게 할 만큼 역동적 과정임이 이 연구에서 드러난다. Wang(2004)의 연구는 미국 대학에서 심리상담을 공부하고 있는 외국인 유학생들의 적응 경험에 질적으로 접근하고 있다. 초기의 유학동기, 프로그램 내에서 겪는 경험, 수업참여, 필기, 사회적 관계 형성 및 언어적 어려움, 자기 과시적 문화 속에서 겪는 이질감이 묘사되어 있다. Yurkovich(2001)의 연구는 미국 토착인종인 인디언이나 에스키모 학생들이 미국 사회에서 교육적인 성공을 이루어 내기 위한 분투를 그리고 있다. 이 연구에서는 학업의 목적, 주류문화에 대한 적응, 자기검열, 자신감 기술과 사회적 지지자 개발, 간호대 학생으로서의 역할 정체성 형성, 내용에 대한 완벽한 숙달이 범주화되고 있다.

앞의 연구들을 꼭 통하지 않더라도 문화와 사회적 배경이 다른 외국에서 생활을 꾸려 나가는 일이 '힘들다'는 것은 누구나 가정하는 사실이며, 그래서 '적응'은 그 힘듦을 해소시켜 나가는 중요한 과정이다.

이 연구를 함께한 연구자 중에도 한 연구자는 미국에서 박사과정의 일부를 보낸 경험이 있으며, 또 한 연구자는 독일에서 박사과정을 수료한 경험이 있다. 이모저모의 동기와 목적을 가지고 20세 중 · 후반의, 30대 초반의 학생이 되어 모국이 아닌 타국에서 외국어를 배우고 대학수업을 듣고 학위논문을 쓰는 생활, 즉 외국인 유학생으로 사는 경험을 해 보았다.

외국인으로 그리고 유학생으로 산다는 것은 어떤 경험으로 표현될 수 있을까? 새로운 세계로의 입문과 변화라는 기대감으로 가득 찼던 설렘의 순간이 떠오른다. 그리고 새로운 땅에서 눈을 감고 뜨는 하룻밤 사이에 그 전에 당연하게 여겨 왔던 주변의 관계망—가족과 친구 등—이 완전히 없는 적막이 찾아온다. 슬픔과도 겹쳐지는 이러한 외로운 시간은 미래의 늠름한 모습으로 대체되리라 애써 오버랩시키며 묻어 둔다. 그리곤 찾아다닌다. 처음에는 살 집과 공부할 곳과 음식을 장만할 곳 등 구체적 공간을, 곧 새로운 인간관계까지. 스스로 모든 것을 찾아 생존하는 과정에서의 실수들은 두려움을 동반하기도 하지만 찾아내는 하나하나의 성취는 순간 짜릿한 기쁨을 선사한다. 대학에서의 학업이 시작되고 수강과목과 과제와 논문계획서 등의 장·단기적 목표들이 자신을 끌고 간다. 초기에 가파르게 상승하던 언어학습 속도는 어느 정도 시기가 되면 정체기를 맞는다. 대학수업에서는 더욱 정교한 언어를 쓰고 싶어 답답하고 갑갑하다. 이러한 갑갑함은 책을 읽고 쓰는 리포트와 학위논문 글의 향상이라는 약간의 위로감으로 대체된다. 대학 측에서는 유학생들을 위해 언어 프로그램과 친구 맺기, 소풍 등을 마련해 준다. 외국인 유학생인 나는 어느 정도 적응이 된다. 타국에서 지인과 친구들이 생겨난다. 나의 관계망이 생겨나서 든든하다. 시청에서 공무원이 혹은 마트의 계산원이 외국인인 나를 적대적으로 대하면 화가 난다. 자국에서와 달리 외국에서의 일상생활과 친구관계는 단조롭기 그지없다. 이를 받아들인다. 편안하다. 이러한 외국에서의 경험을 떠올려 보면 지금 현재 우리나라의 대학에서 유학생활을 하는 외국인들의 경험은 어떠할까 더욱 궁금해진다. 그들은 우리와 얼마나 다른 경험을 할까? 아니면 우리와 너무도 비슷한 모습으로 살아갈까?

이에 한국 대학에서 유학하고 있는 외국인 유학생들의 실제 유학생활은 어떠한지를 세 편의 논문을 통해 살펴보고자 한다. 이 연구는 유학생들의 경험을 질적 접근이라는 미세현미경으로 들여다보는 작업이다.

첫 번째 논문에서는 학부 대학생으로 지내는 외국인 유학생들의 적응 경험을 중국인 유학생을 중심으로, 한국 대학에 유학 중인 중국인 유학생들의 적응 경험이 어떠한지 그리고 그 적응 경험에 영향을 미치는 요인에는 무엇이 있는지를 살펴보았다. 이어 두 번째 논문에서는 대학원생으로 유학생활을 하는 중국인 유학생들의 학업 적응 경험을 대학원 학업 첫 경험, 대학원 수업과 학위논문 준비 등을 중심으로 소개하였다. 세 번째 논문을 통해서는 다양한 국적의 유학생들의 한국어 학습과정을 일상 한국어 습득과정, 전공 한국어 습득과정, 한국어 능력시험을 위한 습득과정별로 나누어 살펴본 후 각 한국어 학습영역 간의 관계를 보여 주고자 한다.

2. 학부 대학생의 적응과정

1) 연구문제

- 한국 대학에 유학 중인 중국인 대학생들의 적응 경험은 어떠한가?
- 적응 경험에 영향을 미치는 요인에는 무엇이 있는가?

2) 연구방법

이 연구를 위해서 질적 연구방법이 유학생들의 삶과 그들의 적응 경험을 심층적으로 이해하기 위한 적절한 연구방법으로 선정되었고, 다양한 질적 연구방법 가운데 수집된 자료에 근거해 이론을 도출해 낸다는 근거이론을 사용하였다. 외국인 유학생 중 다수를 차지하는 중국인 유학생들을 연구 참여자로 정하였고, 자료수집방법으로는 개별 심층면담방법을, 자료 분석을 위해서는 근거이론의 절차를 따랐다.

이 연구의 주요 참여자는 A대학교에 재학하고 있는 중국인 유학생 중 학부 1학년에서 3학년 재학생 16명이다.

중국인 유학생을 선택한 이유는 국내 대학의 외국인 유학생 가운데 중국인이 절대 다수를 차지한다는 점에서 먼저 그들의 유학 경험을 알면 다수 학생 이해와 유학생 관리에 효용이 클 것이라는 기대 때문이다. 그리고 부산 지역의 A대학교 유학생을 참여시킨 이유는 연구자들의 접근 용이성과 함께 관심 지역이 부산 지역이라는 점, 서울 중심의 연구 일변도의 보완으로서의 역할, 지역 대학의 국제화교육의 특성화도 부각되고 있는 현 시점에서 지역거점대학의 유학생을 살피는 것 등에 의의를 두고자 함이다.

그리고 중국인 유학생과 함께 학부 재학 한국인 학생 5명도 면담하였다. 이들 한국 학생은 타 지역에서 부산으로 유학 온 학생들로, 이 한국 학생과의 면담은 중국 학생의 사례에서 나타난 유학 경험의 특징과 비교하고 연구의 신뢰성을 확보하기 위한 노력의 일면이다. 즉, 코딩 결과가 중국인 유학생에게서만 독특하게 드러나는 특징인가 아니면 한국인 학생들에게도 대학 적응과정에서 충분히 나타날 수 있는 특징인가를 구별하기 위해 한국인 대학생들에게 동일한 질문으로 면담하여 대조하는 과정을 통해 보다 의미 있는 주제를 선별하도록 노력하였다.

연구 참여자들의 인적 사항은 〈표 7-1〉과 같고, 참여자 이름은 익명성을 고려하여 알파벳 이니셜로 대체하였다. C는 중국인 유학생을 의미하며 K는 한국인 학생을 의미한다. 연구 참여 학생들은 각각 C-a, C-b, K-a, K-b 등으로 표기되었다. 이 연구는 외국인 유학생들의 인권을 보호하기 위해 모든 면담 대상자들에게 면담 전에 연구 목적과 과정에 대해 충분한 설명을 하려고 노력을 기울였으며, 이후 서면으로 연구동의서를 작성하였다.

〈표 7-1〉 연구 참여자 인적 사항

연구 참여자	국적/민족	성 별	나 이	전공/학년	체류기간
C* - a	중국/한족	여	24	경영학, 3	3년 8개월
b	중국/한족	남	22	무역국제학부, 2	1년 6개월
c	중국/만족	남	22	정보컴퓨터공학, 1	8개월
d	중국/한족	남	21	정보컴퓨터공학, 1	1년
e	중국/한족	남	24	산업공학, 2	2년 6개월
f	중국/한족	남	24	기계공학, 2	2년
g	중국/한족	남	21	경영학, 1	1년
h	중국/한족	여	21	심리학, 1	8개월
i	중국/한족	여	23	무역국제학부, 2	1년 6개월
j	중국/한족	여	22	독어독문학, 1	1년 8개월
k	중국/한족	여	21	생활환경학부, 1	8개월
l	중국/한족	남	21	생활환경학부, 1	8개월
m	중국/한족	남	24	경제학, 3	3년 2개월
n	중국/조선족	남	20	정보컴퓨터공학, 1	2개월
o	중국/한족	여	21	경영학, 1	1년 2개월
p	중국/한족	여	23	무역국제학부, 2	2년 8개월
K** - a	한국	여	25	식품영양학, 2	–
b	한국	남	24	중어중문학, 2	–
c	한국	여	23	조경학, 3	–
d	한국	남	27	한문학, 4	–
e	한국	여	22	전자전기통신공학부, 2	–

*C: 중국학생, **K: 한국학생

3) 연구 결과

(1) 적응 경험의 네 가지 모습

유학생들의 적응 경험은 '가깝게 느껴짐' '초기 낯섦' '익숙해짐' '새로운 낯섦'이라는 네 가지 모습으로 나타난다. 유학생활의 '낯섦' 경험은 유학생활 초기에 가지는 경험의 모습과 일정 기간 경과 후에 다시 경험하는 모습의 차이가 다르게 나타나서 '초기 낯섦'과 '새로운 낯섦'으로 구별하였다. 이 네 가지 경험이 나타나는 유학생활의 영역은 언어습득 영역, 학업생활 영역, 일상생활 영역, 인간관계 영역으로 나누어 볼 수 있다.

앞의 네 가지 적응 경험 모습은 연구에 참여한 모든 유학생의 경험 속에 동일하게 나타나는 공통된 특성, 즉 체류기간에 따라 동일한 순서를 가지는 보편적 · 단계적 경험이 아니라 대표적인 경험에 속한다. 참여자 가운데 어떤 유학생의 적응 경험은 네 가지 모습이 체류기간에 따라 그 순서에 따라 단계적으로 나타나지만, 어떤 경우에는 유학생활 초기부터 '익숙해짐'의 경험만이 나타났고 또 다른 유학생의 경우에는 유학생활 3년이 되어 가도록 '낯섦'의 경험만을 보고하고 있었다.

그러나 유학생들의 경험에서 공통성도 찾아낼 수 있었는데 첫째는 유학생들이 자신의 적응 경험을 종합적으로 평가해 볼 때 유학 경험을 통한 '자기성장'이라는 긍정적 결과를 꼽는다는 점이다. 둘째 공통성은 유학생들이 유학생활의 세 영역인 언어습득 영역, 학업생활 영역, 일상생활 영역에서는 '특별하게 대해 주기'와 나머지 영역인 인간관계 영역에서는 '구별 없이 대해 주기'라는 상반된 기대를 가지면서 그 사이의 긴장을 경험한다는 점이다.

① 적응 경험 1: '가깝게 느껴짐'

유학생들은 한국 유학을 '가깝게 느껴짐'으로 경험한다. 그 느낌은 한국을 좋아하는 감정, 한국에 대해 관심이 있는 상태, 한국과 중국 간 지리적인 인접으로 인한 편안함 등의 상태를 의미한다. 이 '가깝게 느껴짐' 경험은 보통 시기적으로 한국 유학생활의 초기에 갖는 대표적인 경험으로, 그러한 경험을 가능하게 만든 요인은 한류의 영향, 양국 무역교류 확대, 주변인들의 한국 경험을 통한 간접 경험, 지리적 인접 등을 들 수 있고, 이로 인하여 중국 유학생들은 한국 유학생활을 편안하고 가깝게 경험한다.

저는요, 일단 한류 때문에 한국을 좋아했었어요. 그리고 우리 고향이 산둥이거든요. 산둥하고 한국하고 가까워서 요즘에 무역 관련 일들이 점점 늘어났어요(C-i).

제가 한국어 배우는 데 관심이 있고 옆에 있는 친구들 다 한국 드라마 좋아하잖아요. 그거 때문에 한국에 왔어요. 다른 것도 음 사촌언니가 한국에 있었어요. 예전에 00여대에 다녔어요. 그 언니는 대학원에 다녔어요. 그 언니한테서 한국은 괜찮다고 얘기해서 그래서(C-h)

저는 집에서 너무 먼 곳을 간 적이 없었어요. 부모님도 너무 걱정해서 가까운 나라에 가라 이렇게 말했어요(C-j)

② 적응 경험 2: '초기 낯섦'

앞에서 나타난 첫째 경험인 '가까움'의 느낌은 곧 한국에서의 유학 초기과정에서 새로운 문화에, 새로운 언어에, 그리고 대학생활이라는 새로운 환경에 적응해야 하는 이중 삼중의 어려움이 중첩되어 나타나면서 '초기 낯섦' 경험으로 대체되거나 중첩되어 나타난다. 한국 학생 가운데서도 타 지역에서 대학이 있는 도시로 공부하러 온 학생의 경우, 동일한 경험, 즉 문화 차이와 인간관계 맺기의 어려움 등으로 인한 낯섦의 경험이 나타나지만, 중국인 유학생의 경우에는 한국어 습득 문제가 큰 중재 요인으로 작용한다. 그리고 이 '초기 낯섦'이 중국인 유학생들에게는 적응 영역 가운데 인간관계 영역을 제외한 언어습득 영역과 학업생활 영역이라는 두 영역에서 '힘듦' '불편함'으로 자주 표현된다.

객지 느낌 나요. 이건 옮기는 거잖아요? 살던 사회가 바뀌는 거잖아요? 저처럼 다른 도시에서 온 애들이 공통적으로 느끼는 게 창원에서 온 애들이든 울산에서 온 애들이든 부산이라는 다른 타지에 오면 아무리 같은 한국 안이라지만 지역마다 문화라는 게 있잖아요? 이게 맞고 틀려서가 아니라 그냥 달라서 첨에 적응하기 힘든 거. 진짜 사소한 것도 되게 많거든요. 그러니까 첨에 친구 사귈 때도 힘들고(K-a).

학교생활 적응하기 위해 진짜 노력 많이 했어요. 일단은 한국 대학은 달라요. 한국 대학생활은 무슨 일이 있으면 본인한테 통지, 이런 거 알려 주지 않고 인터넷 통해. 근데 우리 한국말도 잘 못해서 힘들어요. 그리고 수업 듣는 거 진짜 힘들었어요. 한 30프로 알아들을 수 있고 시험 치는 거 진짜 힘들었어요(C-i).

가장 힘든 일요? 지금은 거의 없어요. 처음에 왔을 때 한국어요. 중국에서 배워도 말하기 안 되잖아요. 물건을 사거나 어떤 곳에 가려고 하면 낯설었어요. 자기 맘이 더 불편했어요(C-j).

③ 적응 경험 3: '익숙해짐'

이후 유학생들의 유학생활에서 '익숙해짐'의 경험이 나타난다. 이는 언어가 향상됨에 따라 일상생활 면에서나 학업생활 면에서 적응해 나가는 것과 맞물려 나타나는데, 이때 언어 향상, 유학생들이 맺게 되는 인간관계(중국인이든 한국인이든)가 적응에 어느 정도 도움을 주는가의 여부 그리고 개인의 성격이라는 중재 요인에 따라 속도에는 차이가 있지만 어느 순간 유학생들에게 한국 유학이 편안하고 익숙하게 다가온다.

첨엔 다 많이 어려웠어요. 그땐 한국어 못해요. 친구도 없어요. 근데 점점 다 익숙해졌어요. 이젠 한국어로 다 물어볼 수도 있고(C-j).

근데 저는 동아리 두 개 가입해서 선배들도 알고 재미있게 놀아요. 언어교환 친구는 첨에 왔을 때 제 룸메이트가 대만에서 왔는데, 그 언니가 성격 되게 활달하고, 저한테도 학교게시판에 언어교환하고 싶은 사람 저랑 연락하세요 그런 식으로 해서 찾았어요. 음, 버디 프로그램이요? 저는 안 그래도 한국 친구 많아서 괜찮아요. 문제없어요(C-j).

④ 적응 경험 4: '새로운 낯섦'

이러한 익숙해지는 경험에 곧 이어서 낯선 경험, 즉 '새로운 낯섦'이라는 경험이 나타난다. 이는 특히 언어 영역에서 그리고 인간관계 영역에서 많이 나타난다. 이러한 '새로운 낯섦'이라는 적응 경험은 기존의 '초기 낯섦' 경험과 질적으로 아주 구별된 새로운 경험이라기보다는 초기 경험 속에 내재되어 있고 공존했던 경험이 나중에 의식된 것으로 보인다.

처음에 이 학교에서 나는 공부만 열심히 하면 된다고 생각했어요. 시험 치는 동안은 몰라도 그냥 다른 생각 없이 공부하자 그렇게 생각해서 열심히 공부해서 장학금 받았어요. 다시 시간 지나면서 지금은 한국 친구 많이 사귀려고요. 제가 보기에는 유학생활은 꼭 그 공부가 다 아니라, 친구 사귀고 생활도 적응해야 되는데……. 그리고 한국 친구도 한 명이라도 사귀고 싶었는데 어려운 거 같아요. 옛날 중국에서는 친구 많은데 여기에는 친구 없고 그래서 좀 힘들어요. 그런데 한국어는 지금은 옛날보다 못해요. 한국어 공부는 따로 못하니까……. 또 한국어 때문에 수업 잘 못 알아들어요. 2학년 되니까 1학년 1학기 때 그 느낌이 다시 나요(C-e).

처음에는 한국 사람들이 외국인이라고 너무 신기해해요. 나중에 점점 익숙한 후엔 그저 그렇게 대하고. 할 말 있으면 하고 없으면 안 하고. 여기 온 후에 요즘엔 고민이 돼요. 한국인 선배 개념. 중국엔 이런 거 없어요. 제가 선배에게 말하는 거 처음엔 몰랐는데, 요즘엔 선배들이 저에게 (뭐라고 하고), 선배 이런 관계가 점점 어려워요(C-h).

⑤ 공통된 특성: '자기 성장'적 종합 인식과 '특별하게 대해 주기', 그리고 '구별 없이 대해 주기'라는 두 기대 사이의 긴장

중국인 유학생들의 경험 속 첫 번째 공통점은 그들이 이 모든 경험을 결과적으로는 매우 긍정적인 '자기 성장'의 과정으로 종합하여 인식한다는 점이다.

적응과정에서의 낯섦과 익숙해짐 사이에서 부유(浮游)하는 모습을 보이다가도 한국에서의 유학생활의 이점 혹은 결과를 종합하게 하면, 많은 중국인 유학생들이 자신의 내적 성장과 새로운 환경과 문화에 적응함으로써 배운 '그 뭔가'의 경험 자체에 의미부여를 많이 하고 있다. 즉, 중국인 유학생들은 한국 유학생활이라는 경험이 가져오는 외국 학위 취득 등의 외적 요인과 함께 내적 요인에 의미를 많이 둔다.

아무리 생각해도 한국에서 4년이나 5년 공부하기 때문에 경험이나 인생에 대해서 많이 도움이 될 거예요(C-a).

한국에서 공부해서 좋은 점? 아주 많아요. 솔직히 한국 대학에서 진짜를 배울 수 있어요. 제 개인 생각에는요. 그리고 옛날 중국에서 그냥 공부만 하면 돼요. 다른 생각 안 해도 돼요. 근데 한국 와서는 모든 일 다 스스로 해야 돼요. 이거도 아마 좋은 점이에요. 그리고 옛날 중국에서 자신이 가지고 있는 생각 많이 바꿨어요. 한국 사회, 한국 사람, 한국 문화에 대해 이해할수록 자신 나라 부족한 점 많이 알게 되었어요(C-b).

힘들었던 거요? 흠, 없는데요. 어려운 점 생각나도 도와주는 사람 없어서 스스로 다 해야 되니까. 근데 지금 다 하다 보니까 좋아요. 앞으로도 객지에서 살다 보니까 또 그런 좋은 점이 있잖아요. 자기 스스로 다 처리하고 뭐. 제가 외국에서 공부하기 때문에 중국에 있는 친구들보다 꼭 잘하는 건 아니에요. 근데 제가 외국에서 경험하는 것 다른 사람은 받을 수 없잖아요? 그래서 제게 소중한 거 있어서. 제가 혼자 살면서 알아서 다 처리하고 그런 앞으로도 도움이 많을 거예요(C-a).

그리고 두 번째 공통점은 중국인 유학생들은 '새로운 낯섦'과 '익숙해짐'의 경험에서 두 가지 기대를 갖는다는 점이다. 먼저, 언어습득, 학업생활과 일상생활 영역에서는 '특별하게 대해 주기'를, 다음으로 인간관계 영역에서는 '구별 없이 대해 주기'를 기대하며, 그 모순된 관계 때문에 그사이의 긴장을 경험하는 것으로 관찰되었다.

유학생들의 경우 수업 상황에서는 자신들이 언어문제로 인한 의사소통 능력을 감안해서 고려받기를 원하고 수업 이해나 평가방법 등에서 특별한 배려가 있기를 기대한다. 그리고 일상생활에서도 한국인들이 외국인인 자신을 알아봐 주고 손님으로 친절하게 대해 주기를 기대한다. 그러나 개인적인 인간관계에서는 국적이나 문화 차이로 인한 편견이 없기를, 즉 '구별 없이 대해 주기 혹은 덜 특별하게 대해 주기'를 기대한다.

교수님이 특히 무슨 말씀 특별히 해 주는 것 없어요. 그런데 어떤 교수님은 중국 사람인 거 알게 되면 시험 칠 때 특별한 그 음 아마 평가할 때 한국 학생하고 따로따로 아마 중국 학생들끼리 따로 평가해 주셨어요. 예를 들면, 그 우리 학과 1학년에서 교양필수, 말하기 그런 수업 있잖아요? 그런 수업 중국 학생 따로따로 수업 들어요. 그게 좋아요. 왜냐면 그 수업이 외국 학생에게 진짜 어려워요(C-i).

음, 중국에서 다른 나라 학생 오면 중국 사람들이 친절해요. 한국 사람은 아 어떻게 말해야 되나? 한국 사람은 그런 느낌 없어요. 친절한 특별히 친절하다는 느낌. 친절한 사람도 있고 안 친절한 사람도 있어요. 특히 지금은 한국 사람들은 자기 나라에 살고 있고 다른 나라에서 온 외국인들은 많이 도와주면 외국인들은 너무 감사해요. 우린 외국인이잖아요?(C-n)

우리 중국 유학생 잘 모르는 거 필기도 빌려 주고, 다는 아니고 몇 명만. 전공 160명 중에 조금. 이미 다 아는 사람 끼리끼리. 실은 우리 더 다가가고 싶은데 어려워요…… 그리고(그런데) 우리 외국 학생들 보면 (너무 도와주려고만 할 필요는) 없어요. 우리한테 필요할 때도 있는데 없는 때도 있어요. 그냥 편하게 지내고 가깝게. 너무 많이 우리를 외국인처럼 대해 주면 안 좋아요(C-i).

그런데 중국인 유학생들은 두 기대 사이의 긴장 경험 속에서 그 긴장을 해소하는 방식의 하나로 종종 '역지사지(易地思之)'를 생각하고 자주 언급한다. 이러한 방식으로 한국인을 이해하기도 하고 그들의 긴장과 스트레스를 방어한다.

> 우리과 학생들 그냥 짜증 나요. 답답해요. 다 이상해요. 음 그래도(앞서 서운한 점들 언급한 후) 그 오빠(한 학과 선배 지칭) 많이 도와줘요. 이만큼 중 이만큼은(양손으로 두 뼘 정도의 간격을 잡은 후 그 중 삼분의 이 지점에 선을 다시 그으며) 조금은 도와주는 거예요[크게 웃음](C-a).
>
> 근데 한국 학생들이 우리에게 우호적인 거 같지 않아요. 사실, 제 생각에는 중국 학생하고 한국 학생하고 좀 달라요. 한국 사람들은 자본주의 환경에서 자라서 약간 이기적이에요. 근데 아마 우리과 중국 학생들 너무 많아서 한국 친구들도 이들끼리 놀면 더 편한 거 같아서 아마 그런 거도 있을 거예요(……) 아마 유학생 너무 많아서. 한두 명 있으면 한국 학생들도 재밌어서 호기심도 가지고 잘해 줄 텐데 너무 많아서. 근데 아마 그 과 공부도 너무 어려워서 자신도 공부하기 어려워서 남한테 시간 내기 어려울 거예요(C-j).
>
> 근데 어떤 선생님은 알면서도 모르는 척하는지. 외국 학생은 따로 평가하게 되어 있는데. 우리 F 많이 받았어요. 근데 제 생각에는 공부보다 태도 더 중요하다고 생각하는데. 그래도 아마 그 교수님 임신해서 아마 우리한테 신경 못 쓴 거 같기도 해요(C-i).

(2) 적응 경험에 영향을 미치는 요인

중국인 유학생들의 삶에서 나타나는 적응 경험은 유학생들의 유학생활에 대한 기대수준 및 성취동기, 언어능력, 당면 문제의 성격 등과 같은 요인의 영향을 받는 것으로 나타났다.

즉, 기대수준 및 성취동기, 언어능력 요인이란 유학준비과정과 초기과정에서 중국인 유학생들이 갖는 한국 유학에 대한 기대수준과 자기자신의 학업성취에 대한 동기, 그리고 언어 습득력 · 구사력을 의미하고, 당면 문제의 성격 요인이란 초기 낯섦 단계에서 나타나는 문제들의 성격이 추가되는 외부적인 노력을 통해 극복되는 사안인가 아니면 시간의 경과에 따라 스스로 자연스럽게 해결되는 사안인가의 여부를 의미한다.

이러한 세 가지 요인은 유학생활의 적응 경험이 '가깝게 느껴짐' '초기 낯섦' '익숙해짐' '새로운 낯섦'이라는 하나의 일련된 과정으로 이어질지 아니면 처음부터 '낯섦' 형태에 머물러 있을지, 처음부터 '익숙해짐'의 형태로 나타나 전 유학과정에 걸쳐 이어질지에 대한 조건 요인으로 작용한다.

일반적으로는 중국인 학생들에게 유학생활은 새로운 환경에 낯설어하다가 언어를 습득하고 학업과 일상의 문제를 접하면서 익숙해짐으로써 경험되지만, 어떤 사람에게는 '낯섦'의 과정이 의식되지 못한 채 계속 '가깝게 느껴짐'과 '익숙해짐'의 적응 경험만 나타나고 어떤 사람에게는 유학의 전 과정이 '낯섦' 경험만으로 다가온다. 이때 전자의 경험은 한국 유학에 대한 긍정적이고 높은 기대가 전제되었을 때, 언어능력이 뛰어날 때 그리고 낯섦 단계에서 나타나는 문제의 성격이 시간의 경과에 따라 자연스럽게 해결되는 사안일 때, 후자의 경험은 세 조건에서 반대의 상황일 때 주로 나타난다.

① 유학생활에 대한 기대수준 및 성취동기

중국인 유학생이 한국과 한국 대학생활에 적응하는 과정에서 유학생활에 대한 기대수준과 학업 성취동기가 높을 때 '가깝게 느껴짐'과 '익숙해짐' 경험이 주된 경험의 모습이 된다. 반대로 성취동기가 낮을 때 '낯섦' 경험 속에 머물러 적응에 힘들어하기도 한다.

저는 한국 생활에서 별로 너무 어려운 거 없어요. 수업은 매 학기 여섯 일곱 수업. 많이 들어요. 한국 사람하고 똑같아요. 아니면 4년만에 졸업못해요. 한국에서 공부 끝나면 저는 취직하려고요. 중국에 있는 한국 회사 가려고요(C-i)

차이가 있어도 저한테 충격을 안 줘요. 한국에서의 유학은 더 좋은 대학, 더 좋은 환경? 음, 이 두 개가 중요한데. 그러니까 신선감(신선함)? 새로운 것이 많잖아요. 저는 열심히 해서 졸업하면 또 다른 나라, 다른 환경에서 공부할 거고. 저는 처음부터 그냥 한국이 가깝게 느껴졌어요. 그리고 계속 편해요. 그냥 중국에서와 거의 같아요. 뭐가 다른가요? 똑같아요!(C-p)

우리 중국 사람 열심히 하지 않아서 한국 사람들한테 인상 안 좋을 거 같아요. …… 어느 교수님이 중국 사람 그렇게 열심히 하지 않아 그냥 만날 놀고 있는 거야 그렇게 말하는 거예요. 제가 "그런 사람도 있고 열심히 하는 사람도 있어요."라고 말했어요.…… 사실 수업 안 가고 특히 아침 수업. 집에서 인터넷 게임만 하는 중국 사람도 있어요. 꼭 공부를 마칠 생각이 없는 사람(C-a).

② 언어능력

언어 습득력과 구사력이 좋은 학생은 '낯섦'의 경험 없이도 '익숙해짐'을 일찍 경험하고, 그 반대의 경우에는 '초기 낯섦'을 오래 경험하거나 '초기 낯섦'이 없었다가도 시간이 어느 정도 경과한 후 '새로운 낯섦'을 강하게 경험한다.

여기서 한국말만 하잖아요. 재밌고 진짜 공부하고 싶어요. 원래도 언어를 잘 배우는 편이에요. 고등학교 때. 영어도. 중국어도(C-f).

그런데 한국어는 지금은 옛날보다 못해요. 한국어 공부는 따로 못하니까. …… 또 한국어 때문에 수업 잘 못 알아들어요. 2학년 되니까 1학년 1학기 때 그 느낌이 다시 나요(C-e).

③ 당면 문제의 성격

유학생들의 적응에서 나타나는 어떤 문제들은 단순히 유학 초기라서 낯설고 유학생활이 진행됨에 따라서 익숙해지는 구도를 따르는 것이 아니라 한국어 실력 향상이나 물가적응, 환경적응이나 인간관계 면에서 시간이 지나면 따로 노력하지 않아도 자연스럽게 해결되는 문제가 있고, 한국문화를 배우는 기회라든가 한국 대학의 전공에 대한 정보, 학업과정 지원 등 꼭 직접적인 지원과 노력이 따라야 익숙해지는 문제가 있다.

생활이요? 괜찮아요. 첨에 왔을 때는 한국 물가가 중국보다 비싸잖아요? 그래서 아끼고 또 아끼고 그랬는데 시간이 좀 지나니까 이제 다 적응됐어요. 물가에도 한국어도. 한국 사람처럼(C-j).

초기랑 요즘을 비교하면 1학년 때 반에서 아는 사람이 별로 없으니까 혼자 공부한 거. 그리고 뭐 선배나 친구한테 정보를 받는 것도 그때는 별로 없었습니다. 근데 이제는 많이 알고 친해졌으니까 그게 큰 변화라고 할 수 있습니다. 또 하나는 부산대에서 오래 있으니까 이런저런 시설도 익혀집니다. 그런 변화 정도(C-p).

이제는 한국 문화를 특이한 거 더 많이 알고 싶어요. 유행 그런 거도 우리 많이 배우고 싶어요. 아직도 한국의 높임말, 반말 사용하는 거 어려워요. 그런데 그런 건 좀 학교에서 특별히 프로그램으로 한 번 더 배우면 좋겠어요(C-k).

대학 측에 요구하고 싶은 거요? 이거는 제 생각이에요. 아마 (외국 유)학생은 전공을 선택할 때는 도와줄 수 있으면 좋겠어요. 몰라서 선택하는 사람이 많아서. 실은 어떤 학생은 수업하다가 좀 힘들어요. 이 학과는 적성 아닌 거 같아요. 그래도 전과 못해요. 어려워요. 2학년 성적 좋아(야 해)요. 그래서 어떤 학생은 퇴학(자퇴)했어요. 어쩔 수 없이. 그리고 한국 사람과 중국 학생이 같이 놀거나 공부하는 활동을 만들어 줬으면 좋겠어요. 이 중요한 두 점입니다. 물론 만약 각 학부에서도 유학생에 대한 공부에 대한 도와줄 수 있는 부분을 설립했으면 좋겠어요(C-d).

(3) 적응 경험 도식화

이상을 종합하여 유학생들의 네 가지 적응 경험, '가깝게 느껴짐' '초기 낯섦' '익숙해짐' '새로운 낯섦'과 적응 경험에 영향을 끼치는 세 가지 요인, 기대수준 및 성취동기, 언어능력, 당면 문제의 성격을 언어습득, 학업생활, 일상생활, 인간관계라는 네 가지 적응 영역 안에서 도식화하면 [그림 7-1]과 같다.

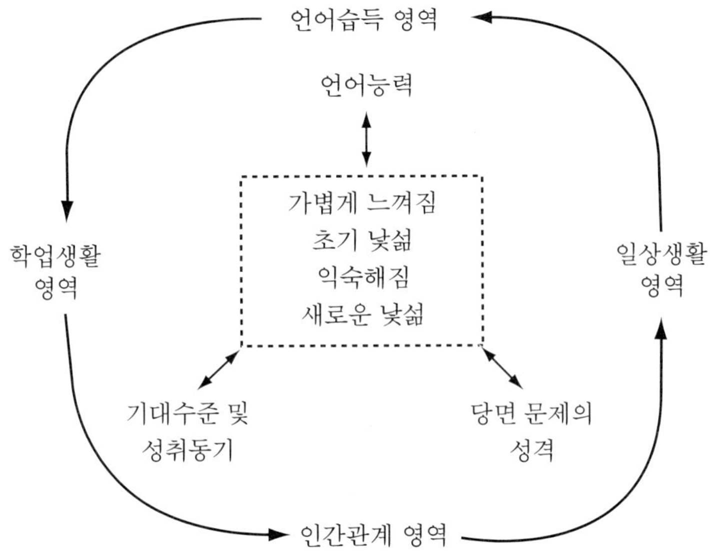

[그림 7-1] 적응 경험 도식

4) 결 론

이 연구의 결과, 중국인 유학생들의 적응 경험은 '가깝게 느껴짐' '초기 낯섦' '익숙해짐' '새로운 낯섦'이라는 네 가지 모습으로 나타났다. 유학생활의 '낯섦' 경험은 유학생활 초기에 가지는 경험의 모습과 일정 기간 경과 후에 다시 경험하는 모습에 차이가 나타나 '초기 낯섦'과 '새로운 낯섦'으로 구별하였다. 이 네 가지 경험이 나타나는 유학생활의 영역은 언어습득 영역, 학업생활 영역, 일상생활 영역, 인간관계 영역으로 나누어 볼 수 있다. 앞의 네 가지 적응 경험 모습은 연구에 참여한 모든 중국인 유학생의 경험 속에 동일하게 나타나는 공통된 특성, 즉 체류기간에 따라 동일한 순서를 가지는 보편적 · 단계적 경험이 아니라 대표적 네 가지 경험에 속한다.

그러나 모든 유학생의 경험에서 공통성도 찾아낼 수 있었다. 그것은 유학생들이 자신의 적응 경험의 종합적 이해에서 유학 경험의 '자기성장'이라는 긍정적 결과를 끌어낸다는 점과 유학생활의 세 영역인 언어습득 영역, 학업생활 영역, 일상생활 영역에서는 '특별하게 대해 주기'와 나머지 영역인 인간관계 영역에서는 '구별 없이 대해 주기'라는 상반된 기대를 가지면서 그 사이의 긴장을 경험한다는 점이다.

그리고 중국인 유학생들의 삶에서 나타나는 적응 경험은 유학생들의 유학생활에 대한 기대수준 및 성취동기, 언어능력, 당면 문제의 성격 등과 같은 요인의 영향을 받는 것으로 나타났다. 이러한 세 가지 요인은 유학생활의 적응 경험이 '가깝게 느껴짐' '초기 낯섦' '익숙해짐' '새로운 낯섦'이라는 일련의 하나의 과정으로 이어질지 아니면 처음부터 '낯섦' 형태에 머물러 있을지, 처음부터 '익숙해짐'의 형태로 나타나 전 유학과정에 걸쳐 이어질지에 대한 조건 요인으로 작용한다.

이 연구의 결과를 통해 관련 선행연구나 관련 정부정책, 외국인의 유학 경험에 대한 일반적인 상식 등과 비교하여 논의해 보면 다음과 같다.

첫째, 한국 대학에서 유학하는 중국 학생들의 적응 경험과 국내 타 지역에서 유학 온 한국 학생들의 적응 경험을 비교해 보면 공통점과 차이점이 나타난다. 두 집단에게 모두 언어 차이, 문화 차이와 인간관계 맺기의 낯섦이 나타나고 대학 신입생으로서 갖게 되는 어려움이 동일한 경험으로 나타났다. 반면, 중국인 유학생들에게는 타국에서, 새로운 언어로 그것도 대학생활이라는 새로운 환경에 적응해야 하는 이중 삼중의 어려움이 더욱 중첩되어 나타나며, 한국어 습득 문제가 큰 중재 요인으로 작용한다. 유학생들이 가장 큰 어려움으로 꼽는 이러한 한국어에 대한 문제는 김귀성 · 김영태(2005)의 연구 결과에서 나타난 유학 관련 어려움이 결국 언어문제와 연결된다는 점과 최태일(2001)의 연구에서 유학생들의 한국어 수준은 생활적응과 유의미한 상관관계에 있다고 밝힌 결과와도 일치한다.

둘째, 이 연구에서는 기존 연구(허춘영, 1998; Qin & Lykes, 2006)에서 관찰된 유학생들의 문화적응에서의 어려움이나 극심한 향수병, 자아분열 등은 나타나지 않았다. 이는 중국 학생의 경우 동양문화권 내에서의 이동이라는 점과 한류의 영향(조혜영, 2003)으로 인한 한국에 대한 호의적인 감정과 미디어를 통한 간접 경험 등이 적응에 긍정적인 영향을 미친 것으로 보인다.

셋째, 이 연구에서는 한국 대학에 유학 중인 중국인 대학생들의 적응 경험의 공통성 가운데 '특별하게 대해 주기'와 '구별 없이 대해 주기'라는 상호 모순적인 기대를 갖는 점이 독특하게 나타났다. 기존의 상식과는 조금 다르게 외국인 유학생들이 항상 일관된 특별성을 기대하는 것이 아니라, 친구관계에서는 자신을 외국인이라는 편견 없이 한국 친구와 동일하게 대해 주기를 기대하는 반면, 수업 상황이나 일상의 문제에서는 숙제 알려 주기, 과제 쓰기 특별지도, 시험성적 부여 시 배려해 주기 등 특별하게 대우해 주기를 원하는 이중적인 모습이 나타난 점이 주목할 만하다. 이 결과는 정재옥 · 주은선(2003)의 귀국 청소년 적응 연구에서도 '교사에게서 다른 학생들과 동등하되 드러나지 않는 나름대로의 관심과 배려를 원한다'라는 주제로 유사하게 드러난 바 있다.

3. 대학원생의 적응과정

1) 연구문제

- 중국인 대학원생들의 한국 대학생활에서 학업적 측면의 적응 경험이 어떠한가?

2) 연구방법

이 연구는 중국인 대학원 유학생의 학업과 관련한 적응 경험을 밝히려는 연구문제 해결을 위하여 국제유학생들을 대상으로 개별 심층면담의 방법과 근거이론적 분석법을 사용하였다.

주된 연구 참여자는 부산시 소재 대학원에 재학하고 있는 석박사 과정의 중국인 유학생 12명이다. 한국어 교사와 대학의 중국유학 센터에서 소개받은 3명의 면담 대상자를 시작으로 상호 소개를 통한 눈덩이 굴리기(snowball sampling) 방법을 써서 주 면담 대상자를 확보하였으며, 이론적 표집(theoretical sampling)의 방법을 사용하여 면담 참여자를 구성하였다.

이 연구는 연구 참여자 구성에서 중국인 대학원 유학생만의 고유한 특징 추출을 위해 다음의 네 가지 방법을 사용하였다. 첫째, 중국인 학부생을 면담 참여자에 추가하였다. 같은 중국인 유학생이라도 대학원생과 학부생의 적응 경험은 다를 것이라 가정하고, 대학원생의 경험을 학부생과 비교하여 고유한 특징이 구별되도록 하였다. 둘째, 한국인 석사과정 학생들을 추가하였다. 유학생에 대한 기존의 연구들이 주로 유학생활의 어려움을 강조한 경향에 미루어 볼 때, 이들의 어려움이 유학에 기인한 것인지, 혹은 일반적인 학업에 대한 어려움인지를 구별할 필요가 있기 때문이다. 셋째, 국내에서 유학생활을 하고 있는 한국인 학생들을 포함시켰다. 중국인 유학생의 어려움이 외국에서 왔다는 점과 언어가 다른 연유에 기인하는 것인지, 다른 이유에서 비롯된 것인지를 구별할 필요가 있는 까닭이다. 이에 국내 타 지역 대학에서 온 교환학생 1명과 국내 다른 지방에서 유학 온 학부생 1명을 포함시켰다. 넷째, 코딩 결과에 따라 중국 유학생과 접촉이 많은 학과의 한국인 학부생 1명을 추가하였다. 친구 사귀기의 어려움에 대한 중국인 대학원생들의 생각을 반대로 한국인 학생들의 의견과 비교하기 위함이다.

전체적인 연구 참여자에 대한 요약된 정보는 〈표 7-2〉와 같다. 연구 참여자들의 사생활 보호를 위하여 익명성 표기를 하였고, 이에 전사기록은 A, B, C 등 알파벳 이니셜로 각 개인을 구별하였으며, 이들에 대한 간략한 정보는 〈표 7-3〉과 같다.

〈표 7-2〉 연구 참여자

구 분	대학원생	학부생
중국인	12	1
한국인	2	2
계	14	3

〈표 7-3〉 주된 면담 참여자

면담 참여자	국적/민족	성 별	전 공	학 업
A	중국/한족	여	교육학	박사과정
B	중국/한족	여	국어학	박사과정
C	중국/한족	여	국문학	석사과정
D	중국/한족	남	행정학	석사과정
E	중국/위구르족	여	무역학	석사과정
F	중국/한족	여	무역학	석사과정
G	중국/한족	여	교육학	석사과정
H	중국/한족	여	전자공학	석사과정
I	중국/한족	여	법학	석사과정
J	중국/조선족	여	법학	석사과정
K	중국/한족	여	한국어교육	석사과정
L	중국/한족	여	한국어교육	석사과정

3) 연구 결과

(1) 전공공부에서의 어려움

대학원은 학업을 일생의 업으로 삼는 것을 고려하는 학생들이 모인 곳이기 때문에, 유학생의 입장에서는 전공에 대한 부담감이 더 있기 마련이다. 실제로 대학원 유학생들에게 학업과 일상은 분리된 영역이 아니다. 중국어 과외로 생활비를 마련하는 일, 한국의 문화와 음식에 적응하는 일은 언어와 인간관계의 문제와 연결되어 학업과 일상 영역에 걸쳐서 동시에 나타난다. 유학생활의 경험에서 초기는 어려움과 힘듦이 지배적인 부분을 차지한다. 학업에서의 어려움은 수업장면부터 시작되며, 어려움의 양상은 속상함, 창피함으로 나타난다. 대학원 유학생들은 발표 위주인 한국의 대학원 수업, 학문탐구의 방법에 익숙하지 않음, 과제로 부여되는 글쓰기에서 느끼는 전공 한국어에 대한 실력의 한계로 어려움을 겪는다.

① 토론과 발표 중심의 한국 대학원 수업

중국 대학원생들은 발표와 토론을 위주로 진행되는 한국의 대학원 수업에 당혹감을 느낀다. 중국에서는 학부는 물론이고 대학원에서도 거의 강의식으로 수업을 받는다. 학생 각자가 발표를 준비하고, 그에 대한 토론으로 이루어지는 한국 대학원의 수업방식 때문에 초기에는 적응에 어려움을 느낀다. 전공 한국어에 아직 익숙하지 않은 상황에서 특정한 주제를 중심으로 이루어지는 토론에는 끼어들기조차 쉽지 않다.

박사 공부하니까 선생님도 아시다시피 공부 많이 해야 돼요. 왜냐하면 석사랑 같이 발표하니까 뭐 제대로 못하고 할 수 없으면 창피해요. 그래요. 정말 실은 박사 발표할 때는 선생님처럼 해야 돼요. 이 내용이 제가 발표하는 내용이 그냥 쉽게 설명해야 돼요. 첨에 제가 실은 이번 학기 첫 번째 발표를 할 때는 잘 못했어요. 그래서 속상했어요. 왜냐하면 정말 그 내용이 너무 어려워요. 어렵고 제가 발표 준비해도 실은 무슨 말인지 몰라요. 그래서 그냥 발표할 때는 처음부터 마치 발표 용지 그거 읽었어요. 교수님이 옆에서 설명해 주시고, 정말 너무 부끄러워요. 앞에 발표할 때 너무 잘하시니까 한국 사람. 설명하고, 제 차례 될 때면 완전히 학생처럼, (한숨) 그래서 아, 대학원 특히 박사 그렇게 발표하면 안 좋은 것 같아요(B).

그렇죠. 말하기 정말…… 제가…… 다들 한국분이잖아요, 제가 한국말도 못하고, 아니 지금 의사소통 왜냐면 어떤 수업에서 무슨 심각한 얘기하고 싶으면 못해요, 많이 못해요(G).

② 공부하는 방법을 알지 못함

외국에서 학문을 업으로 삼는 일에 처음으로 진입하는 중국인 대학원 유학생들은 첫 학기에는 과제를 어떻게 써야 할지, 무슨 책을 필수적으로 읽어야 하는지, 논문은 어디서 찾아야 하는지 등을 몰라 어려움을 겪는다.

다른 분 저한테 도움 있어서 ○○야 어떻게 공부해야 됩니다 있었어요, 논문 어떻게 어떤 논문 어떤 책 반드시 봐야 됩니다. 이런 도움이 있으면 좋겠다(D).

처음 왔을 때는 어떻게 공부해야 되는지도 모르고, 그냥 왜냐면 학부 중국에서 선생님 이거 배우라 저거 배우라 그냥 선생님 지시에 따라서 해 온 것 같은데요, 여기 와서 보니까 중국에서 대학원 공부를 어떻게 진행하는지 모르겠지만 여기서는 좀 거의 발표 위주로 하잖아요. 발표 하나 쓰려면은 혼자서 자료 찾고 하고 싶은 목적 같은 거는 먼저 세워야 나중에 모든 게 되는 거잖아요(I).

③ 전공 한국어 능력의 부족함

한국어는 중국인 대학원생들의 가장 큰 화두다. 특히, 우리나라는 한국어라는 단일 언어만 사용하는 사회인데다, 대학에서도 영어가 보편화되어 있지 않기 때문에 한국 유학생활에서 한국어가 차지하는 비중은 매우 높다. 한국어는 한국어 전공 유학생들에게도 여전히 어려운 부분이라고 했다. 한국어를 전공하지 않은 유학생들은 처음에 일반적인 언어장벽을 느끼며 답답해 하다가 차츰 일상 언어에는 익숙해진다. 그러나 어려움은 대학원 학업을 진행하는 데서 다시 시작된다. 유학생들은 대학원 과정의 특성상 일상생활 언어보다는 전공 한국어에 대한 어려움과 학문적 글쓰기의 어려움을 호소하는 경우가 많다. 전공 공부가 어려운 이유도 지식 그 자체의 문제라기보다는 한국어에 대한 것이 대부분이다.

저는 한국어가 딸리니까 같이 하면 제대로 표현이 안 돼요. 제일 어려웠던 거 언어문제는 제일 어려웠던 거 같아요. 그래도 어려워요. 신경 쓰이는 게 항상 언어였어요. 수업할 때도 모르는 게, 그냥 지식보다는 언어를 모르는 게 있으니까 그런 거고, 또 생활하는 데도 불편한 데가 언어였어요(I).

일상생활에서 한국말 전공으로 들어가면 한 개도 못하겠어요. 아무리 한국말 잘하더라도. 그니까 내용 자체가 너무 어려우니까 자기가 스스로 계속 배워야 되고, 많이 알게 되면 할 수 있고, 저도 다른 교수님들이 저는 다른 선생님들이 해도 저도 얘기도 못하고 있어요. 발표 때문에 스트레스도 받고, 발표를 제대로 못하기 때문에(A).

대신에 제가 한국말 잘하지 않으니까 그 양에, 이해 못하는 거만 전공이니까 문학 쪽으로 무슨 중국어, 답답한 적이 있어요. 어떠한 적은 완전 미치겠어요(C).

(2) 학업적 인간관계

① 친구 사귀기의 한계

중국인 대학원 유학생들의 학업과 관련된 인간관계는 수업에서 한국인 동료들을 사귀는 일과 교수들과 관계를 형성하는 일로 구분할 수 있다. 연구 참여자들이 현재 학업을 진행 중이라서 교수와의 관계에 대한 이야기보다 특히 '친구 사귀기'에 대해 이야기하는 경향이 많았다. 친구가 유학생들에게 중요한 요인이라는 증거는 중국 대학원생들이 유학생활에 익숙해지고 편해졌다고 이야기하는 시점에서 반드시 친구 이야기가 등장하는 데서 알 수 있다. 학업을 도우며 함께할 수 있는 수업 동료도 중요하고, 유학생으로 공부할 때 겪는 어려움이나 개인적으로 힘든 상황을 터놓고 깊이 있게 이야기할 수 있는 친구로 발전하는 일이 매우 필요하다고 한다. 결국, 힘듦이라는 감정은 깊게 이야기를 나눌 만한 친밀한 친구의 부재와 관련되어 있는 것으로 보인다.

저는 아직까지는 한국 친구, 아주 가까운 한국 친구 솔직히 없었어요. 모든 문

> 제에 대해 다 얘기하면서 가까이 지내는 친구는 없어요(I).
>
> 사실은 진짜로 나중에 공부하면서 어려울 때가 항상 있잖아요. 그런데 그 언니가 있어서 진짜 마음에 여러 가지로 많이 도움이 됐어요. 옆에 있으면은 서로 돕고 살 수 있잖아요. 얘기할 친구가 없으면(K).
>
> 제일 어려운 거는, 중국에는 친구가 정말 많아요. 친구 돕고, 같이 쇼핑하러 갈 친구가 많잖아요. 이런 여러 가지 친구가 많은데 여기 오면 진정한 친구 사귀기가 어려운 거, 일단 바쁘고, 상황 적응보다는 친구가 제일 중요하고(J).

한국인 친구 사귀기가 힘든 이유는 교제의 첫 매개가 되는 수업에서 동료들과 친밀한 관계 형성이 어렵기 때문이다.

> 그냥 뭐 딱딱하게 발표하고, 질문 있으면 질문하고, 그렇게. 거의 뭐 다 준비를 해서 그냥 자기 준비하는 리포트만 발표하면 끝이에요. 뭐 토론하는 시간은 거의 없었고. 가끔 있어도 좀 뭐라고 한국 분들이 말하고, 지금 하는 문제도 저희들한테는 저한테는 약간 어려운 거 물어보고 한국에 대해서만 얘기하는 것 같아요(A).

유학생들의 친구 사귐에 한계가 있는 이유는 한국 학생들의 이야기로 확인할 수 있었다. 한국 학생들에게 친구란 공통적인 관심사가 있거나, 서로 깊이 있는 이야기를 나눌 수 있는 사람이라야 한다. 개인적인 매력에 끌리거나, 함께 얘기할 주제가 있거나, 여가활동을 같이할 수 있을 만한 사람, 혹은 서로의 사귐이 본인에게 유익한 대상일 때 첫 관계가 형성된다는 것이다. 중국 유학생들과 친구가 되는 일은 그들이 먼저 적극적으로 다가오지 않는 한, 한국 학생 측에서 중국어를 배우고자 하는 동기가 없다면 가까운 사이로 발전하기 어렵다고 했다. 친밀한 친구 사이에서 깊이 있는 이야기를 나누기에는 중국인 학생들의 한국어가 부족하다고 지적하였는데, 이는 중국인 대학원생들도 인정하는 언어적 한계다.

기본 바탕은 언어잖아요. 나는 뭐 예전에 한국애 많이 친했는데 수업 들으면서, 그거도 가까이 갈 수가 없는 것 같아요. 그런 한계가 있어요. 더 이상 깊이 얘기하거나 그런 거는 잘 없는 거 같아요. 그거 뭐 사귀는 방법이 사람마다 사귀는 방법이 있겠지만 여태까지 나는 한 번도 딱 한계가 있는 거 같아요, 더 깊이 들어가려면 말이 안 되는 거예요. 언어가 다 기본적으로 다 되어 있잖아요, 나는 뭐 깊이 들어갈 수가 없는 것 같아요(I).

② 수업자와의 관계 형성

유학생들이 대학원에서 교수들과 적절한 관계를 형성하는 일은 학업을 성공적으로 마치는 데 중요한 요인이다. 한국인 대학원생 역시 지도교수나 수업을 담당하는 교수와 학문적으로, 사회적으로 관계를 원활히 하는 일에 신경을 쓰지만, 외국 유학생의 경우는 자신이 주로 하고 있는 학업에 대한 관심과 배려를 더욱 필요로 하기 때문에 절실한 문제가 된다. 중국인 대학원생들은 대체로 지도교수와 친밀하고 원만한 관계를 형성하고 있었다. 해외유학 경험이 있는 교수를 지도교수로 배정하는 경우가 많기 때문에 연구 참여자들은 지도교수들이 유학생을 잘 배려하는 편이라고 하였다.

저희 교수님도 캐나다에서도 유학하시고 미국에서도 유학하셨는데 유학할 때 너무 힘들어서 포기하고 왔다가 여러 가지 방면으로 너무 힘들고 그걸 잘 아셔서(J).

지도교수와의 관계 형성은 단과대학의 특성에 따라 다르게 나타나기도 한다. 대학원 과정이 실험실 체제로 운영되는 공과대학의 경우는 지도교수나 실험실 선배와는 회사의 직장상사와 동료관계와 비슷한 특징이 드러나기도 하지만, 서로 언제나 바쁘기 때문에 친밀한 대화를 나눌 시간은 많지 않다고 한다.

한국 대학원이 일련의 수업으로 짜인 정규과정을 이수하고 논문을 작성하는 형식으로 운영되는 까닭에, 특별히 학업을 전업으로 하는 대학원생 이외의 경우 유럽의 대학처럼 도제식의 사제관계는 한국인 대학원생들에게 흔한 경우는 아니다. 국제유학생들은 대체로 학업을 전업으로 하고 있는 경우가 많음에도 불구하고 한국 대학원의 운영방식과 언어적·문화적 거리감으로 인해 지도교수와 도제관계까지 형성하고 있는 경우는 드물었다.

교수들과 관계를 형성하는 일은 지도교수와의 원만한 관계와는 다소 차이가 나지만 특별히 심각한 문제로 발전하지는 않는다. 어떤 교수는 유학생을 이용한다는 느낌을 주기도 한다.

> 중국에 관심 있을 때는 일을 시켜 먹어요. 아, 이거 뭐 번역해 주세요 하고는 마지막에는 점수는 잘 안 줘요, B+ 주고 그래요. 일은 실컷 시켜 먹고 나도 열심히 발표했는데 상대적으로 평가를 안 해 주고, 틀린 답 쓰는 다른 사람들처럼 주는 게 당연하지만 그래도 전 상처받았어요(I).

한국 학생이 위주가 되는 수업은 별 배려 없이 똑같이 진행되는 반면, 수업에 한두 사람의 유학생이 포함되어 있을 때는 중국에 대한 관심이나 수업에 대한 이해도를 확인하는 등 세심한 배려가 수반되기도 한다. 반대로, 국제무역과 같이 중국 유학생이 다수가 되는 특별한 수업은 전혀 배려 없이 진행되기도 한다.

> 한국 학생 많은 경우는 똑같이 해요. 만약 중국 학생 수업 듣는 학생 중에서 중국 사람 많으면 좀 배려하죠. (숙제) 그거 아니고(E).
>
> 첨에는 중국 유학생 적었을 때는 좀 배려하고, 교수님 말씀 잘 이해하지 못하는 거 물어보면 잘 가르쳐 주고, 요새는 중국 학생들 너무 많아져서……(F).

중국 유학생들은 교수들과의 관계 형성에 대해서 이야기는 많이 하지만, 특별히 심각한 어려움은 겪지 않는다. 단지, 수업에 대해 질문이 있거나 설명을 이해 못했거나 잘 알아듣지 못해 놓친 부분이 있다면 스스로 찾아가서 묻는 과정이 자연스럽지가 않다는 것뿐이다.

> 예를 들면, 그냥 자세하게 설명하는 거 그거 별로 없는 것 같아요. 그냥 한국 사람 왜냐하면 우리 반 모든 들어오는, 특히 외국 사람 경우는 다 한국말 잘하는 애들이에요. 그래서 교수님, 또는 학부 사람 많이 있어서 어떻게 한 사람만 많이 배려할 수 있느냐, 교수님도 바쁘시고 수업도 너무 짧아서 단지 이 수업 마치고 혼자서 교수님 찾으러 가고, 아 이게 무슨 뜻인지 그때는 교수님 아마 잘 설명해 줄 수 있을 것 같아요(B).

4) 논 의

앞서 제기한 바와 같이 유학생들의 학업적응은 어려움과 힘듦을 수반한다. 유학생들이 어려움을 겪는 일은 통념상 당연시되지만, 이면에는 개인과 사회적 환경에 따라 적응까지 걸리는 시간이나 속도도 달라진다. 적응에 이르지 못하는 경우, 계속해서 어려운 상태를 답보하게 되거나 극단적인 경우는 학업을 중도에 포기하고 귀국해 버리기도 한다. 이러한 점에 주목할 때, 대학원 유학생들의 적응 경험에 영향을 미치는 요인을 도출할 필요가 있다. 적응 경험에 영향력을 행사하는 요인은 크게 사회적 요인과 개인적 요인으로 나누어 볼 수 있다. 사회적 요인은 유학생에 대한 선호적인 사회문화, 유학생을 위한 학교의 시설과 설비, 배려가 있는 수업 분위기 등을 꼽을 수 있다. 이 연구 결과에서 나타난 중국인 대학원생들의 학업적응 경험은 대체로 개인적 요인에 기인하는 경우가 많았는데, 각 개인의 한국어와 성격 특징이 대표적이다.

첫째, 한국어는 학업에 관해서도, 한국인 친구를 사귀는 문제에서도 막대한 비중을 차지한다. 한국어에 대한 일반적인 적응과정을 묘사하자면, 처음에는 일상생활 언어조차 되지 않아 답답해하다가 점차 일상용어에 익숙해지면서 언어적 한계에 대해 느끼는 좌절이 차츰 해소되는 듯하다. 그러나 수업 장면에서 다시 전공 한국어의 벽을 느끼게 되는 것이다.

처음 와서 공부할 때 답답했죠. 답답하죠, 한마디도 못하고. 안녕하세요? 안녕히 가세요, 그냥 안녕히 계세요만 알아요. 그때 너무 답답했어요, 하나도 못하니까 살 것이 있어도 못 사고. 하숙을 했는데 아주머니하고도 말도 안 통하고, 이거 음식도 입에 안 맞고 처음에는. 너무 답답했어요. 근데 선생님도 없으면 살지 못했어요(G).

한국 와서 열심히 공부해도 생활도 힘들었어요. 많이 아무 말도 못하니까, 중국어 친구들이 같이 있어 밥도 같이 먹고, 쇼핑도 같이 하고(E).

그런 거(학술대회)는 뭐 말을 잘하지 못하면 듣는 거 자체가 고문이 되는 거잖아요. 못 알아들어요. 대회 뭐 발표하거나 그런 거를 하면서 나 같은 경우에는 저번에 갔다 왔는데 뭐라고 해야 되나, 뭐 좀 잘 어울려서 할 수 있는 거는 아닌 것 같아요. 소외감. 조금씩 얘기 주고받고 하는데도 들어가지는 못한, 밖에 있는 것 같아요. 한국 사람은 뭐 얘기하면서 어울리는데, 밖에 있는 느낌이에요(I).

(하루 종일 실험실에만 있어서) 한국어 실력 점점 떨어지고 있습니다. 실험실 사람들 ○○야, 한국어 점점 줄어들고 있어. (아르바이트) 할 수가 없습니다. 제가 시간이 없습니다. 특히 공대 학생은 아침에 5시부터 저녁 8시까진데, 다들 10시에 퇴근합니다(H).

그렇지만 현재는 어렵더라도 중국인 대학원생들은 한국어에 대해 긍정적으로, 대단한 열망을 보여 주고 있었다. 현지 언어에 대한 열망은 유학생활에 대한 태도를 결정짓기도 한다.

한국어 너무 재미있어서. 관심이 있어야 제대로 되는 거 같아요. 취미생활로 공부하는 게 더 쉽지 않을까요? 나는 뭐 한국 뭐 모든 게 다 좋은 것 같아요, 드라마도 재미있고(I).

나이가 있기 때문에 열심히 배우고 공부할 수 있기 때문에 그냥 한날 한날 한국말 배우는 거 생각 있었어요. 왜냐면 외국어 영어 못하니까 다른 말도 해야죠. 여기 와서 좋아요, 제가 원래 한국 드라마도 좋아하고(G).

그렇게 한국말도 한국말에 대한 이런 것도 배우고 싶었어요. 너무 배우고, 제가 한국말 좋아해요. 어, 제가 한국말 그거 배우는 거 한국말 배울 때 이거 성적 좋았어요. 문법도 잘하고, 너무 재밌어요(L).

유학생들은 입국 시기에 갖추고 있던 한국어 수준에 따라 적응 경험에 차이를 보이기도 한다. 언어 구사의 능숙도가 높을수록 비교적 수월한 적응을 보이는 반면, 언어 수준이 낮다 하더라도 한국어에 대한 긍정적인 태도는 적응 정도를 용이하게 해 주고 있었다.

여태까지 나는 한 번도 딱 한계가 있는 거 같아요. 더 깊이 들어가려면 말이 안 되는 거예요. 언어가 다 기본적으로 다 되어 있잖아요, 나는 뭐 깊이 들어갈 수가 없는 것 같아요(G).

한국 와서 열심히 공부해도 생활도 힘들었어요. 많이 아무 말도 못하니까(E).

저 같은 경우에는 한국어를 처음에는 진짜 하고 싶어서 하는 거 아니었지만 배우다 보니까 너무 재미있는 거 있지요. 한국어는 지금 뭐라 해야 되나 제가 지금 영어를 배워야 되는데요, 영어 잘 안 당기는 것 같아요. 영어를 억지로 뭐 공부한다는 느낌인데, 한국어는 이젠 습관이 되는 거예요. 아, 저기 모르던 거 있구나, 또 금방 가져와서 항상 공부하고 싶은 마음이 있어요, 한국어 너무 재미있어서. 관심이 있어야 제대로 되는 거 같아요(I).

둘째, 개인의 성격 특성에 따라 학업을 위한 인간관계 형성, 수업에 대한 적극적인 태도, 한국어 학습에 대한 것까지 적응 경험이 달라진다. 학교생활의 적응과정에서 삶이 편해지고 있다고 느끼기까지 중요한 변인은 친구이고, 친구 사귀기에서 큰 영향력을 행사하는 부분은 성격이다. 적극적으로 한국인 급우들에게 다가서는지, 자신감이나 언어의 한계를 막론하고 먼저 말을 걸고 대화에 끼어들기를 시도하는지 아닌지에 따라 깊은 인간관계의 형성 여부가 결정된다. 전공언어의 어려움이 있더라도 수업에서 계속 토론에 개입하기를 시도하고, 교수를 찾아가고, 서툴더라도 발표를 맡는 적극성을 보일수록 학업 적응에 걸리는 시간이 단축된다. 대체로 적극적인 성격 특성을 보일수록 유학생활에서 즐거운 면을 찾아내고 편해지는 정도나 속도가 촉진된다. 적극적인 성격을 보이는 면담 참여자의 경우 적응이 수월하게 이루어졌다고 스스로도 판단하고 있었다. 내향적인 성격으로 한국인에게 선뜻 다가가지 못하는 경우는 친밀한 인간관계 형성에도 지장을 받는다.

> 한국애들 처음에 어떻게 친해지고 무슨 말을 해야만 그게 화제가 뭔가 그걸 알아내면 친해지기 쉬워요. 어, 같은 드라마 보고, 엑스맨 같은 거 보고, 같이 얘기도 하고, 화장품 브랜드도 좀 많이 외우고, 그렇게 하면 한국 사람 뭐 관심 있으면 나도 좀 알아보고, 이렇게 하는데 중국에는 이렇게 한다 얘기하고. 사람을 사귀는 방식이 좀 달라요. 한국에는 끼리끼리 놀고, 그래야 되는 거 같아요. 아니면 같은 사람들하고만, 계속 친할…… 약간 좀 다른 거 같아요. 그래서 맨 첨에 친한 짝지를 하나 찾는 거예요. 그러면 그 짝지랑 친한 친구들이랑도 친해지고, 그렇게…… (웃음)…… (I).
>
> 저는 아직 그건 안 돼요. 사실은 저는 아직까지는 한국 친구, 아주 가까운 한국 친구 솔직히 없었어요. 모든 문제에 대해 다 얘기하면서 가까이 지내는 친구는 없어요. 항상 같이 다니는 사람 없고, 그냥 뭐 한 번씩 만나서 등산하러 간다거나 아니면 뭐 무슨 일이 있을 때 같이 가는 그런 친구가 없었어요. 그냥 뭐 아는 사람. 그냥 인사하는(J).

개인의 성격 특성은 한국어 수준 변화에도 영향을 미친다. 인간관계 형성의 수월성과 마찬가지로, 언어학습에도 적극적인 성격의 소유자일수록 한국어 향상 속도가 빠른 경우가 많다. 면담 대상자들의 한국어 수준 역시 성격 특성과 긴밀하게 연결되어 있으며, 한국어를 매개로 한 친구관계 형성에도 영향을 주는 것으로 보인다.

(교정) 부탁하기 어렵고, 싫어하고, 귀찮게 하니까. 귀찮게 하면 싫어할 거고, 그건 나도 미안하니까(E).

그리고 선생님들도 좀 바쁘시니까 한 번만 괜찮고, 낼 때마다 다 보여 주면 미안해요(F).

서로 만나서 얘기하고 심지어 하루 종일 수업 이외에 계속 중국 학생들끼리 같이 있거든요? 안타까워요. 학부도 그렇고 대학원생도 그렇고. 중국 학생이 만나면 괜찮은 면 당연히 있지요. 그래도 한국 학생이랑 같이 있으면 좋겠어요. 제 생각에는 언어를 공부하기 위하여 그냥, 한국 친구랑 공부하고 서로서로 도와주고, 그런 게 좋은 것 같아요(B).

중국인 대학원생들은 학교생활 중 여러 가지 힘듦과 어려움을 경험하지만, 액면적으로 이러한 경험이 부정적인 역할만을 하는 것은 아니다. 중국 대학원생들은 한국에서의 유학경험이 자신들의 성장에 기여한다고 생각하고 있다. 유학생들이 가장 많이 쓰는 말이 '스스로 알아서 해야 한다' 는 것이다. 직접적인 도움을 바랄 수 있는 사람이 없는 타지에서의 삶은 무엇이든 스스로 해야 한다는 명제를 당연시하게 만든다. 이러한 경험의 과정은 중국 대학원생들이 유학생으로서의 정체감을 형성하는 데도 중요한 역할을 한다. 적응을 도와줄 사람이 있든 없든, 혹은 이미 한국어를 잘하는 학생이라도 자신이 지니고 있는 언어의 한계와 수준을 넘어서는 일에 도전하고, 이를 이루어 가는 것이 미래에 소중한 경험이 될 것이라고 기대하는 것이다. 유학생들의 학업이 이렇게 어느 정도의 적응 수준에 이르면 유학지에서의 삶이 조금씩 편하게 느껴지고, 유학생활의 경험을 자기를 성장시키는 과정으로 인식하는, 정체감을 형성하는 과정으로 볼 수 있다.

별 도움이 없어요. 자기 스스로 해야 돼요. 아마 우리 대학원 학생들이 좀 바쁜 것 같아요. 다 스스로 공부해요(D).

이제 철들어서 부모님의 돈 받기 싫어요. 그런 거 있고, 그래서 부모님에게 그렇게 얘기했어요. 이제부터 제 스스로 자신을 키울 수 있다고 그렇게 얘기 했어요. 무의식으로 자신에게 스트레스 줬어요. 스트레스 있으면 더 열심히 해야 한다는 생각 있어요. 개인마다 다르잖아요…… 그래서 만약에 이제 각오 없으면 어떻게 열심히 강의하고, 다른 일도 찾아야 되고, 스스로 자신을 키워야 돼요. 그런 생각을 했어요(B).

중국인 대학원 유학생들의 학업에 관한 총체적인 적응 경험은 다음과 같이 상호 관계를 맺고 있다([그림 7-2] 참조). 첫째, 전공공부 영역과 학업적인 인간관계 범주들은 개인의 언어와 성격에 의해 상호 연결되어 있다. 수업에서의 발표, 전공 한국어 능력, 한국인 수업 동료를 친구로 사귀는 문제는 언어 수준과 긴밀한 상관관계에 있고, 수업 중 토론에 개입하거나 수업 동료, 수업자들과 인간관계를 형성하는 일 역시 개인의 성격 특성과 연결된다. 둘째, 각 개인의 한국어 수준과 성격 특성은 중국인 유학생들의 적응 경험 전반

<table>
<tr><td>전공공부의 어려움</td><td>토론과 발표 중심의
한국 대학원 수업</td><td colspan="2">공부하는 방법을
알지 못함</td><td>전공 한국어
능력의 부족</td></tr>
<tr><td>↑</td><td>↖</td><td colspan="2">↑</td><td>↗</td></tr>
<tr><td rowspan="3">개인적 요소</td><td colspan="4">언 어</td></tr>
<tr><td colspan="4">↕</td></tr>
<tr><td colspan="4">성 격</td></tr>
<tr><td>↓</td><td colspan="2">↙</td><td colspan="2">↘</td></tr>
<tr><td>학업적 인간관계</td><td colspan="2">친구 사귀기의 한계</td><td colspan="2">교수들과 관계를 형성함</td></tr>
</table>

[그림 7-2] 중국인 대학원 유학생의 적응 경험 관계도

에 영향을 미친다. 수업에서 성공적으로 전공공부를 구현하거나 자기학습을 이루어 내는 일은 한국어 능숙도에 영향을 받는다. 학업 내의 인간관계를 형성하는 일 역시 한국어 실력에 따라 다른 형태를 보인다. 토론에 적극적으로 참여하고, 한국인 수업 동료들과 함께 과업을 수행하거나 질문을 하러 교수를 찾아가는 등의 일도 개인의 성격 특성에 따라 양상이 달라진다. 셋째, 개개인의 언어와 성격도 상호 연관되어 있다. 중국인 대학원생들의 한국어 수준은 적극적인 성격을 보일수록 진보가 빨라지기도 하고, 한국어에 대한 태도에 따라 한국어 능력 향상이 수월하게 이루어지기도 한다. 이런 언어에 대한 긍정적 · 부정적 태도 또한 개인의 성격 특성에서 비롯된다.

중국인 대학원 유학생들의 적응 경험의 관계는 시간의 흐름을 좇아 다음과 같은 이야기로 재구성할 수 있다.

중국인 대학원 유학생들은 처음에 일상이나 수업장면에서 부족한 한국어 실력 때문에 답답해하고, 발표를 못하거나 수업 토론에 끼어들지 못해 어려움을 겪는다. 이러한 어려움과 힘듦은 발표와 토론 위주로 진행되는 한국의 수업문화에 대한 당황스러움과 전공 한국어 실력 부족에 기인한다. 논문을 찾고 쓰는 법, 과제를 하는 법 등의 공부하는 방법에 대한 어려움, 한국인 수업 동료들과 친밀한 친구 사이로 발전하기 어려운 점도 중국 유학생의 힘듦의 이유가 된다. 적응 경험의 다양성은 개인이 지닌 한국어 수준과 태도, 성격 특성에 영향을 받는다. 일련의 과정을 통해 중국인 대학원 유학생들은 스스로 생활을 꾸리고, 공부를 열심히 하는 등 성장을 위한 홀로서기를 거듭하면서 외국인 유학생으로서 자기를 인식하는 정체감을 형성하며 유학지에서의 학업생활 적응에 이른다.

앞과 같이 중국인 대학원생들의 학업적응 경험의 특징을 추출하여 기존 연구물, 학부 유학생, 한국인 대학원생, 유학생을 위한 일반정책과 비교하여 논의하자면 다음과 같다.

첫째, 중국인 대학원 유학생들의 학업적응은 양적 연구로 접근한 몇몇 선행연구의 결과와 동일하게 당혹감, 사회적 관계 형성, 언어적 어려움, 정체성 형성, 학업적응, 친구의 요인을 둘러싼 경험이 주요하게 자리하고 있었다(민소영, 2006; 장연, 2005; 최태일, 2001; Qin & Lykes, 2006; Yurkovich, 2001). 반면, 몇몇 연구들(최재영 · 신준섭, 1997; Qin & Lykes, 2006)에서 보고한 바 있는 유학생들의 자아분열, 자기를 해칠 정도의 극심한 스트레스나 향수병 등의 적응 경험은 중국인 대학원 유학생들에게서는 두드러지지 않았다. 이는 중국인 유학생들이 인종과 문화가 비교적 동질한 문화권에 속하는 한국에서 유학하기 때문으로 풀이된다. 지리적 · 문화적으로 이질감이 큰 구미지역에서 주로 아시아 학생들의 유학생활을 주 연구대상으로 삼아 온 선행연구들이 많은 까닭과 유학적응의 연구들이 지나치게 '어려움'에 초점을 맞추어 이루어진 이유도 있다고 본다.

둘째, 대학원 유학생들의 학업에 대한 적응양상은 한국인 대학원생과 공통점이 있다. 이 연구 결과에 의하면, 한국에서 대학원을 다니는 중국인 유학생들에게 나타나는 특징들은 일반적으로 대학원에 처음 진학한 석사 1, 2학기의 한국인 대학원생들이 겪는 경험과 크게 다르지 않다. 석사 첫 학기의 경험에서 중국인 대학원생과 한국인 대학원생들의 적응 경험의 차이는 언어적 문제에 한정될 뿐이다. 유학생에 대한 기존의 연구들이 본래의 어려움을 가정하는 데서 출발하는 비약적인 성향이 있다고 판단된다. 그러므로 학문세계에 진입하는 초기에 적절한 안내가 병행된다면 대학원의 유학생들에게 무난하게 학업에 적응할 수 있는 길을 마련해 줄 수 있을 것이다.

셋째, 대학원 유학생들의 적응은 학부생의 삶과 차이가 있다. 학부생이나 대학원생 모두 학업이 생활의 중심에 위치하는 시기이지만, 대학원생들은 미래의 진로를 연구와 학업에 두고 있기 때문에 일상생활과 삶 자체도 학업을 중심으로 진행된다. 학부 유학생들의 생활에는 동아리 활동이나 친구관계 형성, 음식점 아르바이트 등 학업과 일상의 뚜렷한 경계선이 나타난다. 반면, 대학원 유학생들은 중국어 과외 아르바이트나 일상에서 한국인 친구를 사귀는 점도 학비 마련을 위한 방책, 한국어 실력 향상을 기대하는 심리가 반영된 것이며, 학업을 중심으로 일상이 연결되어 있는 모습을 보여 준다. 또한 학부 유학생들에게는 고향을 떠나 대학생활을 시작하는 곳이 외국이기 때문에 낯설음과 두려움의 감정이 나타나지만, 상대적으로 대학원 유학생들은 이미 중국에서 학부과정을 낯선 도시로 유학한 사례가 많기 때문에 외국이라는 상황 자체에 대한 두려움은 적은 편이다.

넷째, 대학원 유학생들의 적응에 영향을 미치는 요인은 개인적 측면에 기인하는 편이다. 유학생을 위한 사회적 지지 기반 형성이 중요할 것이라는 일반적인 통념과 달리, 언어와 성격이라는 개인적 특성이 유학에서 학업적응 경험에 더 큰 영향을 미치는 것이다. 상중하로 대변되는 일상 한국어나 전공 한국어의 수준과, 적극적이고 소극적인 성격 특성은 개인에 따라 다른 차원을 보여 주는 부분이다. 수업에 적극적으로 참여하는 일, 한국어 능숙도는 물론이고 한국어 자체에 대한 긍정적인 태도와 한국인과의 관계 형성에 적극성을 보이는 정도도 상당 부분 개인의 기질에 기인한다. 현재 국가가 추진하는 외국인에게 호의적인 사회문화 형성, 대학 차원의 국제화 환경 기반 조성과 같은 거시적 측면의 정책과 실제 유학생들의 필요 사이에는 어느 정도 거리가 있음을 예상할 수 있다.

5) 결 론

이 연구에서 밝혀진 중국인 대학원 유학생의 적응 경험에서 도출되는 특징은 아래와 같다.

첫째, 대학원 유학생들의 삶에서 학업은 중심이기에 일상과 학업 영역이 서로 겹쳐 있는 관계를 보여 준다. 한국어와 인간관계 형성이라는 중요한 두 가지 화두는 수업장면과 중국어 아르바이트 등의 생활에서 따로 구분되어 나타나는 것이 아니다.

둘째, 중국인 대학원 유학생들은 학업생활에서 발표와 토론 중심의 한국 대학원 수업에 대한 당혹감, 공부방법을 터득하지 못한 어려움, 전공 한국어의 장벽, 한국인 수업동료 사귀기의 어려움을 경험한다.

셋째, 중국인 유학생들의 적응 경험은 명백하게 구분되지 않고 언어와 성격 특성을 매개로 서로 걸쳐 있는 모습을 보여 준다. 학업에서 겪는 어려운 경험과 학업 내에서 맺는 인간관계의 경험은 한국어 능력과 성격 특성의 영향을 받으며, 개개인의 성격과 태도 역시 언어 수준과 상호작용하는 관계에 있다.

넷째, 중국인 대학원생들이 겪는 어려움은 사회적 환경보다 개인적 요인에 기인하는 면이 더 많다. 유학생들이 직접 마주치는 어려움은 개인적 측면에서 한국어와 성격 특성이라는 요인으로 대표된다. 유학생들의 한국어 수준과 한국어 자체에 대한 긍정적 · 부정적 태도에 따라 적응 경험이 달라진다. 개인의 성격 특성 또한 적극성의 정도에 따라 학업을 위한 인간관계 형성 정도와 한국어 능숙도에도 영향을 준다.

다섯째, 한국어는 중국인 대학원생들의 학업 전반과 인간관계 영역에 막강한 영향을 미치면서 상호 연결되어 있다. 학업 면에서는 전공 한국어에 대한 좌절과 극복, 인간관계 면에서는 수업동료를 사귀는 문제와 긴밀하게 관련되어 있다.

여섯째, 대학원 유학생들의 경험은 자신을 성장시키는 과정으로서 정체감을 형성하며 유학지의 학업생활 적응 경험에 이르게 된다. 스스로 알아서 처리하고, 외국에서 독립적으로 생활을 꾸리며 공부하고, 자신을 키우는 일이라는 외국인 유학생으로서의 정체감을 형성하면서 편안함으로 표현되는 적응에 도달하는 것이다.

일곱째, 중국인 대학원 유학생들의 학업적응 경험은 기존 연구의 경험과 관련된 요소 면에서는 어느 정도 일치를 보이고 있으나, 갈등과 어려움의 정도 차이는 있다. 또한 중국인 대학원생들의 적응 경험은 한국인 대학원생들의 초기 학업적응과 공통점이 있으며, 반면 중국인 학부생의 경험과는 구별된다.

4. 한국어 적응과정

1) 연구문제

*외국인 유학생들이 한국어를 학습하는 과정은 어떠한가?

- 외국인 유학생들의 일상 한국어 습득과정은 어떠한가?
- 외국인 유학생들의 전공 한국어 학습과정은 어떠한가?
- 한국어 능력시험을 위한 한국어 학습과정은 어떠한가?
- 외국인 유학생들의 각 한국어 학습영역 간의 관계는 어떠한가?

2) 연구방법

이 연구는 P시에 있는 외국인 유학생들의 사례를 반구조화된 심층면담을 사용하여 자료를 수집하고 근거이론적으로 분석하였다. 근거이론적 분석은 질적 연구의 여러 가지 방법 중에서 체계화된 분석 절차를 제공하고, 탐색된 근거이론의 현장 환원을 중요시하는 방법이다. 그러므로 외국인 유학생의 한국어 습득과정 분석과 같이 기초 연구가 미흡한 상태에서 가설이나 이론의 탐색적 연구를 하는 데 적합성이 높다고 볼 수 있다. 또한 연구의 결과로 구축된 근거이론이 다시 현장으로 환원되어 교육 현장의 개선에 기여할 수 있는 여지가 크므로 외국인 유학생들의 한국어 습득과정에 대한 연구는 근거이론으로 접근하는 것이 타당하다고 판단하였다(Glaser, 1992; Strauss & Corbin, 1998).

이 연구의 연구 참여자는 P시에 소재한 바다대, 국제대, 항구대, 해저대 대학과 그 대학원에 등록하여 유학생활을 하고 있는 외국인 유학생 총 19명이었다. 연구 참여자의 유형, 즉 국적과 성별 등에 관한 유형별 구분은 〈표 7-4〉와 같다. 이 연구에 등장하는 대학 이름과 유학생들의 이름을 표기하기

〈표 7-4〉 연구 참여자의 유형

구분			계
국 적	중국	10	19
	베트남	8	
	터키	1	
성 별	남	5	19
	여	14	
소 속	학부	11	19
	대학원	8	

위해서 모두 가명을 사용하였다.

연구 참여자들은 연구자들의 수업을 수강하고 있는 바다 대학의 중국인 유학생 2명, 해저 대학의 한국어 교사에게서 소개받은 베트남 유학생 1명을 시작으로 상호 소개를 통한 눈덩이 굴리기(snowball sampling) 방법을 써서 구성했다. 먼저, 시작점이 된 연구 참여자들의 면담을 끝내고 난 뒤, 국적, 체류기간, 한국어 능력시험상의 한국어 수준 등을 고려하여 다양한 참여자를 발굴 방식을 되풀이하여 목적적 · 이론적 표집을 하였다(Huck, 2000; Glaser, 1992). 〈표 7-5〉는 연구에 참여한 유학생들에 관한 정보다.

3) 연구 결과

(1) 한국어 학습의 과정

① 일상 한국어의 습득

유학생들이 처음 한국어를 배우기로 마음먹은 계기는 크게 세 가지로 나누어진다. 학습동기에 따라서 상호 겹치는 영역이 생기기도 하지만 고향에 있는 한국계 기업에 취업하기 위한 것, 한국의 대학이나 대학원에 유학을 준비하기 위한 것, 한국 드라마와 영화, 가요 등을 통해 한국 연예인을 좋아하

〈표 7-5〉 연구 참여자의 기초 정보

번호	이름	국적	소속 및 전공	성별	체류 기간	한국어 수준
1	링링	중국	바다대 국문과 석사과정	여	3년	상
2	가하	중국	국제대 경제학과 학부 입학	여	1년	하
3	시엔	베트남	국제대 교환학생, 한국어 문학부	여	1.5년	중
4	뜨엔	베트남	국제대 교환학생, 베트남 문학전공	여	1.5년	중
5	핀	베트남	국제대 한국어 문학부 4학년	여	3년	중
6	자스민	중국	바다대 대학원 국문과 석사과정 3학기	여	2년	상
7	방상	중국	국제대 영어과 3학년	남	2년	중
8	비치	베트남	바다대 대학원 무역학과 석사과정 2학기	여	2년	상
9	끄엉	베트남	바다대 대학원 무역학과 석사과정 2학기	여	3년	중
10	부이	베트남	바다대 대학원 경영학과 석사과정 2학기	여	3년	상
11	청해	중국	항구대 학부 1학년	남	0.5년	하
12	마르사스	터키	바다대 영문과 3학년	여	3년	중
13	왕은	중국	바다대 대학원 교육학과 박사과정 5학기	여	3년	상
14	청량	중국	해저대 국제통상학과 2학년	여	2.5년	중
15	방령	중국	해저대 국문과 3학년	여	3년	중
16	메이	베트남	바다대 대학원 무역학과	여	3.5년	상
17	뚜이	베트남	바다대 대학원 경영학과	남	1년	상
18	칭위예	중국	바다대 경영학과	남	2.5년	중
19	봉운	중국	바다대 경영학과	남	3.5년	상

게 되고 한류의 영향으로 한국어를 익히고 싶다는 마음에 따른 것 등이 있다. 일단, 한국에 입국하고 나서 유학생들이 가장 먼저 접하게 되는 부분은 일상생활에서 사용되는 한국어다.

• 생활 속의 단어들을 익힘

유학생들은 고국에서 미리 한국어를 배우고 온 경우이든, 그렇지 않고 한국에서 한국어 학습을 시작한 경우이든 간에 일상생활 속에서 사용하는 어휘와 표현을 먼저 익히게 된다.

> 링링: 책에서 배운 거랑 달라요. 자연스럽게 말하지 않는 사람은 '집에서 잘 쉬세요' 말할 거예요. 그런데 자연스럽게 말하면 '푹 쉬세요' 할 거예요. 그리고 '방콕' 같은 말도…….
>
> 왕은: '오뎅' 같은 말 있잖아요, 사실, 저는 한국에 와서 처음 알았어요. 그게 무슨 뜻인지도 몰랐고.
>
> 뚜이: 처음 왔을 때 그 식당에서 주문할 때, 뭐뭐뭐 두 개 주세요. 두 개를, 우리는 이 개 주세요. 아, 그래요. 그렇게 했어요. 요즘은 '두 개 주세요' 해요.

외국인 유학생들의 한국어 학습은 한국생활을 하면서 여러 가지 표현을 알게 되거나, 한국에서만 습득할 수 있는 어휘에 익숙해지면서 시작된다.

• 활발하고 적극적인 성격을 활용함

유학생들은 각자의 성격에 따라 일상에서 사용하는 한국어를 연습하거나 사용하는 기회를 많이 갖기도 하고, 혼자서 지내거나 모국어가 같은 학생들끼리 어울리면서 한국어 습득의 속도가 늦어지는 경험을 하기도 하였다. 유학생들의 일상 한국어 습득에는 성격적 요인이 주요하게 작용하였다. 연구 참여자들은 명랑하고 활발하며 적극적인 성격은 한국어를 학습하는 데 도움이 된다고 하였다. 활발한 성격은 한국인 친구들을 사귀는 데 있어 보다 적극적인 태도를 취하게 해 주고, 한국인 친구들과 친해져 이야기를 나눌 기회가 많아지면서 한국어 학습에도 도움이 될 것이라고 하였다.

> 시엔: 저요, 아마 제일 자신 있는 부분은 말하기, 저는 말이 너무 많은 사람이니까.

그래서 선생님과 많이 이야기하고 한국어로 많이 이야기해서 아마 말하기 발음보다는…….

마르사스: 저 터키말도 되게 빨라요, 원래 말을 많이 하고요,

자스민: 저 성격이 활발해서 다른 박사 친구들 쉽게 사귈 수 있는 거 같아서…… 그리고 국제대 다녔을 때 학교에서 도우미 소개해 줘서 학기마다 저도 도우미 두 명 있었어요. 도우미도 사귀고 도우미의 친구들도 알게 되고, 밥 먹고, 이야기하고, 한국 친구들 많이 사귀어서 한국말 도움이 많이 됐어요.

반면, 내성적인 성격인 경우는 본인들도 한국어 학습에서 일정 부분 손해를 보았다고 판단하고 있었다. 결국, 유학생들은 언어학습에 적극적인 태도와 활발한 성격이 한국어 적응에 긍정적으로 작용한다고 이야기하였다.

핀: 저는 원래 그냥 내성적이거든요, 별로…….

링링: 제 생각에는 대학교, 가만 앉아 가지고 공부하는 거 없어요. 그거는 제가 후회했어요. 가만 앉아서 열심히 공부하면, 어휘 안 늘어요, 그런 생각 후회했어요. 예를 들면, 한국 친구 도움 필요하면 적극적으로 도와달라고 하고…….

끄엉: 그 뭐, 한국어 친구 많이 사귀고, 한국어로 많이 이야기하면 도움이 될 것 같아요. 그리고 항상 관심을 많이 가져야 해요, 지금 봄이잖아요. 벚꽃이 베트남에는 없어서 몰랐지만, 아, 이 꽃이 뭐지 하고 물어보고 적극적으로 해야 해요. 처음엔 사람의 성격이고…… 자주 만나고, 이야기하고…….

일반적으로 적극적인 성격의 경우, 언어학습에 대해서도 적극적인 태도로 임하기 때문에 스스로 한국어에 노출되는 기회를 자주 만들고 연습의 기회도 많이 가져서 한국어 실력이 늘게 되는 것으로 이야기하였다.

• 다른 언어의 학습 경험을 이용함

유학생들은 자신의 모국어나 영어와 같은 외국어를 공부했던 경험을 활용하여 한국어 학습을 하는 데 적용하기도 하였다. 국제유학생들은 자신들의 모국어가 한국어 학습에 영향을 미치는 것으로 판단하였는데, 모국어의 종류에 따라서 어떤 부분은 한국어 학습에 유리하게 작용하기도 하고, 또 어떤 다른 부분은 한국어 학습을 방해하기도 하였다. 모국어가 터키어인 경우는 어순이 같아 한국어 학습에 유리하다고 하였고, 중국어는 어순이 달라서 처음에 불편을 겪는다고 이야기하였다.

마르사스: 터키말 순서랑 한국말 순서랑 똑같아요. 약간 똑같아요. '을/를' 은 있어요, 있기는 있지만 한국어처럼 중요하진 않아요. '이/가' 도 있는데 중요하지 않아요. 속담 같은 것도 약간 비슷한 것도 있어요, 터키말, 한국말이랑 어순이 같아요. 우리 우랄 알타이어계라서.

청해: 또 문법이 어려워요. 중국하고 문법이 틀려요. 우리는 다 중국에서는 그 영어 I am a student. 이렇게. 그 한국에서는 저는 student 앞에, '입니다' 는 뒤에 와요. 문장 순서가 틀려요.

중국어의 경우는 한국어에 한자로 구성된 말들이 많아서 사자성어나 단어의 뜻을 추측하는 데는 유리하다 생각하였지만, 발음은 중국 발음을 쫓아가기 때문에 정확한 한국어 발음을 구사하는 데 부정적인 기능도 하는 것으로 나타났다. 베트남 학생들은 베트남어 특유의 6성조의 영향으로 한국어 발음이 오르락내리락 하는 문제를 가지고 있다고 하였고, 이 때문에 오해를 산 경우도 있다고 하였다.

링링: 발음, 발음인데, 아직 많이 부족해요. 왜냐면 제일 어려운 거 받침인데, 중국

어에 받침 없는 거 아시죠? 열심히 연습해야 돼요. 하나 틀리면 분명히 알고 있는데, 말을 할 때는 틀려요.

비치: 발음. 저 부끄러웠어요. 첨에는 기다려 주세요, 그리고 잃어버렸어요, 첨에는 그런 말 못했어요. 기다리다. 잃어버리다, 발음이 너무 어려워요. 똑같잖아요, 기다리다, 잃어버리다, 비슷비슷 하잖아요. 그래서 힘들었고, 자주 많이 틀렸어요. 제가 전에 영화 다큐 인터뷰한 적 있어요, 뭐가 가장 힘들었냐는 말에 '언어' 때문이라고 했는데, 그 사람이 놀랐어요. '너 때문에' 하는 줄 알고요(웃음).

봉운: 어제 학과 사무실에 가서 ○○학과 사무실 어딘지 못 찾겠습니다. 그 사람이 '위쪽' 으로 가십시오. 빨리 말하면 우리는 구별 못합니다. 위쪽인지, 이쪽인지, 그 사람 따라갔습니다. 그 사람이 왜 따라 오냐고, 위쪽으로 가라고요. 그때 우리 4명이었는데 모두 다 '이쪽' 으로 가십시오라고 들었습니다.

중국 학생들은 중국어에는 없는 받침이나 발음을 올바로 말하기가 힘들다고 하였고, 베트남 학생들의 경우도, 공통적으로 한국어의 억양과 자신들이 말하는 억양이 달라서 어려움이 있다고 이야기하였다.

또한 한국어 수준이 중상 이상인 국제유학생들은 영어를 잘했던 경험이 있거나, 영어에 능숙한 경우가 많았다. 영어에 어느 정도 익숙해지기까지의 학습과정을 겪은 학생들은 한국어 학습 역시 영어 학습과 유사한 방법으로 습득하였다는 이야기를 하였다.

마르사스: 저는 그때 영어 진짜 열심히 했거든요, 다른 학교 애들이 아, 쟤는 영어 정말 잘하는 애다라고 다 알았어요. 길에 가다가도 뭐 모르는 단어 생각나면 집에 다시 돌아가 사전 꼭 찾아보고 그랬어요. 1년 진짜 많이 했어요.

자스민: 원래 영어 학교가 공지사항 나오고, 학교가…… 가고 싶은 학생들 신청하고 뽑아요. 시험치고, 근데 시험은 영어시험이었어요. 그때 제가 영어라서

> 좀 잘했어요. 그때는 1등 받아서 학비 한 학기 돈 받고…….

연구 참여자들의 면담 내용의 결과를 종합해 볼 때, 영어를 잘하는 국제유학생들은 한국어 학습도 그리 어렵지 않았으며, 중간 이상의 수준에 올라와 있음을 보여 주었다. 영어라는 다른 외국어를 익히는 데 성공했던 경험은 한국어 학습의 자신감이나 공부 방법에도 영향을 주는 것으로 보였다.

• 다양한 생활 경험을 활용함

유학생들은 한국에서의 여러 가지 경험을 통해서도 한국어를 학습하는 기회를 가질 수 있다고 하였다. 면담 내용을 분석하면, 한국에서의 아르바이트 경험이 많은 연구 참여자의 경우는 객관적인 한국어 숙달 수준에 상관없이 자신의 한국어 실력을 긍정적으로 평가하는 모습을 볼 수 있었다.

> 메이: 저는 음, 저는 아르바이트를 많이 했어요. 그래서 아르바이트 말 많이…… (알아요). 뭐 그 저는 공장에서도 (아르바이트) 해 봤어요. 예, 서빙도 하고, 주방도 했어요. 그때 한국어를 많이 배운 것 같아요. 아르바이트를 하면은 말 연습도 많이 하고, 듣기 연습도 많이 하고, 음, 좋아요.
>
> 끄엉: 많이 해 봤어요. 식당에서 일한 적도 있고, (베트남어) 과외도 해 봤고, 식당에서 일해 봤어요. 호아빈(베트남 쌀국수 집)…… 거의 다 한국말로 해요. 왜냐하면 거의 다 한국 사람이니깐. 혹시나 베트남 손님 오면 베트남 말로 주문받고…….

한국어 수준이 초보적임에도 불구하고 이 학생들은 스스로 한국어를 잘한다고 생각하였으며, 아르바이트 경험이 많은 유학생들은 일하는 곳에서 사장과 손님들, 같이 일하는 동료 직원들의 칭찬을 많이 들었던 탓에 본인이 한국어를 잘하는 것으로 인식하고 있었다.

또한 유학생들은 신문, 잡지, TV 프로그램 등의 한국어 매체에 노출되는 일상적인 경험을 통해 일상 한국어 실력 향상을 꾀한다고 하였다.

> **청량:** 노래 자주 듣고(동방신기) 받아쓰기해요. 버스를 탈 때 아니면 걸을 때 한국어 테이프 듣고요.
>
> **메이:** 저는 지금도 유재석, 강호동 프로그램 많이 보고 단어를 공책에 적고 나중에 사전 찾고 다시 보면 그 단어 알아들어요.
>
> **끄엉:** 뉴스 자주 봐요. 그냥 텔레비전에 보는 뉴스는 이해 못하고 그냥 다시 듣고 싶어도 못하잖아요, 그래서 인터넷 네이버 닷컴 같은데 들어가, 인터넷에서는 어떻게 말하지? 그 뉴스의 내용도 옆에 다 나오잖아요. 기사 말이 들어와서 그래서 같이 듣고, 모르는 말은 들어가서 보고 듣고, 그래서 원본을 볼 수 있잖아요.

한국인 친구들을 많이 사귀고, 사귄 한국인과 이야기하는 기회를 최대한 자주 만들어 자기의 한국어 실력을 유지하거나 높이는 방법도 사용한다고 하였다.

> **왕은:** 또는 한국 사람하고 많이 교류하고 얘기 많이 하는 게 좋죠. 능동적이어야 한다, 한국인과 교류하고 얘기하며 늘었다, 과외하며. 한국 사람 가르칠 때 자기는 중국어 안 늘고 나만 한국어 늘었다고 해요.

• 외래어 학습의 어려움

유학생의 한국어 학습에서는 특히, 외래어와 관련한 에피소드들이 자주 등장하였다. 연구자들이 인식하지 못했던 한국어의 특징이 드러났고, 유학생들은 한국어 학습에서 외래어에 어려움을 느끼는 것으로 나타났다. 유학생들이 어려움을 이야기하는 외래어는 한자 조어가 아닌 주로 영어가 외래어로 변화된 경우였다. 외래어 학습이 어려운 이유는 영어 단어를 그대로 도입하여 소리 나는 대로 한국 발음으로 표기하여 굳어진 단어이기 때문인데, 외래어의 발음을 듣고 영어 단어를 연상하여 뜻을 알아내기 어렵기 때문이라고 하였다.

끄엉: 외래어 커피…… 어려운 거 아니고요, 좀 웃겨요, 왜냐면 영어와 많이 틀리잖아요. 엘리베이러, 한국 사람은 '엘리베타' 라고 얘기하잖아요, '크리스마스' (영어 발음)도 크리스마스라고 하고. 그리고 혹시 그런 말 아세요? 컨디션, 뜻에는 기분이 좋다 맞아요? 아니면 상태가? 몸이 좋다? 그런데 영어로 쓰면 조건이잖아요, 왜 한국 사람은 자기 마음대로…… 너무 웃겨요. 저 처음에 들었는데 한국 친구 오늘 컨디션이 안 좋아, 컨디션이 뭐냐고(웃으며).

뚜이: 그건 좀 싫어요. 블래크, 크리스마스 그런 말은 자주 들으니까 좀 괜찮은데 처음 듣는 말은 정말 이상했어요. 외래어가 가장 어려워요.

청해: 영어 있는데 발음 조금 틀려요, 그래서 한국 사람들은 포티포 이런 거 하고 또 센터. 정확한 영어 발음은 '센너' 그렇게 안 하니까 발음 진짜, 허허(웃음).

• 한국어의 미묘함에 어려움을 느낌

모국어가 한국어인 연구자들은 한국어의 어휘 속에 담겨 있는 미묘한 차이를 인식하지 못하고 있었는데, 연구 참여자들은 자신들의 한국어 학습 중에 발견해 낸 한국어의 뉘앙스 차이를 지적하며 이것이 한국어 학습의 어려움 중에 하나라고 이야기하였다.

끄엉: 전 이렇게 너무 재미있는 기억이 하나 있었어요. 친구가 기생충 약이 사고 싶었어요. 배가 아프잖아요, 근데 사전에서 찾았는데 그 기생충 약이 무엇인지 몰라서 사전에서 찾았어요. 그래서 약국 가서 살충제 그렇게 물어봤는데

약사님이 깜짝 놀랐어요. 이게 나무에 주는 약이라고……(웃음). 그래서 이게 나무에 병, 생긴 데 주는 약이에요, 사람 먹는 거 아니에요, 여기 안 팔아요(계속 웃음). 그래서 의사 선생님은 또 답을 가르쳐 주더래요. 어떤 약인지……(다시 웃음) 만약에 그냥 그 사람이 생각 없이 주면 큰일 나잖아요. 그런 일 있었어요. 친구 아파서 그랬어요, 그 당시에 그런 약 이름 몰랐어요. 재밌었어요.

비치: 요즘 제가 한국어 책 잠깐 읽고 있어요. 달콤한 우리 도시(소설, 정이현 저, 『달콤한 나의 도시』를 말하는 것임). 그거 많이 어려운 말 많아요. 특히 한국 사람들이 쓰는 단어, 특히 뭐, 예를 들어서 사랑스러운, 그렇게 표현을 할 줄 몰라요. 그런데 사랑스럽다가 정확하게 무슨 뜻이죠? Lovely?

주로 유학생들이 토로하는 한국어 뉘앙스의 미묘함은 '살충제'와 '구충제'와 같이 모국의 한국어 사전에 동일어로 기재되어 있는 경우에 나타났다. 또한 '사랑스럽다'와 '예쁘다'와 같은 유사어의 각기 다른 쓰임이 사전에 잘 드러나지 않는 단어에 대한 것이었다. 그리고 '-하군요'와 같이 우리말로도 정확한 뜻을 설명해 주기가 곤란하고 맥락과 상황의 쓰임에 따라 단어의 뉘앙스가 달라지는 단어를 어려워하였다.

② 전공 한국어의 적응

• 한국어로 된 전공 용어를 몰라서 수업을 따라가지 못함

유학생들은 전공 수업에 들어가기 시작한 초기에 수업을 거의 알아듣지 못하는 경험을 하였다고 이야기하였다. 가장 근본적인 이유는 자신의 전공에서 사용되는 용어를 한국어로 모르기 때문이었다고 지적하였다.

메이: 교수님 말 단어 자체는 알아듣는데 그 전체 내용을 알 수 없었어요.

> 비치: 무역 언어 몰라요. 다양한데, 전에 무역 단어 공부하지 않아서 지금 시작하면 다 새로 단어이니까, (베트남어로는 무역을 잘 안다.) 그리고 선생님이 설명할 때 영어로도 설명해서 근데, 그 발음, 영어 발음 베트남 사람과 달라서…… (몰라요.) 그 단어는 알았는데 선생님이 발음할 때 무슨 말인지 몰라요.

전공의 용어는 각 학문 영역에서 고유하게 사용되는 전문 어휘이며, 이러한 단어들은 본래 영어로 구성된 용어라 하더라도 한국의 학문체계에서 사용되는 용어의 뜻과 용례를 알아야만 하기 때문에 유학생들은 마치 새로운 언어를 접하는 느낌으로 전공 한국어와 처음 마주했던 경험을 이야기하였다.

• 전공에 대한 배경지식이 없어서 어려움을 겪음

유학생들은 전공 수업의 첫 학기에는 내용의 절반조차 알아듣지 못하고 수업을 따라가지 못하는 경험을 하게 된다. 외국인 유학생들은 자신들이 전공 수업 초기에 한국어를 잘 알아듣지 못하고 발표나 토론에서 한국어를 잘 구사하지 못하는 이유가 배경지식의 부족 때문이라고 이야기하였다. 내용을 알지 못하면 수업을 알아들을 수 없기 때문에 책을 미리 읽어 가거나, 인터넷에서 모국어로 전공 용어나 내용을 사전에 파악해 가는 것을 전략으로 삼고 있었다.

> 부이: 학부 때는 국제대 한국어 했는데 무역하니까 수업 갑자기 어렵구요, 잘 못했어요. 어려워서 우리 과에서 베트남 학생 없고 중국 학생 2명, 3명 있고, 다 한국 사람이니까 교수님이 수업 한국말 빨리하고, 정말 포기할라 했어요. 우리 무역학과 경영학과 아니거든요, 국제대학교(에서)는 한국어(전공)라서 우리 전공 단어, 전문적 단어 잘 모르겠고요. 그래서 처음 들었을 때 진짜 무슨 말인지 모르겠어요.

비치: 너무 어려운 주제로 이야기하고 금융 같은 거, 아니면, 또 뭐더라? 아니면 금융에 대해서도 많이 이야기하고 기업의 환경 같은 것도 많이 이야기해서 이해하기 어려워요. 마케팅 같은 거도 이야기하고, 그런 거 한국 사람이더라도 이해 못하잖아요, 저도 원래도 백그라운드 없잖아요, 무역학과 나온 사람 아니에요, 한국말 많이 배우고, 한국말만 배운 사람이라서…….

유학생들은 처음에 수업에서 자신들이 내용을 쫓아가지 못하는 이유가 한국어 실력이 부족해서라고 생각하였다가, 이내 그 문제가 한국어에 관련한 것이라기보다 전공 지식과 내용에 대한 것임을 깨닫게 되었다고 하였다.

부이: 오랫동안 들으면 진짜, 힘든 것 같아요. 그냥 뭐 한 문장 한 문장 서로 이야기하면 가만히 있고, 상대방 계속 이야기하면 한 5분 지나면 더 이상 들을 말이 없어요(5분 이상 들으면 피로해져서 안 들린다는 뜻).

왕은: 첨엔 착각을 했어요. 내가 공부 못 하는 것은 한국어를 못해서인 줄 알았는데 알고 보니 교육학 교육과정에 관한 내용이 없으면 안 되는 거 같아요. 전공 자체의 내용에 대해서 잘 알지 못하면 못할 거 같아요. 한국어는 잘해도.

전공 한국어에 대한 영역에서 유학생들의 가장 큰 어려움은 모르는 내용을 한국어로 듣고 이해하려니 전공 수업의 내용 자체가 힘들다는 점이었다. 모국어로 이미 해당하는 내용을 알고 있다 하더라도 자신의 전공에서 사용되는 전문 용어와 뜻이 한국어로 어떻게 쓰이고 있는지 알지 못하는 경우 역시 수업을 이해하며 쫓아가기 어렵게 하는 부분이라고 하였다.

• 막연한 두려움이 수업 참여를 방해함

일반적인 예상대로 외국인 유학생들의 상당수는 수업의 발표나 토론에 적극 참여하는 것을 꺼려 하거나 어려움을 겪고 있었다. 근본적인 원인은 전공 한국어에 대한 숙달도가 떨어지기 때문이지만, 이들이 적극적으로 수업에 참여하지 못하는 원인은 막연한 염려나 불안에 기인한 것이었다.

링링: 말하면 혹시나 유치한 문제할까 봐. 지금 만약에 제가 하라고 하면 할 수 있을 것 같아요. 왜냐면 용기가 없어서요. 가끔씩 선생님이 예습해야 되는데, 너 왜 예습 안 해, 선생님이 말을 안 하셔도 우리가 잘 알고 있죠, 옆에 사람은 (알게 되어 있다는 뜻).

비치: 자신 없어서. 한국말에 대한 것도 있고, 지식에 대한 것도 있고, 우리 모르는 거 다른 사람은 다 알까 봐서요. 다른 사람 다 무역학과라 학부부터 무역학과라 기본지식 다 알고 계시고, 우리 그냥 모르는 거 물어보면 부끄러워서 그렇게 생각할 수도 있을 거 같아서.

왕은: 물어보시면 제가 얘기하고 안 물어보고 제가 일부러 나서면 사람들이 이상하게 쳐다보는 거 같아요. 나는 그런 거 별로 안 좋아요.

이들은 적극적으로 자신의 의견을 말하거나 토론에 개입하지 않고 미리 수업에서 외국인이라는 사실로 다른 학생들의 주목을 끌까 봐 참여를 꺼리고 있었다. 그러나 순서가 정해져 수업에 진행되는 부분을 나누어서 발표해야 하는 경우는 유학생들은 나름대로 연습을 하여 발표를 준비한다고 하였다.

자스민: 근데, 만약에 교수님이 우리한테 이해하냐고 하셔서 사실 우리 이해해요. 근데 우리 이해한다고 해서 앞에 칠판에 여러분한테 설명해 봐, 우리 설명 못해요. 다른 사람 설명 봤는데 아, 나도 할 수 있구나 이해해요. 저 같은 경우는 말해야 되는 글 전부 (발표 유인물) 옆에 썼어요.

왕은: 가장 자신 없는 것은 발표. 진짜 달라요. 샘도 생각해 보세요. 저처럼 한국말 잘하는 사람도 힘들어요. 유학생한테 진짜 힘들어요. 앉아서 마음대로 말하

는 건 괜찮은데 내용 가지고 하는 발표는 자신 없어요. 그냥 억지로 했죠. 하고 나면 기분 안 좋아요. 많이.

발표로 수업이 진행되는 대학원 수업은 유학생이라도 순서가 돌아오기 마련인데, 미리 시나리오를 써서 연습해 보고 발표를 한다고 하였다. 또한 수업 중에 교수가 질문하는 내용에 대해서도 한국인 학생의 대답을 들으면 자신들도 할 수 있는 답변이었다는 것을 깨닫는다고 하였다.

• 사투리 장벽에 부딪침

이 연구가 P시의 사례로 수행되었기 때문에 유학생들은 전공 수업에서 사투리를 알아듣고 이해하는 데 어려움을 겪었다고 하였다. 이들은 일상생활의 재래시장 같은 공간에서 사투리를 접하고 당황하기도 하지만, 외국인 유학생들이 자주 이야기하는 사투리에 대한 내용은 전공 수업의 교수들이 구사하는 사투리를 알아듣는 데 어려움이 있다는 점이었다.

비치: WTO 아세요? World Trade Organization, 그래서 선생님 말하는데 알아듣기 힘들었어요. 그리고 교수님이 선생님보다 아마 연배가 몇 배는…… 사투리가 심해요. 그때 선생님 뭐라더라?

뚜이: 긴 문장은 머릿속에 해석하고 있는데 지나가고, 교수님은 다른 문장으로 옮기니까 제가 조절하는 속도가 어울리지 않아요. 사투리는 교수님 한 분이 심하셔서…… 할아버지 교수님들은 진짜 심해요(웃음).

청해: 요즘 교수님 사투리를 많이 사용하기 때문에 아마 좀 이해 잘 못해요. 한국어 공부할 때 사투리 안 공부해요.

봉운: 사투리요? 이제는 더 이상 그런 거는 문제가 안 돼요. 이제 사소한 발음 차이를 구별 잘 하지 못하는 것이 문제죠.

국제유학생들은 한국에서의 체류기간이 어느 정도 누적되고, 전공 수업을 듣는 학기가 더해 감에 따라 교수들의 사투리에 익숙해지고, 심지어 자신들이 일부러 사투리를 배우기도 한다고 하였다. 국제유학생들의 전공 한국어 습득에서 사투리는 어려움을 주는 요소로 작용하지만 어느 정도 시간이 지나면 크게 문제가 되지 않는 것으로 보였다.

• 학문적 글쓰기에 어려움을 겪음

유학생들은 전공 수업을 수강하는 동안 한국어로 글쓰기를 해야 하는 과제를 마주하게 된다. 일반적으로 요약을 해 가는 '리포트'의 경우는 요약해야 하는 책을 읽는 데 다소 시간이 걸리더라도 해 갈 수 있지만, 학문적 분석이나 감상을 요구하는 과제의 경우는 일상 한국어에 잘 적응되어 있는 경우라도 어려움을 호소하였다. 한국에서 '원서'로 통칭되는 영어로 된 교재가 수업의 주요 자료로 사용될 때에도 영어를 자신의 모국어로 번역해 가며 읽고, 이를 다시 한국어로 번역하여 정리해야 하기 때문에 읽기에서 이중의 부담이 있다고 하였다.

> 마르사스: 예를 들어, 리포트 쓰잖아요? 한국말로 읽고, 예를 들어서 한국 (사람) 한번만 읽으면 되는데, 나는 세 번, 네 번 정도 읽어야 되고, 근데 한국어 사람 같지 않아요, 모르는 단어도 너무 많고. 예를 들어서 리포트 쓰는 것도 그렇고. 또 예를 들어서 한국 학생 2시간 들여 쓴다면 난 6시간 들여서 써요.

유학생들은 일상에서 한국어로 이야기하는 데 어려움을 겪지 않는다 해도 한국어로 글을 쓰는 일은 또 다른 문제라고 하였다. 학문적 글쓰기는 한국 대학생들도 따로 익혀야 할 만큼 쉽지 않은 부분이다. 더구나 유학생들은 전공 지식을 한국어라는 새로운 외국어를 통해 익히기 때문에 자신들의 머릿속에 모국어로 정리된 내용을 다시 제대로 한국어로 표현하는 데에는 어려움이 많다고 하였다. 단순 요약이 아닌, 논문을 읽고 소감을 쓴다거나, 수업자가 정해 준 텍스트를 읽고 분석해 가는 등의 학문적 글쓰기는 '한국어→모국어→한국어'라는 세 단계를 거쳐서 글쓰기가 이루어지기 때문에 시간도 많이 걸리고, 결과물에 대한 수업자의 피드백도 그다지 좋지가 못해 연구 참여자 상당수가 힘듦을 호소하였다.

유학생들은 전공에서 사용되는 한국어 학습을 위해 모국어의 인터넷을 사용하여 내용을 익히고 리포트를 누적하여 제공하는 인터넷 사이트를 활용하여 한국어의 학문적 글쓰기에 익숙해지는 자기만의 방법을 고안해 내기도 하였다.

링링: 중국에서 어떻게 설명하나, 제 생각에는 비교문화 하고 있죠, 문학에 대한 지식, 자기 나라 언어 다 해야 돼요. 외국어도 중국에서 책을 사라, 뭐 대충 대충 무슨 개념, 인터넷을 보면 알아요, 머릿속에서 뭔가 이렇게, 나중에는 한국어 책을 보면, 아, 이렇구나.

메이: 그 (전공 수업 관련) 사이트 들어가 리포트 내용 확인하고 읽어 보고 중요한 내용 카피하고 베트남어로 된 자료 있으면 찾아서 번역하고 합쳐서 내요.

③ TOPIK: 시험을 위한 시험

유학생들은 한국어 학습에서 TOPIK(한국어능력시험)에 대한 언급을 자주 하였다. 이는 이 연구를 설계할 때 연구자들이 염두에 두지 않았던 부분이었다. 그러나 면담 내용을 분석한 결과, 국제유학생들은 TOPIK에 상당한 비중을 두고 있었다. 하지만 그 중요도에 비해서 유학생들은 TOPIK이 일상에서 사용되는 한국어 실력이나 수업에서의 한국어 이해와 관련이 없다고 인식했다.

비치: (웃으며) 선생님, 혹시 토픽 책 보셨어요? 아마 선생님도 아마 답은 정확하게 모르는 것 같아요. 저희 한국어 선생님이더라도 이 문제 물어보고 난 몰라요, 모르데요. 그래서 친구들이 왜냐면 시험이라서 시험 적응해야 돼요, 배우고…… 이제는 답이 그동안에도 많이 배우잖아요, 많이 외우고, 시험 쳤어요, 많이 잊어버렸어요, 지금 5급을 치면 통과할 수 있을까?

방상: 토픽에서 치는 한국어 다 문어예요. 문법도 어휘도 다 문어, 문어체 많아요. 근데 우리 지금 이야기하고 있는 한국어는 쉽고, 또 다 해요. 왜냐면 우리 한국 이런 교환, 이런 거는 한국어는 이야기하면 의사소통할 수 있고, 만약에 이런 정도 토픽 한국어에 대한 내용, 열심히 공부 안 하면 토픽 아마 5급 딸 수 없어요. 왜냐면 거기 나오는 거 다 문어(체이거든요).

TOPIK은 유학생들이 학부나 대학원에 입학허가를 얻을 때, 혹은 입학 이후 의무적으로 이수해야 하는 한국어 수업을 면제받을 수 있는 조건이기도 하므로 신경을 써서 준비하는 시험이었다. 그러나 외국인 유학생들은 시험은 시험일 뿐이기 때문에 TOPIK의 높은 점수가 한국어에 능숙함을 의미하지 않으며, 정답만 골라야 하는 연습이 필요하다고 생각하고 있었다.

방상: (한국어 잘해도 토픽 시험) 아마, 낮을 수도 있어요. 아는 친구 미얀마 친구예요, 친구 한국에서 뭐 2년, 아, 지금은 3년 동안 아마 4년? 아마 살았어요. 그 친구는 한국어 대화나 문장 한국어처럼, 한국 사람처럼 잘할 수 있어요, 근데 그 친구 토픽 시험 6급 제일 높은 거 안 됐어요. 토픽 시험 좋은 점수 받으려면 토픽에 대한 내용 따로 공부해야 돼요. 문법이나 쓰기, 뭐 따로 공부해야 돼요.

링링: 어휘, 문법, 힘들어요. 왜냐면은 큰마음 먹고 자리에 앉아서 한참 동안 배우면 그거도 효과적이에요. 한국어 시험도 문법 때문에 여기서 쓰는 언어랑 시험에 나오는 말이 달라요.

> 부이: 토픽 시험에 쓰기 있잖아요, 어떤 지문이 나오고 또 하나 그 읽기 연습 내에서 지문이 나왔는데 그 지문이 우리 정확히 이해해야 돼요. 근데 정확하게 못하면 하나만 틀려도 점수 안 나와요.

유학생들의 한국어 학습이 TOPIK의 점수를 따는 목적으로 시작한 경우는 시험을 준비하면서 어휘나 문장 학습이 이루어지기도 하지만, 대부분의 유학생들은 TOPIK을 일상 한국어 회화나 전공 수업에서 사용되는 한국어와는 다른 특별하고 독립된 영역으로 인식하고 있었다. 각 대학마다 요구조건으로 내건 TOPIK의 점수로 인해 유학생들은 한국어 학습의 이중 부담을 느끼고 있는 것으로 나타났다.

(2) 한국어 학습 영역 간의 관계

한국어 학습은 앞에서 살펴본 바와 같이 일상 한국어, 전공 한국어, 능력인정시험 한국어로 나누어진다. 한국어 학습과정의 형태와 학습에 영향을 미치는 요인은 학습 영역별로 공통점과 차이점이 있다(〈표 7-6〉 참조).

〈표 7-6〉과 같이 일상 한국어와 전공 한국어 학습에서 겪는 유학생들의 공통적인 경험은 다음과 같이 정리할 수 있다.

〈표 7-6〉 한국어 학습 영역 간의 관계

학습 영역	공통점	차이점
일상 한국어	성격, 모국어, 사투리, 미묘한 한국어	다양한 경험의 영향력
전공 한국어		학문체계의 학습 필요
TOPIK		독립 영역

첫째, 성격 특성은 모든 영역에 걸쳐 유학생들의 한국어 학습 경험에 영향을 미치고 있었다. 연구 참여자 중에서, 모국에서도 사람과 어울리기 좋아하

고 수다 떨기를 좋아한다고 이야기한 유학생들은 자신이 한국어를 다른 사람들보다 잘 습득하였다고 생각하였다. 실제로 면담자들의 한국어 실력은 자신이 외향적이라고 표현한 경우 더 나은 경향을 보였다. 활발한 성격은 언어학습에 있어서도 적극적인 태도로 임하게 만들어 주며, 한국 친구들을 활발하게 많이 사귀고, 되도록 한국말을 사용하며, 어울리는 기회를 자주 만들어 한국어를 연습하는 시간이 길어지도록 하였다. 전공 수업에서도 한국인 친구를 사귀어 과제나 시험 준비에 대한 사항을 묻고, 한국인 학생들로 이루어진 스터디 집단에 끼어드는 등의 전략을 사용하여 전공 한국어에 적응하는 시간을 단축하였다.

둘째, 유학생들의 모국어는 한국어 학습에 공통적으로 영향력을 행사하였다. 한자 조어가 많은 한국어의 특성은 중국인 유학생들에게 의미의 이해를 용이하게 해 주었다. 터키인 유학생은 어족이 같고 터키어와 한국어의 어순이 같은 점이 자신의 한국어 습득에 긍정적인 영향을 미쳤다고 이야기하였다. 반대로 중국어의 발음과 베트남어의 억양 특성은 유학생들이 한국어를 바르게 발음하고 소리 내어 말하는 데 부정적인 영향을 미쳤다고 하였다. 모국어의 영향은 일상 한국어와 전공 한국어에 동일하게 영향을 끼치고 있었다.

셋째, 사투리는 유학생들이 일상과 학업 영역 모두에서 접하는 부분이었다. 유학생들은 주로 수업시간에 교수들이 구사하는 사투리에 민감한 반응을 보였지만, 시장 등의 일상적 공간에서도 사투리를 접하고서 당황한 경험을 이야기하였다.

넷째, 현지에서의 한국어 학습은 유학생들이 한국어의 뉘앙스와 미묘한 차이를 구분할 수 있도록 해 주었다. 유학생들은 모국에서 일정 정도의 한국어 학습을 경험했다 하더라도 한국에 와서 일상생활 중에 독특한 단어를 습득하거나 수업 속에서 한국어에 있는 미묘한 뉘앙스를 구별할 수 있게 되었다고 이야기하였다.

일상 한국어, 전공 한국어, 능력인정시험 한국어 학습에서 드러나는 유학생들의 경험 차이는 다음과 같다.

첫째, 한국에서의 다양한 경험의 영향은 유학생들의 일상 한국어 습득에 긍정적인 영향을 미치고 있었다. 유학생들이 당구장, 편의점, 식당 등에서 아르바이트를 한 경험이 있는 경우 한국인 손님들, 사장, 같이 일하는 동료와의 대화를 통해 한국어 실력을 향상할 수 있었다고 하였다. 그러나 이렇게 일상에서 습득된 한국어는 전공 수업의 한국어 이해까지 이어져 도움을 주지는 못하였다.

둘째, 한국어로 이루어진 전공 학문의 체계를 익히는 일이 전공에서의 한국어 습득의 관건이 되었다. 유학생들이 전공 수업에서의 한국어를 따라가지 못하는 원인은 전공에 대한 배경지식은 물론, 그 전공의 해당 한국어 용어가 무엇인지와 전문용어를 한국어로 이해하지 못했기 때문이었다. 한국의 대학에서 사용하는 전공 영역의 한국어로 글을 쓰는 화법과 양식, 한국에서 통용되는 용어 사용에 익숙하지 못하기 때문에 생기는 현상이었다.

셋째, TOPIK은 일상 한국어나 수업에서 사용되는 전공 한국어와 달리, 비교적 독립적이고 고유한 영역으로 유학생들 사이에 인식되고 있었다. 일상 한국어나 전공 한국어가 서로 연관되어 있는 모습을 보였다면, TOPIK은 두 영역과 별개로 유학생들의 한국어 학습에서 독자적인 영역이었다. 유학생들에게 TOPIK은 정답만을 골라야 하는 '시험문제 풀기'에 익숙해야 유리한, 연습이 필요한 대상이었다. 또한 일상 한국어의 습득이나 전공 한국어의 적응에도 그리 도움을 주지 못하는, 시험을 위한 시험일 뿐이었다. 그럼에도 불구하고, 유학생들은 대학이 요구하는 점수를 받기 위해 도서관에서 상당 시간을 TOPIK 준비에 소요하는 것으로 나타났다.

이상과 같은 외국인 유학생들의 한국어 학습 각 영역 간의 관계를 정리하면 다음과 같다.

첫째, 외국인 유학생들은 일상 한국어와 전공 수업에서 사용되는 한국어 학습에 있어서 모두 성격과 모국어의 영향력 아래 놓여 있다.

둘째, 한국어 사투리에 대한 반응은 일상생활과 전공 수업 모두에서 나타났다.

셋째, 일상 한국어의 경우 학생들은 한국에서의 여러 가지 다양한 경험을 활용하여 실력 향상을 꾀하는 모습을 보여 주었다.

넷째, 전공 한국어 학습에서 가장 큰 관건은 한국의 학문체계와 글쓰기 양식에 익숙해지는 일이었다.

다섯째, TOPIK은 외국인 유학생들이 일상과 수업에서의 한국어와는 별도로 준비하고 공부하는 특별한 영역으로 자리 잡고 있었다.

(3) 한국어 학습의 과정 모형

유학생들의 일상 한국어, 전공 한국어, 능력인정시험 한국어 학습과정 간에는 공통점과 함께 차이점도 있지만, 이들 학습 영역은 각기 독립된 방식으로 학습되는 것이 아니다. 실지로 외국인 유학생들이 한국어를 습득하는 과정을 살펴보면 이들 학습 영역이 상호 영향을 미치면서 한국어의 습득과 활용 능력이 신장되는 것을 알 수 있다. 그리고 이 과정에서 모든 학습 영역에 공통되는 요인과 개별 학습 영역에 고유한 요인이 지속적으로 영향을 미친다고 볼 수 있다. 외국인 유학생들의 한국어 학습과정은 다음과 같이 선택 코딩에서의 이야기 형태로 정리되며, 이를 [그림 7-3]과 같이 시각화된 모형으로 제시할 수 있다.

외국인 유학생들은 처음에 한국 유학을 목적으로, 한국계 기업에 취업할 목적으로, 혹은 한국 드라마가 재미있어서, 한국 연예인을 좋아해서 한국어 공부에 관심을 가지기 시작하였다. 한국에 들어온 이후 유학생들은 제일 먼저 매일 매일의 일상에서 부딪히는 한국어를 습득하기 시작한다. 적극적이고 활발한 성격이나 태도는 한국어를 잘하는 데 도움이 되었다. 모국어는 종류에 따라 한국어의 뜻을 파악하는 데 도움을 주기도 하고, 억양이나 발음을 올바르게 구사하는 데 방해가 되기도 하였다.

유학생들은 본격적으로 전공 수업에서의 한국어에 적응하는 과정을 거치게 된다. 전공 한국어를 이해하는 데 가장 큰 영향을 미치는 것은 해당 학문 영역에서의 전문용어와 주요한 내용을 파악하는 배경지식이었다. P시의 경

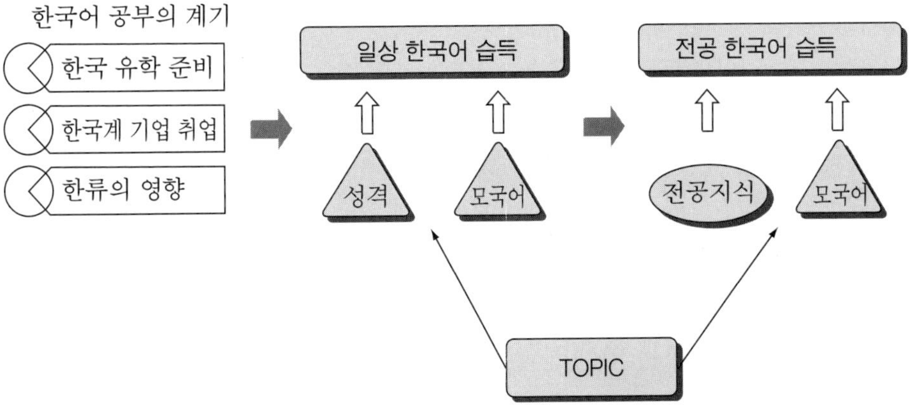

[그림 7-3] 외국인 유학생의 한국어 학습과정

우 교수들이 수업에서 구사하는 사투리도 유학생들에게는 어려움으로 작용하였다. 일상에서 말하고 듣는 한국어와는 달리, 전공 한국어는 과제에서 학문적 글쓰기를 동반하기 때문에 유학생들은 더 큰 어려움을 느끼게 된다.

TOPIK은 실제로 유학생의 한국어 능숙도와는 별개로 시험을 위한 시험으로 준비해야 하는 것이며, 하나의 정답만을 골라내는 일정 정도의 연습을 필요로 한다. 유학생들은 자격 요건 구비를 위해 TOPIK을 준비하지만 시험점수와 한국어를 잘하는 것은 별개의 문제라고 인식하게 된다.

일상 한국어, 전공 한국어, TOPIK 한국어라는 세 가지 영역에서 유학생들은 한국어로 이루어진 매체를 이용한 공부법, 한국인 친구들을 사귀는 방법 등의 전략을 사용하여 자신만의 공부방법을 터득하게 된다.

세 가지 영역에서의 한국어에 대한 적응은 지속되다가 필요한 점수를 얻고 나면 TOPIK 한국어의 학습은 중지되며, 유학생들은 전공 한국어에도 서서히 적응해 나간다. 유학생활을 지속하는 동안 외국인 유학생들의 한국어 실력은 수평에 가까운 완만한 그래프를 보이고 답보되는 듯한 기간을 거친다.

4) 결 론

이 연구의 결과를 요약하면 다음과 같다.

국제유학생들은 각자의 계기로 한국어 공부를 시작하고, 한국에 입국한 후 일상에서 사용되는 한국어를 습득하게 된다. 유학생들은 첫 학기 수업이 시작되면 자신의 전공 수업 상황에서 사용하는 한국어에 대해 여러 가지 어려움을 겪으면서 적응해 나가게 된다. 유학생들은 TOPIK을 준비하지만, 이 시험을 위한 공부는 일상 한국어나 전공 한국어와 무관하게 진행되며 한국어 실력과 상관이 있다고 생각하지 않는다. 한국어에 대한 숙달 필요성과 일련의 어려움을 겪으며, 외국인 유학생들은 한국어 실력이 향상되거나 답보되는 느낌을 가지면서 한국어 학습과정을 거치게 된다.

이 연구를 통해서 밝혀진 결과에 따르면 대학에서 한국어 과정을 개설하거나 운영할 때, 그리고 전공 수업을 계획하거나 수행할 때, 유학생들의 성격이나 다양한 언어 및 생활 체험, 전공 관련 배경지식 등을 고려하고, 한국어 자체의 뉘앙스와 사투리, 외래어의 친숙성, 그리고 한국어 사용의 맥락 등을 종합적으로 고려할 필요가 있다는 것을 알려 준다.

예를 들어, 외국인 유학생이 매사에 매우 적극적인 성격을 가지고 있다 하더라도 일상 한국어를 사용할 때와는 달리, 수업장면에서는 전공의 배경지식, 난해한 학술 용어, 전문적인 방법론 등의 부족으로 소극적으로 참여할 가능성이 있다.

연구의 결론으로, 외국인 유학생들의 한국어 학습과정에서 발견된 주요한 사항은 다음과 같다.

첫째, 외국인 유학생들의 한국어 학습의 시작점은 한국에서의 유학 준비, 한국계 기업의 취업 목적, 한류에 따른 호감에 기인한다.

둘째, 외국인 유학생들은 한국에 입국 후, 일상생활에서 한국어를 습득하기 시작한다. 성격과 모국어, 다른 언어학습, 아르바이트 등 경험의 영향을 받았으며, 이 시기 유학생들은 한국어의 미묘한 뉘앙스에 어려움을 느낀다.

셋째, 외국인 유학생들은 전공 수업에서의 학문적인 한국어에 적응하는 단계로 접어든다. 유학생들은 학문 영역에서의 한국어 전문용어, 전공지식의 부족, 교수의 사투리, 학문적 글쓰기로 인해 전공에서 사용되는 한국어에 어려움을 느낀다.

넷째, 외국인 유학생들은 TOPIK을 준비하고 있거나 준비한 경험이 있지만, 대체로 이 점수를 일상 한국어와 전공 한국어 실력과는 별개의 문제로 인식하였다. 이 연구의 결과, 외국인 유학생들의 한국어 학습과정은 학습 영역별로 차이점이 있으나, 학습 영역별 학습의 상호연관성 속에서 완성되어 간다는 것을 알 수 있다.

5. 결 론

앞의 세 편의 논문을 통해 우리나라 대학에서 학업하고 있는 외국인 유학생들의 적응 경험을 이모저모로 살펴보았다.

앞의 연구들은 질적 연구로서 소수의 참여자로 부산 지역 유학생 중심으로 이뤄졌기 때문에 이들 경험을 일반화시키기에 제한점이 있다. 그럼에도 불구하고, 한국의 많은 대학이 대학교육의 국제화를 표방하고 이를 위해 많은 외국인 유학생을 유치하려고 노력하는 현 시점에서, 연구의 결과와 논의점을 통해 먼저 유학생들의 학부 학업에서 성공적인 유학생 교육과 관리를 위해 몇 가지를 제안하고자 한다.

첫째, 이 연구를 통해 중국인 유학생들의 적응 경험에 관해 그들의 목소리를 들어 본 결과, 과거에는 지리적 인접으로 인한 역사적 이해의 맞물림으로, 현 시점에서는 그러한 과거의 배경과 함께 경제 · 문화적으로 불가분의 관계에 있는 한국과 중국의 관계가 유학생들의 삶에도 그대로 드러나고 있다. 즉, 그러한 밀접한 연관성과 문화적 · 인종적 유사점으로 인하여 쉽게 적응할 수 있을 것 같았던 중국 학생들의 한국 유학생활도 그 차이점들을 극복하기 위한 일정한 적응의 기간과 적응을 위한 노력이 수반되어야만 한다는 것이다. 이러한 문제점의 해결방안으로서 그동안 한국의 대학들이 치중해 왔던 언어 습득 위주의 중국인 유학생 교육의 방향을 다양한 스펙트럼을 가진 교육 프로그램으로 전환해야 할 것이다. 구체적인 예로는 유학생을 위한 신입생 프로그램이 있는데, 이는 올바른 전공 선택을 하도록 돕는 전공 영역 안내 프로그램 영역과 첫 학기에 나타날 수 있는 구체적인 학교생활 문제에 초점을 맞춘 프로그램 영역으로 나누어 실행할 수 있다. 유학생들에게 학교에서의 초기 적응 문제는 단일 문제로 오는 것이 아니라 새로운 대학문화로의 진입과 외국에서 이를 시작하는 어려움과 함께 온다는 점, 그리고 그 문제들이 일정 기간 후 다시 반복되어 나타난다는 연구 결과를 고려할 때, 초기 문제가 누적되어 후기 큰 문제로 이어지지 않도록 초기 안내 프로그램이 별도로 마련되어 유학생의 초기 적응 문제를 경감시켜야 한다.

둘째, 유학생을 위한 한국어 교육이나 멘토(Mentor) 혹은 튜터(Tutor) 프로그램도 유학생들이 개별적 · 선택적으로 접근할 수 있는 시스템으로 운영하는 것이 효율적일 것이다. 이러한 결론은 Yang 등(2006)의 연구에서 학생들의 적응과정에 따라 지원을 달리해야 한다는 결론과도 일맥상통하는 내용으로, 유학생들의 언어나 학업, 일상, 인간관계 영역 등에서 나타나는 적응의 문제들은 꼭 유학생활 초기에만, 그리고 모든 학생에게 일반적인 형태로 나타나는 것은 아니므로 앞의 지원체제 운영을 시기별로나 접근 가능성 등에 있어 세분화하여 개별적 · 선택적으로 접근하도록 하여야 한다. 그리고 이들 프로그램도 자연스럽게 해결되는 문제에 대해서나 장기간에 해결되는 문제에 대해서 집중하기보다는 외부의 노력이 투입되면 단기간에 해결되는 문제, 즉 한국문화를 배우는 기회라든가 한국 대학의 전공에 대한 정보, 학업과정 지원방안 등에 초점을 맞추어 구성 · 운영되어야 한다.

셋째, 이 연구에서 유학생들의 적응 경험 가운데 '낯섦' 경험에 주목하고, 이들이 '특별하게 대해 주기'와 '구별 없이 대해 주기'라는 모순된 기대를 한다는 결과를 볼 때, 우리가 주의를 더욱 기울여야 할 부분은 인간관계 영역에서의 만남을 통한 국제화 실현이다. 박인철(2007)의 연구에서 낯섦은 그 자체의 체험에만 한정된 개념으로 이해되는 것보다는 친숙성의 계기를 포괄하면서 새로운 진리 체험과 세계의 개시를 가능하게 하는 복합성 개념으로 이해되어야 한다고 하면서, 우리의 삶 속에 실재하는 낯섦은 내부에서 발생하는 낯섦과 다른 존재와의 관계 속에서 이루어지는 수동적 체험으로서의 낯섦의 중간 영역에서 이루어진다고 이해하였다. 이러한 낯섦의 개념에 주목한다면 외국인 유학생의 낯섦을 우리나라에 대한 그들의 친숙성의 계기로 열어 주는 일, 그리고 동시에 그들의 새로움을 향한 열림의 기회로 만드는 일, 나아가 우리의 새로운 세계를 여는 경험으로 이해하여야 한다. 이 연구에서도 유학생들의 적응 경험 가운데 많은 문제들은 사람과의 관계에서 나오고 그 해결도 관계에서 온다는 점이 확인된다. 우리의 대학들은 진정한 의미에서의 국제화 교육의 실천을 위해 교수진과 학생들이 좀 더 인간관계 측면에서 외국 학생들과 긴밀하게 교류하도록, 자국 교수들과 학생들이 국제화 교육의 필요성과 지향점에 대해 공감하고 적극적으로 참여하는 시작점으로서의 낯섦에 주목해야 한다.

다음으로 대학원 유학생들의 학업적인 적응을 돕기 위한 방안 마련에 대한 시사점은 다음과 같이 요약할 수 있다.

첫째, 유학생 지원정책이 거시적인 여건 조성에 치중하기보다 유학생 개인의 적응능력 향상을 위한 미시적인 정책에도 투자할 방안을 모색하는 것이 바람직하다. 연구 결과가 시사하는 바와 같이 유학생들의 학업적응 경험이 개인적인 면에 기인하는 부분이 많으므로 미시적인 접근도 이루어져야 할 것이다. 대학 차원에서 대학원 유학생을 위한 전공 한국어 프로그램, 스크린 한국어 회화 등 다양한 한국어 프로그램의 설치를 통해 개인적인 역량을 높여 주는 방안이 필요하다. 한편, 학문세계 진입의 초기 적응을 위한 안내를 체계적으로 제공하고, 한국 대학원생을 공부도우미로 결연하여 학업과 인간관계 형성을 돕는 제도적 장치도 마련하는 것이 유학생들의 학업생활을 용이하게 할 것이다.

둘째, 대학원 유학생들의 적응을 실질적으로 돕기 위해서 적응의 중재 요인 중 막대한 비중을 차지하는 한국어 습득과 인간관계 형성에 대한 후속연구를 제안한다. 기존 한국어 교육에서 이루어지고 있는 한국어 자체에 대한 연구물 이외에 유학생들의 전공언어 습득과정에 대한 면밀한 연구와 이를 적응과정과 연결시키는 연구가 필요할 것이다. 한국인 대학생들이 중국 학생들과는 언어적 한계로 깊이 있는 이야기를 할 수도 없고, 공통적인 관심사가 적기 때문에 굳이 친구로 사귈 필요성을 못 느낀다고 이야기하는 만큼, 한국인과의 인간관계 형성을 돕기 위해 친구관계 형성요인에 대한 연구와 이러한 사회성을 함양할 수 있는 프로그램 개발 연구가 뒤따라야 할 것이다. 더불어, 유학생을 둘러싼 적응 경험 또한, 개인의 문제로만 한정할 수 없으므로, 국제 유학생을 통해 학교가 겪는 변화와 프로그램의 적응과정에 대한 연구가 이루어진다면, 대학과 유학생에게 동시에 도움이 될 수 있는 방안을 제시할 수 있으리라 본다.

마지막으로 이 연구의 결과를 바탕으로 외국인을 위한 한국어 교육의 방법으로 다음과 같은 점을 제안할 수 있다. 특히, 일상 한국어 습득은 큰 어려움이 적으므로 전공 한국어의 학습과 능력인정시험 한국어 학습에 한정하여 다음과 같은 제안을 할 수 있다.

첫째, 각 전공이나 단과대 중심으로 한국어에 대한 계열별 한국어 교육과정 개발이 필요하다. 한국어의 학문적 양식과 어법을 익히는 일은 전공 영역의 지식을 습득하는 데 있어 상당히 중요하다. 특정한 전공에서 사용되는 용어와 그 영역의 내용을 익히는 일은 또 다른 새로운 언어를 배우는 것과 같다고 한다(Zwiers, 2004). 외국의 연구물은 영어가 모국어라서 일상적인 대화가 능숙한 학습자라도 전공 영역의 영어는 '새로 배워야 할 언어'로 인식되고 있음을 보여 주고 있다(O'Donovan, 2008). 동일한 한국어로 이루어진 전공의 내용을 습득하는 일도 또 다른 외국어를 학습하는 것처럼 익숙해지기까지는 시간이 걸리는데, 외국인이 어떤 전공 영역의 외국어를 학습하는 일은 추가의 노력을 필요로 할 것이다. 이해영(2004)도 교양과목을 중심으로 노출

빈도가 높은 어휘를 묶어서 지도하고 학습기술을 함께 교육하는 학문 영역별 한국어 교육에 대해 제안한 바 있다. 세분화된 전공으로 한국어 학습이 이루어지기란 현실적으로 불가능하므로 계열별로 공통되는 교과목에서 기본적으로 사용되는 학문적 전문용어나, 기초 내용을 한국어로 미리 학습하는 코스를 개발하는 일을 고려해 볼 수 있다.

둘째, 한국어 학습에 대한 외국인 유학생들의 네트워크 활성화를 통해 공부방법에 대한 개별 지식을 공유 가능한 집단적 지식으로 발전시키는 노력이 필요하다. 연구 참여자인 유학생들은 일상 한국어와 전공에서의 한국어 학습을 통하여 자신만의 한국어 학습방법을 개발해 놓고 있었다. 이 연구를 위해 진행된 면담에서 외국인 유학생들은 자신만의 한국어 학습방법을 상당수 제시해 주었다. 비록 한국어 매체를 이용하거나 한국인 친구들을 통한 한국어 연습이 주류를 이루었지만, 유학생들이 제시한 공부방법은 비교적 구체적이고 자세하였다. 그러므로 이들의 한국어 학습에 대한 노하우가 서로 공유되고 네트워크화될 수 있다면, 외국인 국제 유학생들의 한국어 학습은 일상회화는 물론 전공 영역의 한국어에서도 효율적인 진보를 기대할 수 있을 것이다. 산발적으로 흩어진 채 암묵지의 형태로 존재해 있는 국제 유학생들의 한국어 학습방법에 대한 전략을 국적별, 계열이나 전공별로 나누어 정리할 필요가 있다. 이러한 내용을 서로 공유할 수 있도록 하는 간편한 대안으로는 사이버 공간을 사용한 정보교류가 있을 수 있을 것이다. 국제 유학생들의 한국어 학습의 전략과 노하우가 암묵지의 영역을 벗어나 상호 교류되고 공유될 수 있도록 사이버 학습실을 고안하는 방안을 생각해 볼 수 있다.

셋째, 외국인 유학생들의 한국어 학습을 촉진하기 위해서는 유사한 전공의 한국 학생들을 도우미로 배치하여 전공과 수업 영역의 한국어에 대해서도 익숙해지도록 하는 장치 마련이 필요하다. 연구 참여자들의 이야기에 의하면, 현재 유학생 도우미들은 스스로의 관심과 자발적인 봉사를 위해 모인 학생들이어서 도우미를 매개로 한국인들과 친분을 쌓기에는 비교적 용이하나, 유학생들의 계열이나 학과 전공의 특징에 맞게 학업적인 부분에서 도움을 구하기는 쉽지 않다고 한다. 유학생 도우미 프로그램이 외국인 유학생들의 학업적응에 도움을 주기 위해서는 계열과 전공에 맞는 도우미 배치와 학업 측면의 한국어 지원을 위한 기초적인 교육도 개발되어야 할 것이다.

넷째, 유학생들이 입학 전에 입학을 준비하기 위해 수강하는 한국어 수업 외에도 입학 후에 듣는 한국어 수업을 보강하되 이때에는 발표와 토론, 리포트 쓰기, 논문 작성법 등 별도의 언어 영역별 세부 코스를 마련하는 것이 필요하다. 특히 국제 유학생들이 취약하다고 판단하고 있는 수업에서의 발표와 토론에 대해 한국어 교육 영역에서 훈련시키는 프로그램의 개발을 고려해 볼 수 있다. 발표 요약물이나 한국어로 파워포인트 자료를 제작하는 방법, 요점제시 및 예시 사용 등 발표에서의 기술과 예상 질문에 대한 토론의 연습을 내용으로 하는 훈련이 제공된다면 국제 유학생들의 전공 수업에서의 참여를 이끌어 내는 데 도움이 될 것이다.

다섯째, TOPIK 실용화와 시험 준비가 실제적인 한국어 학습과 연결점을 찾을 수 있는 방법이 구안되어야 한다. 역사가 그리 길지 않은 시험의 공통된 약점이겠지만 현행 한국어능력시험은 일상 한국어와도, 전공 한국어와도 괴리를 보이고 있다. 문법과 문어체 중심의 시험문항들은 국제 유학생들의 한국어 학습에 대한 에너지가 중복 낭비되도록 하고 있다. 국제 유학생들은 일상 한국어에 익숙해지는 동시에 전공 한국어에도 적응해야 하고, TOPIK에도 일정 수준의 점수를 획득해야 하는 이중 삼중의 부담을 지고 있다. TOPIK이 일상 한국어에 초점을 맞추거나, 영어의 TOEFL과 같이 학문적 한국어를 위한 별도의 시험을 개발하는 방안도 한국어 교육 분야에서 고려해 볼 수 있을 것이다. TOPIK을 준비하는 과정에서 유학생들이 일상 한국어와 전공 한국어와 관련되는 지점을 발견할 수 있도록 정보를 구분해 주고, 실용적인 한국어가 접목시켜 시험공부를 할 수 있도록 유도하는 교재의 개발도 모색해 보아야 할 것이다.

참고문헌

강이화 · 김아영 · 김대현(2007). 중국인 유학생들의 대학생활 적응 경험에 관한 연구. 교육사상연구, 21(3), 65-88.

교육인적자원부(2006). 고등교육의 국제화 전략. 교육인적자원부.

김귀성 · 김영태(2005). 외국인 유학생들의 대학 국제화 교육프로그램에 대한 의식. 원광대학교 학생생활연구, 26, 43-66.

김대현 · 김아영 · 강이화(2007). 중국인 대학원 유학생들의 학업적응 경험에 대한 근거이론적 연구. 아시아교육연구, 8(3), 159-187.

김아영 · 강이화 · 김대현(2009). 국제 유학생들의 한국어 학습과정에 대한 근거이론적 연구. 수산해양교육연구, 21(4), 523-542.

민소영(2006). 간호학과 대학생의 학과적응 경험. 정신간호학회지, 15(4), 409-419.

박인철(2007). 현상학에서 낯설음의 문제. 철학과 현상학 연구, 33, 181-207

안병철(1996). 조기유학의 현황과 과제. 민족과 문화, 제4집.

이해영(2001). 대학의 외국인 유학생을 위한 한국어 교육. 이중언어학, 18(1), 279-301.

______ (2004). 학문 목적 한국어 교과과정 설계 연구. 한국어 교육, 15(1), 137-164.

장연(2005). 재한 중국인 유학생의 한국어 숙달수준 및 문화적응 스트레스 분석. 목포대학교 석사학위논문.

정재옥 · 주은선(2003). 해외 귀국 청소년들의 학교생활 적응 특성에 관한 연구-질적 분석을 통한 귀국 중학생들의 경험 파악 중심으로-. 한국심리학회지, 15(2), 329-351.

조혜영(2003). 한국체류 중국 유학생들의 한류와 한국 이미지 인식에 관한 연구. 교육사회학연구, 13(2), 209-234.

최재영 · 신준섭(1997). 재미 아시아계 유학생들의 스트레스 체험과 삶의 만족도에 관한 연구. 연세사회복지, 4, 259-292.

최태일(2001). 주한 외국인의 문화적응 스트레스에 관한 연구. 연세대학교 석사학위논문

허춘영(1998). 재한 중국 유학생의 문화적응과 정신건강 실태연구: 한족, 조선족 유학생 간의 비교. 한양대학교 박사학위논문

홍기형(1994). 조기 유학생들의 해외유학에 관한 문제점 및 시사점. 한국교육문제 연구소

논문집, 9.

Alencar, E. et al. (2003) A solution for border students, *Community college Journal, 73*(3).

Bollag, B. (2006). Education group calls for international foreign student recruitment strategy. *Chronicle of Higher Education, 52*(42), 1/2.

Devos, T. (2006). Implicit identity among Mexican American and Asian American college students. *Cultural Diversity and Ethnic Minority Psychology, 12*(3), 381-402.

Glaser, B. G. (1992). *Emergence vs forcing: Basics of grounded theory analysis.* CA: Sociology Press.

Huck, S. W. (2000). *Reading statistics and research.* New York: Addison Wesley Longman, Inc.

O'Donovan, E. (2008). Narrow the academic language gap to reduce the achievement gap. *District Administration, 44*(2), 58-59.

OECD (2004). Internationalisation and trade in higher education: Opportunities and challenges. *CERI of OECD.*

Qin, D., & Lykes, M. B. (2006). Reweaving a fragmented self: A grounded theory of self-understanding among Chinese women students in the United States of America. *International Journal of Qualitative in Education, 19*(2), 177-200.

Shah, A., & Laino, H. (2006). Marketing a U.S. university to international students: Which approach is best-standardization, adaptation or contingency? An investigation of consumer needs in seven countries. *Journal of Marketing for Higher Education, 16*(1). 1-24.

Shanka, T. et al. (2005). Factors influencing international students' choice of an education destination-a correspondence analysis. *Journal of Marketing for Higher Education, 15*(2). 31-46.

Strauss, A., & Corbin, J. (1998). *Basics of qualitative research: Techniques and procedure for developing grounded theory.* 2nd ed. London: Sage. Publications.

Tesang, W. et al. (2002). International students' strategies for Well-Being. *College Students Journal, 36*(4), 591-597.

Wang, Y. (2004). Pursing cross-cultural graduate education: A multifaced investigation.

International Education, 33(1), 52-72.

Yang, R. K. et al. (2006). American indian/alaska native students' use of a university student support office. *Journal of American Indian Education, Vol. 45.* No. 1. 35-48.

Yurkovich, E. E. (2001). Working with American Indians toward educational success. *Journal of Nursing Education, 40*(6), 259-269.

Zwiers, J. (2004). The third language of academic English. *Educational Leadership, 62*(4), 60-63.

찾아보기

《인 명》

《내 용》

| 저자 소개 |

김대현 부산대학교 교수
진시원 부산대학교 교수
주재홍 한양대학교 강사
김영천 진주교육대학교 교수
김아영 동아대학교 강의전담교수
김복영 인천대학교 교수
허창수 충남대학교 교수
강이화 부산대학교 강사

국제이해교육과 신식민주의 비평

2012년 1월 5일 1판 1쇄 인쇄
2012년 1월 10일 1판 1쇄 발행

지은이 • 김대현 · 진시원 · 주재홍 · 김영천 · 김아영 · 김복영 · 허창수 · 강이화
펴낸이 • 김진환
펴낸곳 • (주) 학지사
121-837 서울특별시 마포구 서교동 352-29 마인드월드빌딩 5층
대표전화 • 02)330-5114 팩스 • 02)324-2345
등록번호 • 제313-2006-000265호

홈페이지 • http://www.hakjisa.co.kr
커뮤니티 • http://cafe.naver.com/hakjisa

ISBN 978-89-6330-706-0 93370

정가 15,000원